KB057597

WRITiNG
영어
라이팅훈련
TRAIN*ing*

본 도서는 기출간된 〈영어 라이팅 훈련 실천 다이어리〉의 2nd Edition입니다.

영어 라이팅 훈련 **ESSAY** **Writing 2nd Edition**

저자 | 한일
초판 1쇄 발행 | 2012년 7월 30일
개정 1쇄 발행 | 2020년 7월 17일
개정 3쇄 발행 | 2024년 4월 1일

발행인 | 박효상
편집장 | 김현
기획 · 편집 | 장경희, 이한경 디자인 | 임정현
본문 · 표지 디자인 | 박성미
마케팅 | 이태호, 이전희
관리 | 김태옥

종이 | 월드페이퍼
인쇄 · 제본 | 예림인쇄 · 바인딩

출판등록 | 제10-1835호
발행처 | 사람in
주소 | 04034 서울시 마포구 양화로11길 14-10(서교동 378-16) 3F
전화 | 02) 338-3555(代) 팩스 | 02) 338-3545
E-mail | saramin@netsgo.com
Website | www.saramin.com

:: 책값은 뒤표지에 있습니다.
:: 파본은 바꾸어 드립니다.

ISBN 978-89-6049-837-2 14740
978-89-6049-834-1(set)

우아한 지적만보, 기민한 실사구시 **사람in**

WRITiNG

ESSAY Writing 40일

매일 훈련의 기적

영어 라이팅훈련

TRAINing

ESSAY
Day 61-80

사람in
saramin.com

왜 라이팅 훈련인가

이제는 Writing이 대세!

피할 수 없는 때가 다가와 버렸죠! 쓰는 능력을 중요시하는 시대가 왔다는 얘기입니다. 쓰기는 그 사람의 언어 능력을 평가하는 최종 단계이자 지적 능력을 집약적으로 확인할 수 있는 방법입니다. 우리는 말로 모든 것을 처리하던 시대를 뛰어넘어서 매일 넘쳐나는 문서 속에 살고 있습니다. 당연히 문서를 쓸 수 있는 쓰기 능력이 있어야 살아남을 수 있다는 얘기죠!

영어는 규칙 언어입니다. 그러므로 어떤 규칙을 사용해야 하는지 아는 것은 기본입니다.

영어는 규칙 언어이고 문법이 지배하는 언어입니다. 그래서 항상 〈주어+동사+목적어〉처럼 정해진 순서를 따르죠. 그러나 한가지 문법 패턴을 너무 많이 반복해서 쓰면 글이 성의 없어 보이고 창조적이지 않은 느낌을 주게 됩니다. 그렇다고 해서 영어에 존재하는 모든 문법을 전부 사용해야 하는 것 또한 아니에요. 빈도가 높은 문법을 먼저 사용하면 됩니다. 이 책에 소개되어 있는 문법은 주먹구구식으로 뽑은 문법이 아니라 사용 빈도가 높은 것만 모아 놓은 것입니다. 필수적인 문법들의 모임이라고 보시면 됩니다. 글을 쓰는 데 있어서 사용하지 않고는 견딜 수 없을 만큼 빈도수가 높은 문법들이므로 반드시 기억하고 익혀 두어야 합니다. 어떤 영어 문장을 쓰든지 여기에 있는 문법들이 개입할 수 밖에 없다는 것을 깨닫게 될 것입니다.

글쓰기에 확실하게 활용할 수 있는 문법이 몇 개나 되나요?

영어 문장은 각 단어가 쓰이는 고유한 순서를 가지고 있습니다. 이렇게 한 번 정해진 단어의 순서는 바뀌지 않습니다. 이 순서를 많이 알면 알수록 다양한 문장을 쓸 수 있게 됩니다. 여러분은 머릿속에 자신 있게 쓸 수 있는 단어의 조합을 몇 개나 가지고 있나요? 오늘부터 〈영어 라이팅 훈련〉으로 쓰기 훈련을 하면서 그 수를 늘려나가도록 해보세요. 빗물이 모여 바위를 뚫듯이 한 달 혹은 두 달 후에는 달라진 여러분의 라이팅 실력을 실감하게 될 것입니다.

한일

이 책의 특징 및 활용법

FEATURES

문장 확장 방식을 도입한 쓰기 훈련북 <영어 라이팅 훈련>은 '구슬이 서말이라도 꿰어야 보배'라는 말이 있듯이 영어로 글쓰기를 잘하기 위해서는 문법과 어휘만 알고 있어서는 안 되며 매일매일 밥 먹듯이 쓰기 훈련을 해야 한다는 믿음으로 만들어진 본격 영어 라이팅 훈련서입니다. 문장 확장 방식(Expansion Mode)을 도입한 쓰기 훈련서로, 매일 조금씩 써나가다보면 자연스럽게 영어 문장 구조에 대한 이해가 넓어지고 문장이 쭈욱쭉 길어지는 경험을 하게 될 것입니다. 읽거나 들었을 때는 쉬운 문장이어도 입을 열고 말을 하거나 글로 쓰려면 머리 속이 하얘지는 경험 많이 해보셨죠? 너무 쉽다 하지 마시고 <영어 라이팅 훈련>으로 영어 쓰기의 기초부터 탄탄히 다져보세요. 한 문장 한 문장이 모여 어느새 한 문단이 되고 곧 TOEFL, TEPS 등 어떤 Writing 시험에도 자신감이 붙게 될 것입니다.

1. 문장 확장 방식으로 매일매일 밥 먹듯이 쓰면서 훈련한다!

써야 한다는 당장의 필요를 먼저 채울 수 있도록 구성했습니다. 이론적인 설명이 있기 훨씬 이전부터 문장과 그 문장이 쓰여지는 절차가 있었습니다. 그러므로 직접 쓰면서 그 절차를 익히는 것이 가장 좋은 방법입니다. 이론적인 설명은 문장을 쓴 후에 들으면 더 이해가 잘 되겠죠. 이 책은 문장 확장 방식(Expansion Mode)을 도입하여 쓰기 훈련을 하는 훈련북으로, 설명보다는 먼저 쓰는 것에 중점을 두었습니다.

2. 문장이나 글을 쓸 때 반드시 알아두어야 할 문법 사항들을 모았다!

영어로 글을 쓸 때 가장 자주 사용되는 문법 사항들만을 모아 Unit(Day)를 구성하였습니다. Writing을 해야 할 상황이 닥쳤을 때 여기에 나와 있는 문법 포인트들을 우선적으로 활용하여 글을 쓰면 되는 것이죠. 이 책으로 쓰기 훈련을 해보면 아시겠지만 이 책에 등장한 문법 사항들을 쓰지 않으려고 애를 써도 어쩔 수 없이 쓰게 될 만큼 빈도수 높은 핵심 문법 포인트들입니다.

3. 단문에서 장문까지, 장문에서 paragraph까지 한번에 정복한다!

짧은 단문은 많은 내용을 담지 못합니다. 그래서 장문을 쓰게 되죠. 각 Unit는 어떻게 짧은 단문에서 장문으로 문장을 늘려나가는지 쉽게 연습할 수 있도록 구성되어 있습니다.
그 다음 여러 개의 장문을 동원해서 한 가지 주제에 대해 글을 쓰는 방법을 보여줍니다. 이렇게 여러 개의 문장이 내용상 연결성을 가지면서 한자리에 모여 있을 때 그것을 paragraph(단락)라고 하는데, 이 책을 통해서 paragraph writing을 할 수 있는 단계까지 연습하게 됩니다. 중간중간 테마별 paragraph writing 순서가 총정리 단계로 포함되어 있는데 사실은 이 paragraph writing을 잘하게 되는 것이 우리가 sentence writing을 훈련하는 목표라 할 수 있죠.

HOW TO USE THIS BOOK

확장 방식(Expansion Mode)이란?

영어 문장은 크게 Essential 부분과 Additional 부분으로 나눌 수 있어요. 말이 좀 어렵긴 하지만 그냥 Part 1 또는 Part 2라고 구분해도 되요. 용어는 그다지 중요하지 않지만 이 두 개념은 가르치는 선생님이나 학생들 모두 알고 있어야 합니다.
Essential이라고 하는 이유는 이 부분이 문법적으로 중요한 부분이기 때문이에요. 잘못 쓰면 바로 틀린다는 얘기죠. 아무리 좋은 내용의 문장을 썼어도 Essential에 해당하는 부분에서 문법이 틀리면 전체 문장이 모두 틀린 것으로 간주될 만큼 중요한 부분이므로 writing할 때 조심해야 한답니다.
나머지 부분을 Additional이라고 하는데 그 이유는 이 부분이 문법적으로 그다지 중요하지 않기 때문에 이 부분을 빼도 전체 문장이 문법상 틀리지 않기 때문이에요. Additional을 빼주면 해당 부분의 내용만 조금 빠질 뿐 전체 문장에는 아무런 지장이 없거든요. 우리가 글을 길게 잘 쓰기 위해서 가장 유용하게 사용할 수 있는 부분이 바로 이 Additional 부분이라고 보시면 됩니다.

그럼 Essential과 Additional이 어떻게 협조해가면서 문장을 만드는지 한번 살펴볼게요.

Essential 1 ➡ 명사 + 동사 (=I go)
Additional 1 ➡ 전치사 + 명사 (=to school)
Essential 1 + Additional 1 ➡ '명사 + 동사' + '전치사 + 명사' (=I go + to school.)

이렇게 Essential과 Additional이 만나면 문법과 내용이 모두 충실한 좋은 문장이 만들어집니다. 보고 따라서 써볼 수 있겠죠!
Essential 부분의 '명사+동사'는 절대로 뺄 수 없는 중요한 부분입니다. 반면에 Additional 부분의 '전치사+명사'는 내용상 필요해서 부가적으로 들어간 부분이므로 빼도 전체 문장의 문법이 틀리지 않는 부분이지요. 만일 문법의 영향을 받지 않는 Additional을 몇 개 더 추가하면 어떤 현상이 일어나게 될까요? 문장이 길어지겠죠 아주 중요한 개념이므로 다음 보기를 잘 보고 감을 잡아 놓도록 하세요.

Essential 1 ➡ I go
Additional 1 + Additional 2 + Additional 3 + Additional 4
➡ to school + by bus + from Monday + to Friday
Essential 1 + Additional 1 + Additional 2 + Additional 3 + Additional 4
➡ I go to school by bus from Monday to Friday.

E A1 A2 A3 A4

보다시피 영어 문장을 길게 쓸 때는 Additional 부분이 대단히 유용한 도구로 쓰인답니다. 이 유용한 도구를 많이 가질수록 좋다는 사실을 깨달은 영어가 더 다양한 종류의 Additional을 만들어 내기 시작했으며 그 결과 to부정사, 부사, 형용사, 형용사절, 분사와 같은 더 많은 Additional이 만들어지게 되었지요. 이 중에 한두 개의 Additional을 더 사용해서 문장을 늘려 보도록 할게요. 잘 보고 그대로 따라 하세요.

- Additional로 부사와 to부정사(~하기 위하여) 사용하기
  Actually I go to school by bus from Monday to Friday to volunteer.
  부사 / to부정사

- Additional로 분사와 형용사 사용하기
  I go to school located in downtown by local bus from Monday to Friday.
  분사 / 형용사

이렇게 Essential을 만든 후 거기에 Additional을 더해가면서 문장 쓰기 연습을 하는 것을 확장 방식(Expansion Mode)이라고 합니다. 체계적이고 쉽게 영어 문장을 쓸 수 있는 방법이므로 일선 교사들과 학생들이 영어 쓰기 훈련을 할 때 적극 활용하기를 바랍니다. 〈영어 라이팅 훈련〉을 통해 여러분들은 Essential 부분을 쓰는 꾸준한 훈련과 다양한 Additional을 추가하여 긴 문장을 만드는 훈련을 하게 될 것입니다.

DON'T FORGET

1 Writing 할 때 많이 활용되는 빈도수 높은 문법이 무엇이 있는지 알아두세요!
2 각 chapter에 나오는 문법이 어떻게 문장 속에 적용되는지 알아두세요!
3 Paragraph는 배운 문법을 연습하는 부분이기도 하지만 그보다도 고급스러운 communication이 가능할 만큼 충분한 양을 써보는 부분입니다. 절대로 그냥 넘어가지 마시고 보고 베끼더라도 꼭 쓰고 넘어가도록 하세요. 정답을 미리 읽고 써도 좋으니 절대 건너뛰지 마시길!
4 완성 문장 확인하기에 나온 문장들은 시간이 날 때마다 MP3 음원을 들으면서 자주 읽어보도록 하세요!

HOW TO WRITE AN ESSAY

에세이의 기본 양식

에세이는 자신의 의견을 정해진 순서와 양식으로 표현하는 글입니다. 정해진 순서와 양식이 있다는 말은 에세이를 위해서 특별히 마련된 글쓰기 틀을 가지고 있다는 얘기죠. 이 틀(Essay Format)을 잘 지킬수록 좋은 에세이가 되므로 꼭 알고 있어야 합니다.

에세이는 세 Part로 이루어져 있습니다.

Introduction

글의 시작입니다. 앞으로 어떤 내용을 쓸지 정해서 소개하는 부분이죠. 절대로 주어진 문제(topic)를 그대로 copy하면 안 됩니다. 잘 쓴 Introduction이 되려면 채점자가 이 글이 어떤 주제 아래서 쓰여지며 또 앞으로 쓰게 될 내용이 무엇인지 잘 소개해야 합니다. 즉, 앞으로 어떤 내용이 나오는지 채점자가 Introduction을 통해서 눈치챌 수 있어야 합니다.

Body

본론입니다. 자기의 생각이나 의견을 마음껏 말해보는 곳입니다. 잘 쓴 Body가 되려면 채점자의 이해를 도울 수 있는 구체적인 이유(Reason) 또는 보기(Example)가 제시되어야 합니다. 즉, 여러분이 무슨 말을 하고 있는지 채점자가 분명히 알도록 명쾌하게 얘기해 주어야 합니다.

Body의 개수는 1~3개 사이가 일반적이며 영어평가시험에서는 1~2개, 미국 대학교에서 보는 정식 시험에는 3개를 요구합니다. 에세이를 처음 연습할 때는 Body 1~2개 정도 쓰는 연습을 해 두면 됩니다.

Conclusion

결론은 Introduction과 Body에서 썼던 내용을 정리/요약하는 부분입니다. 새로운 idea나 주장을 펼치는 곳이 아니라는 것을 염두해주세요. 앞의 내용(Introduction과 Body)을 정리/요약할 때, 앞에서 썼던 단어를 그대로 반복하지 않도록 주의해야 합니다. 같은 내용이라도 다른 단어와 문구로 표현할수록 좋은 결론이 됩니다.
잘 쓴 결론이 되려면, 글의 요점이 잘 정리되어 있고 마지막 문장에 자신이 내린 결정 또는 주장(Final decision)이 자신 있는 어조로 드러나 있어야 합니다.

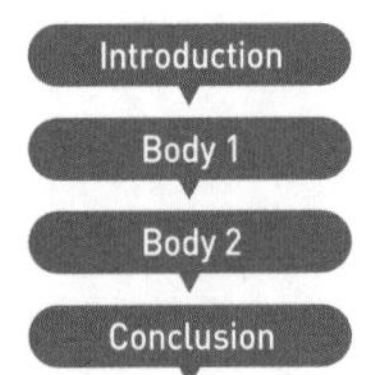

에세이 잘 쓰는 법

앞에서도 얘기했지만 에세이는 일정한 틀 안에서 이루어져야만 합니다. 내가 글을 잘 쓴다고 무턱대고 자랑하는 곳이 아닙니다. 정해진 틀을 얼마나 잘 인식하고 그 틀에 순종했는지를 봅니다.

에세이를 잘 쓰는 공식이 있다면 얼마나 좋을까요! 우리는 앞으로 Writing 시험도 대비해야 하고 그렇지 않다고 하더라도 Writing 실력을 요구하는 사회 속에서 살고 있습니다. 그래서 <영어 라이팅 훈련 실천 다이어리 에세이 라이팅 편>에서는 아예 공식을 만들어보았습니다. 각 단락마다 어떤 내용을 쓸지 미리 제시해 두었으니 효과적인 에세이 쓰기 방법으로 사용할 수 있습니다. 이 공식을 바탕으로 지속적으로 에세이 쓰기를 훈련하면서 가장 정석에 가까운 에세이를 써 보세요.

Introduction

1. General Statement ➡ 주제에 대한 일반적인 생각이나 의견
2. Attitude ➡ 앞으로 자신이 쓸 글의 방향 언급
3. Thesis Statement ➡ 무엇에 대해서 쓸지 결정하고 그렇게 결정한 이유를 언급

Body 1

1. Topic Sentence ➡ Thesis Statement에서 결정한 것 중 첫 번째에 대해서 쓰기
2. Example ➡ 보기나 예제를 써 주기
3. Simple Conclusion ➡ 마무리하기

Body 2

1. Topic Sentence ➡ Thesis Statement에서 결정한 것 중 두 번째에 대해서 쓰기
2. Example ➡ 보기나 예제를 써 주기
3. Simple Conclusion ➡ 마무리하기

Conclusion

1. Brief Summary ➡ 에세이가 어떤 주제에 대한 것인지 한두 줄로 요약(Introduction의 요약으로 볼 수 있다)
2. Paraphrasing ➡ Body 1, Body 2를 다른 말로 정리하기(Body의 요약으로 볼 수 있다)
3. Final Decision ➡ 최종 결론

이 책의 구성

<영어 라이팅 훈련>은 간단한 단문에서 시작해 단문에 살을 붙여 문장을 확장해나가는 방식으로 라이팅을 훈련하는 훈련북입니다. 문장 확장하기로 바로 건너뛰지 마시고 반드시 문장 시작하기부터 순서대로 훈련하세요!

핵심 문법 설명 & 훈련 기록

오늘 라이팅 훈련할 문장들의 뼈대를 이루는 문법 사항에 대한 기본 지식을 습득한 후, 꾸준한 훈련을 위해 훈련 기록을 남겨 보세요.

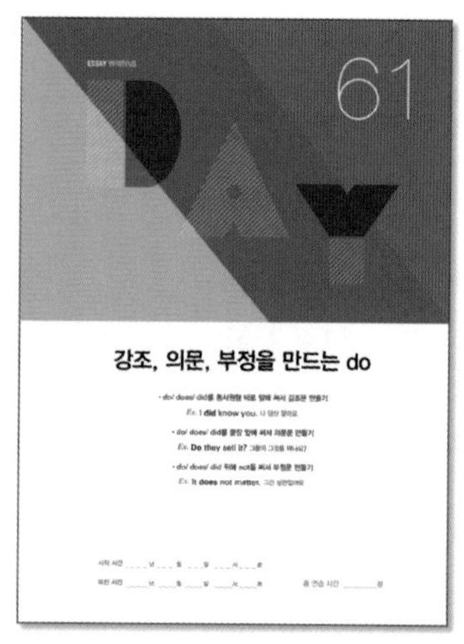
DAY 61

강조, 의문, 부정을 만드는 do

Ex. I did know you.

Ex. Do they sell it?

Ex. It does not matter.

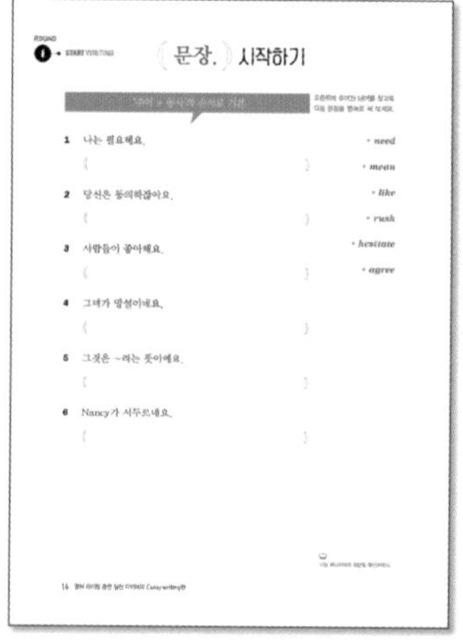
문장 시작하기

1 나는 필요해요.

2 당신은 동의하잖아요.

3 사람들이 좋아해요.

4 그녀가 망설이네요.

5 그것은 ~라는 뜻이에요.

6 Nancy가 서두르네요.

need / mean / like / rush / hesitate / agree

문장 시작하기

문장 시작하기에서는 한글로 주어진 단문을 영어로 바꾸는 훈련을 합니다. Word box에 주어진 단어를 참고로 기본 문장을 만들어 보세요.

문장 확장하기

자, 지금부터 문장이 길어집니다. 문장 시작하기에서 써본 문장의 정답을 확인해봄과 동시에 문장 시작하기에서 확장된 형태의 문장을 써봅니다.

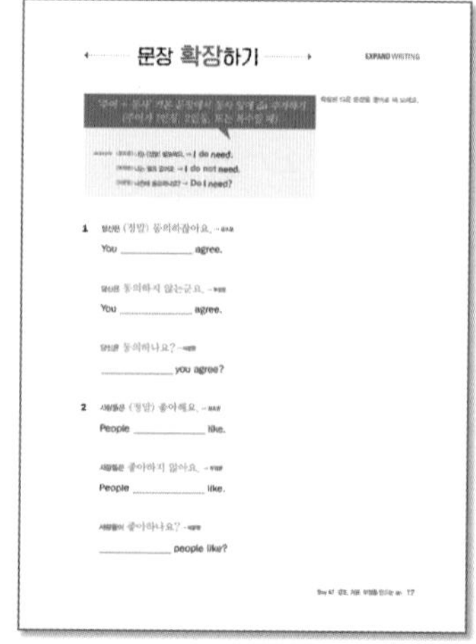
문장 확장하기

1 당신은 (정말) 동의하잖아요.
You ______ agree.

당신은 동의하지 않는군요.
You ______ agree.

당신은 동의하나요?
______ you agree?

2 사람들은 (정말) 좋아해요.
People ______ like.

사람들은 좋아하지 않아요.
People ______ like.

사람들이 좋아하나요?
______ people like?

문장 더 확장하기

문장이 쭈욱쭉 길어지는군요. 문장 확장하기에서 써본 문장의 정답을 확인해봄과 동시에 문장 확장하기에서 더 확장된 형태의 문장을 써봅니다.

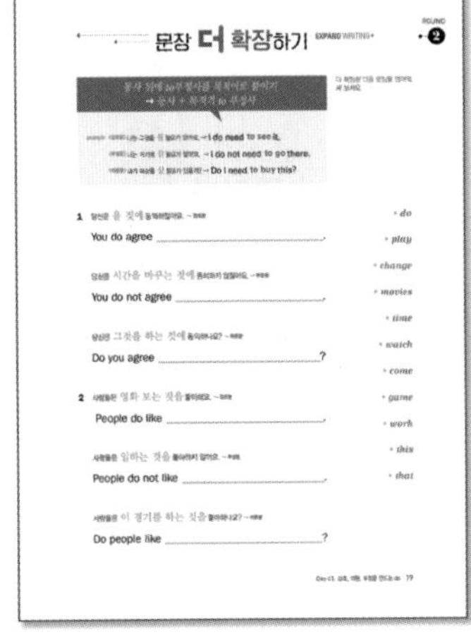

완성 문장 확인하기

문장 시작하기, 문장 확장하기, 문장 더 확장하기에서 쓰기 훈련한 문장의 완성 문장을 확인할 수 있습니다. 문장마다 확장바(expansion bar)가 있어 여러 번 확장된 문장이라도 확장된 경로를 한눈에 확인할 수 있습니다. 완성 문장은 네이티브 스피커의 음성으로 확인할 수 있으며 듣기와 말하기를 동시에 연습할 수 있습니다.

에세이 라이팅

문법 사항을 기본으로 한 문장 연습을 토대로 하여 이번에는 문단 쓰기(Paragraph Writing)에 도전해 봅니다. 사실, 이 파트를 잘 쓰는 것이 이 책의 학습 목표입니다! 가장 자주 쓰는 주제의 에세이를 4단계에 걸쳐 훈련하다 보면 어느새 그럴듯한 에세이가 완성되어 있을 것입니다.

MP3 파일 활용법

〈영어 라이팅 훈련〉에서 쓰기 훈련한 모든 완성 문장과 Paragraph Writing이 네이티브 스피커의 음성으로 녹음되어 있습니다. 쓰기 훈련을 한 후 MP3 파일 음원을 들으면서 따라 말하기 훈련을 하여 써본 문장을 완전히 내 것으로 만들어 보세요!

MP3 파일은 www.saramin.com 자료실에서 다운로드 받으세요.

CONTENTS

왜 라이팅 훈련인가 4
이 책의 특징 및 활용법 5
이 책의 구성 10

ESSAY Day 61-80

DAY 61 강조, 의문문을 만드는 do 15
DAY 62 의문사를 사용한 의문문 25
DAY 63 의문사를 사용한 의문문 39
DAY 64 ESSAY WRITING 1 60
DAY 65 12시제 정리 2 73
DAY 66 양을 나타내기 87
DAY 67 부정대명사 103
DAY 68 ESSAY WRITING 2 114
DAY 69 전환구 127
DAY 70 5형식 정리 143
DAY 71 4형식 정리 151
DAY 72 ESSAY WRITING 3 160
DAY 73 비교급, 최상급 1 173
DAY 74 비교급, 최상급 2 185
DAY 75 기타 비교구문 201
DAY 76 ESSAY WRITING 4 218
DAY 77 명사절 만들기(주어, 보어로 쓰기) 231
DAY 78 명사절 만들기(목적격) 241
DAY 79 if ~ or not, whether ~ or not, whether or not 목적어로 쓰기 251
DAY 80 ESSAY WRITING 5 264

ESSAY Day 81-100

DAY 81 직접화법을 간접화법으로 고치기 277

DAY 82 조동사가 쓰인 직접화법을 간접화법으로 고치기 291

DAY 83 의문사 + to부정사 301

DAY 84 ESSAY WRITING 6 316

DAY 85 관계대명사의 사용 1 329

DAY 86 관계대명사의 사용 2 341

DAY 87 the thing that = what 1 355

DAY 88 the thing that = what 2 367

DAY 89 ESSAY WRITING 7 382

DAY 90 형용사절을 형용사구로 바꾸기 395

DAY 91 관계대명사의 계속적 용법, 제한적 용법 411

DAY 92 ESSAY WRITING 8 422

DAY 93 such ~ that 쓰기 435

DAY 94 so ~ that 쓰기 455

DAY 95 관계부사 where, when, why, how 467

DAY 96 복합 관계부사, 복합 관계대명사, no matter ~ 477

DAY 97 ESSAY WRITING 9 486

DAY 98 동사구 1 501

DAY 99 동사구 2 515

DAY 100 ESSAY WRITING 10 528

SENTENCE WRITING

DAY 61

강조, 의문, 부정을 만드는 do

• do/ does/ did를 동사원형 바로 앞에 써서 강조문 만들기

Ex. I **did** know you. 나 당신 알아요.

• do/ does/ did를 문장 앞에 써서 의문문 만들기

Ex. **Do** they sell it? 그들이 그것을 파나요?

• do/ does/ did 뒤에 not을 써서 부정문 만들기

Ex. It **does** not matter. 그건 상관없어요.

시작 시간 ______년 ______월 ______일 ______시 ______분

마친 시간 ______년 ______월 ______일 ______시 ______분 총 연습 시간 ________분

ROUND 1 START WRITING

(문장.) 시작하기

'주어 + 동사'의 순서로 기본

오른쪽에 주어진 단어를 참고로 다음 문장을 영어로 써 보세요.

• *need*
• *mean*
• *like*
• *rush*
• *hesitate*
• *agree*

1 나는 필요해요.

( )

2 당신은 동의하잖아요.

( )

3 사람들이 좋아해요.

( )

4 그녀가 망설이네요.

( )

5 그것은 ~라는 뜻이에요.

( )

6 Nancy가 서두르네요.

( )

다음 페이지에서 정답을 확인하세요.

문장 확장하기

EXPAND WRITING

확장된 다음 문장을 영어로 써 보세요.

'주어 + 동사' 기본 문장에서 동사 앞에 *do* 추가하기 (주어가 1인칭, 2인칭, 또는 복수일 때)

example 〈강조문〉 나는 (정말) 필요해요. → I **do** need.

〈부정문〉 나는 필요 없어요. → I **do not** need.

〈의문문〉 나한테 필요하나요? → **Do** I need?

1 당신은 (정말) 동의하잖아요. ⋯→ 강조문

You ______________ agree.

당신은 동의하지 않는군요. ⋯→ 부정문

You ______________ agree.

당신은 동의하나요? ⋯→ 의문문

______________ you agree?

2 사람들은 (정말) 좋아해요. ⋯→ 강조문

People ______________ like.

사람들은 좋아하지 않아요. ⋯→ 부정문

People ______________ like.

사람들이 좋아하나요? ⋯→ 의문문

______________ people like?

'주어 + 동사' 기본 문장에서 동사 앞에 *does* 추가하기 (주어가 3인칭 단수일 때)

example 〈강조문〉 그녀가 망설입니다. → She **does** hesitate.

〈부정문〉 그녀는 망설이지 않아요. → She **does not** hesitate.

〈의문문〉 그녀가 망설이나요? → **Does** she hesitate?

3 그것은 (정말) ~라는 뜻이에요. ⋯→ 강조문

It ______________ mean.

그것은 ~라는 뜻이 아니에요. ⋯→ 부정문

It ______________ mean.

그것이 ~라는 뜻인가요? ⋯→ 의문문

______________ it mean?

4 Nancy가 (정말) 서두르네요. ⋯→ 강조문

Nancy ______________ rush.

Nancy는 서두르지 않아요. ⋯→ 부정문

Nancy ______________ rush.

Nancy가 서두르나요? ⋯→ 의문문

______________ Nancy rush?

다음 페이지에서 정답을 확인하세요.

ROUND 

문장 더 확장하기 EXPAND WRITING+

더 확장된 다음 문장을 영어로 써 보세요.

동사 뒤에 to부정사를 목적어로 붙이기
→ 동사 + 목적격 to 부정사

example 〈강조문〉 나는 그것을 볼 필요가 있어요. → I do need **to see** it.

〈부정문〉 나는 거기에 갈 필요가 없어요. → I do not need **to go** there.

〈의문문〉 내가 이것을 살 필요가 있을까? → Do I need **to buy** this?

1 당신은 올 것에 동의하잖아요. ··· 강조문

You do agree ______________________.

당신은 시간을 바꾸는 것에 동의하지 않잖아요. ··· 부정문

You do not agree ______________________.

당신은 그것을 하는 것에 동의하나요? ··· 의문문

Do you agree ______________________?

2 사람들은 영화 보는 것을 좋아해요. ··· 강조문

People do like ______________________.

사람들은 일하는 것을 좋아하지 않아요. ··· 부정문

People do not like ______________________.

사람들은 이 경기를 하는 것을 좋아하나요? ··· 의문문

Do people like ______________________?

- *do*
- *play*
- *change*
- *movies*
- *time*
- *watch*
- *come*
- *game*
- *work*
- *this*
- *that*

example 〈강조문〉 그녀는 말하는 것을 망설이네요.

→ **She does hesitate to tell.**

〈부정문〉 그녀는 돈을 지불하는 것을 망설이지 않아요.

→ **She does not hesitate to pay the money.**

〈의문문〉 그녀가 그 문을 여는 것을 망설이나요?

→ **Does she hesitate to open the door?**

3 그것은 조용히 있으라는 뜻이에요. ⋯→ 강조문

It does mean ________________________.

그것은 건너라는 뜻이 아니에요. ⋯→ 부정문

It does not mean ________________________.

그것이 이 길로 가라는 뜻인가요? ⋯→ 의문문

Does it mean ________________________?

4 Nancy가 아침 만드는 것을 서두르네요. ⋯→ 강조문

Nancy does rush ________________________.

Nancy는 그 남자 만나는 것을 서두르지 않아요. ⋯→ 부정문

Nancy does not rush ________________________.

Nancy가 그녀의 일을 끝내는 것을 서두르나요? ⋯→ 의문문

Does Nancy rush ________________________?

- *finish*
- *silent*
- *go*
- *keep*
- *cross*
- *make*
- *this way*
- *breakfast*
- *meet*
- *her work*
- *man*

〈완성 문장 확인하기〉에서 정답을 확인하세요.

(문장 통으로.) 쓰기

WRITE IT OUT

이번에는 전체 문장을 통으로 써 보세요.

1 당신은 올 것에 동의하잖아요.

당신은 시간을 바꾸는 것에 동의하지 않잖아요.

당신은 그것을 하는 것에 동의하나요?

2 사람들은 영화 보는 것을 좋아해요.

사람들은 일하는 것을 좋아하지 않아요.

사람들은 이 경기를 하는 것을 좋아하나요?

3 그것은 조용히 있으라는 뜻이에요.

그것은 건너라는 뜻이 아니에요.

그것이 이 길로 가라는 뜻인가요?

4 Nancy가 아침 만드는 것을 서두르네요.

Nancy는 그 남자 만나는 것을 서두르지 않아요.

Nancy가 그녀의 일을 끝내는 것을 서두르나요?

다음 페이지에서 정답을 확인하세요.

Check it out
완성 문장 **확인하기**

완성 문장을 확인하고 여러 번 쓰고 읽어 보세요. MP3 **61-01**

1 당신은 올 것에 동의하잖아요.

You do agree to come.

확장 ···································· 더 확장 ····················

당신은 시간을 바꾸는 것에 동의하지 않잖아요.

You do not agree to change the time.

확장 ···································· 더 확장 ····················

당신은 그것을 하는 것에 동의하나요?

Do you agree to do that?

확장 ···································· 더 확장 ····················

2 사람들은 영화 보는 것을 좋아해요.

People do like to watch movies.

확장 ···································· 더 확장 ····················

사람들은 일하는 것을 좋아하지 않아요.

People do not like to work.

확장 ···································· 더 확장 ····················

사람들은 이 경기를 하는 것을 좋아하나요?

Do people like to play this game?

확장 ···································· 더 확장 ····················

3 그것은 조용히 있으라는 뜻이에요.

It does mean to keep silent.

확장·································· 더 확장··································

그것은 건너라는 뜻이 아니에요.

It does not mean to cross.

확장·· 더 확장·················

그것이 이 길로 가라는 뜻인가요?

Does it mean to go this way?

확장····································· 더 확장···································

4 Nancy가 아침 만드는 것을 서두르네요.

Nancy does rush to make breakfast.

확장··· 더 확장···

Nancy는 그 남자 만나는 것을 서두르지 않아요.

Nancy does not rush to meet the man.

확장·· 더 확장··

Nancy가 그녀의 일을 끝내는 것을 서두르나요?

Does Nancy rush to finish her work?

확장··· 더 확장···

SENTENCE WRITING

DAY 62

의문사를 사용한 의문문

• do/ does/ did를 문장 앞에 써서 의문문 만들기

Ex. **Does** he give this to you? 그가 당신에게 이것을 주나요?

• be동사를 문장 앞에 써서 의문문 만들기

Ex. **Are** you giving this to me for free? 저에게 이것을 공짜로 주시는 거예요?

• why, how, where, when, which, what, who, whom, whose를 문장 앞에 써서 의문문 만들기

Ex. **Why does** he give this to you? 그가 왜 당신에게 이것을 주죠?

시작 시간 ______년 ______월 ______일 ______시 ______분

마친 시간 ______년 ______월 ______일 ______시 ______분 총 연습 시간 ________분

ROUND 1 START WRITING

(문장.) 시작하기

오른쪽에 주어진 단어를 참고로 다음 문장을 영어로 써 보세요.

*do/ does/ did*로 강조문 만들기
➔ '주어 + *do/ does/ did* + 동사

1 당신은 가잖아요.

( )

2 그가 그것을 언급했어요.

( )

3 그것은 영향을 줍니다.

( )

*be*동사를 사용하여 문장 쓰기
➔ '주어 + *be*동사 + 명사/형용사/전치사구

4 당신은 바쁘군요.

( )

5 이것은 기발한 아이디어예요.

( )

6 그녀의 사진이 Jack의 핸드폰에 있었어요.

( )

- ***picture***
- ***idea***
- ***busy***
- ***cell phone***
- ***brilliant***
- ***mention***
- ***influence***
- ***go***
- ***it***
- ***this***

다음 페이지에서 정답을 확인하세요.

Check it out
완성 문장 **확인하기**

완성 문장을 확인하고 여러 번 쓰고 읽어 보세요. MP3 **62-01**

1. 당신은 가잖아요.
   You do go.

2. 그가 그것을 언급했어요.
   He did mention it.

3. 그것은 영향을 줍니다.
   It does influence.

4. 당신은 바쁘군요.
   You are busy.

5. 이것은 기발한 아이디어예요.
   This is a brilliant idea.

6. 그녀의 사진이 Jack의 핸드폰에 있었어요.
   Her picture was in Jack's cell phone.

문장 확장하기

EXPAND WRITING

확장된 다음 문장을 영어로 써 보세요.

*do*동사와 *be*동사를 문장 앞으로 보내서 의문문 만들기

example 당신 가요? → **Do you go?**

1 그가 그것을 언급했나요?

(   )

2 그것이 영향을 주나요?

(   )

3 당신은 바쁜가요?

(   )

4 이것이 기발한 아이디어인가요?

(   )

5 그녀의 사진이 Jack의 핸드폰에 있었나요?

(   )

다음 페이지에서 정답을 확인하세요.

ROUND 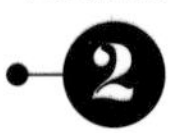

문장 더 확장하기 EXPAND WRITING+

더 확장된 다음 문장을 영어로 써 보세요.

보다 구체적인 의문문 만들기 →
문장 앞에 의문사 *Why/ How/ Where/ When/ Which/ What/ Who/ Whom*

example 당신 어디에 가요? → **Where do you go?**

당신 어떻게 가요? → **How do you go?**

1 그가 그것을 왜 언급했나요?

_______________ did he mention it?

그가 그것을 언제 언급했나요?

_______________ did he mention it?

그가 어느 것을 언급했나요?

_______________ did he mention?

Learning Point

Which does he mention it?에서 which와 it은 같은 것을 말하고 있습니다. 영어는 같은 의미의 단어를 한 문장 속에 반복 사용하는 것을 피하려는 경향이 다른 언어들보다 강합니다. 그러 which만 남겨두고 it은 빼줘야 합니다. 반복되는 현상을 Abundance라고 하는데, 영어 문장을 쓸 때 문법을 맞게 쓰고도 이 Abundance(동어 반복) 때문에 점수가 깎이는 경우가 있으므로 항상 신경 써야 합니다.

2 그것이 언제 영향을 주나요?

__________________ does it influence?

그것이 왜 영향을 주나요?

__________________ does it influence?

그것이 어떻게 영향을 주나요?

__________________ does it influence?

그것이 누구에게 영향을 주나요?

__________________ does it influence?

3 당신은 왜 바쁜가요?

__________________ are you busy?

당신은 언제 바쁜가요?

__________________ are you busy?

4 이것이 왜 기발한 아이디어인가요?

_______________ is this a brilliant idea?

5 그녀의 사진이 언제 Jack의 핸드폰에 있었나요?

_______________ was her picture in Jack's cell phone?

그녀의 사진이 왜 Jack의 핸드폰에 있었나요?

_______________ was her picture in Jack's cell phone?

그녀의 사진이 어디에 있었나요?

_______________ was her picture?

〈완성 문장 확인하기〉에서 정답을 확인하세요.

Learning Point

문장 Where was her picture?에서 in Jack's cell phone이 왜 사라졌을까요? 이유는 간단합니다. in Jack's cell phone이 바로 사진이 저장되어 있는 장소에 해당하기 때문입니다. 이 장소를 한 단어로 where라고 말한 거죠.

만일 Where was her picture in Jack's cell phone?이라고 모두 쓰면 무슨 문제가 생길까요? 한 문장 속에서 Where와 in Jack's cell phone이라는, 같은 것을 말하는 표현이 중복되겠죠. 앞서 말했듯이 영어는 한 문장 속에 같은 뜻을 가진 단어를 반복하는 것을 대단히 싫어합니다.

문장 통으로. 쓰기

WRITE IT OUT

이번에는 전체 문장을 통으로 써 보세요.

1 그가 그것을 왜 언급했나요?

그가 그것을 언제 언급했나요?

그가 어느 것을 언급했나요?

2 그것이 언제 영향을 주나요?

그것이 왜 영향을 주나요?

그것이 어떻게 영향을 주나요?

그것이 누구에게 영향을 주나요?

3 당신은 왜 바쁜가요?

당신은 언제 바쁜가요?

4 이것이 왜 기발한 아이디어인가요?

5 그녀의 사진이 언제 Jack의 핸드폰에 있었나요?

그녀의 사진이 왜 Jack의 핸드폰에 있었나요?

그녀의 사진이 어디에 있었나요?

다음 페이지에서 정답을 확인하세요.

Check it out
완성 문장 확인하기

완성 문장을 확인하고 여러 번 쓰고 읽어 보세요. MP3 **62-02**

1 그가 그것을 왜 언급했나요?

Why did he mention it?

더 확장······ 확장··

그가 그것을 언제 언급했나요?

When did he mention it?

더 확장·········· 확장··

그가 어느 것을 언급했나요?

Which did he mention?

더 확장············ 확장··

2 그것이 언제 영향을 주나요?

When does it influence?

더 확장·········· 확장···

그것이 왜 영향을 주나요?

Why does it influence?

더 확장······ 확장··

그것이 어떻게 영향을 주나요?

How does it influence?

더 확장······ 확장··

그것이 누구에게 영향을 주나요?

Whom does it influence?

더 확장··········· 확장··

3 당신은 왜 바쁜가요?

Why are you busy?

더 확장······ 확장····································

당신은 언제 바쁜가요?

When are you busy?

더 확장········· 확장·····································

4 이것이 왜 기발한 아이디어인가요?

Why is this a brilliant idea?

더 확장······ 확장··

5 그녀의 사진이 언제 Jack의 핸드폰에 있었나요?

When was her picture in Jack's cell phone?

더 확장··········· 확장··

그녀의 사진이 왜 Jack의 핸드폰에 있었나요?

Why was her picture in Jack's cell phone?

더 확장······ 확장··

그녀의 사진이 어디에 있었나요?

Where was her picture?

더 확장············· 확장··

문장 응용하기 APPLY IT

주어가 의문사일 때 의문문 만들기
→ '의문사 주어(*Who/ What/ Which*) + 동사'

변형된 다음 문장을 영어로 써 보세요.

1 누가 그 모임에 가나요?

________________ to the meeting?

2 누가 그것을 언급했나요?

________________ it?

3 무엇이 그곳에 영향을 주었나요?

________________ there?

4 누가 바쁜데요?

________________ busy?

5 어느 것이 기발한가요?

________________ brilliant?

6 무엇이 Jack의 핸드폰에 있었나요?

________________ in Jack's cell phone?

〈완성 문장 확인하기〉에서 정답을 확인하세요.

문장 통으로. 쓰기

WRITE IT OUT

이번에는 전체 문장을 통으로 써 보세요.

1 누가 그 모임에 가나요?

2 누가 그것을 언급했나요?

3 무엇이 그곳에 영향을 주었나요?

4 누가 바쁜데요?

5 어느 것이 기발한가요?

6 무엇이 Jack의 핸드폰에 있었나요?

다음 페이지에서 정답을 확인하세요.

Check it out
완성 문장 **확인하기**

완성 문장을 확인하고 여러 번 쓰고 읽어 보세요. MP3 62-03

❶ 누가 그 모임에 가니?

Who goes to the meeting?

❷ 누가 그것을 언급했나요?

Who mentioned it?

❸ 무엇이 그곳에 영향을 주었나요?

What influenced there?

❹ 누가 바쁜데요?

Who is busy?

❺ 어느 것이 기발한가요?

Which is brilliant?

❻ 무엇이 Jack의 핸드폰에 있었나요?

What was in Jack's cell phone?

12 시제 정리 1

• 현재 계열 시제 4가지 알아두기: 현재형, 현재진행형, 현재완료형, 현재완료진행형

Ex. He (**helps**/ **is** help**ing**/ **has** help**ed**/ **has been** help**ing**) me.

• 과거 계열 시제 4가지 알아두기: 과거형, 과거진행형, 과거완료형, 과거완료진행형

Ex. I (**waited**/ **was** wait**ing**/ **had** wait**ed**/ **had been** wait**ing**) for you.

• 미래 계열 시제 4가지 알아두기: 미래형, 미래진행형, 미래완료형, 미래완료진행형

Ex. She (**will** send/ **will be** send**ing**/ **will have** s**ent**/ **will have been** send**ing**) a message.

시작 시간 ______년 ______월 ______일 ______시 ______분

마친 시간 ______년 ______월 ______일 ______시 ______분 총 연습 시간 ________분

ROUND
1 START WRITING

어구 시작하기

다음 어구를 영어로 써 보세요.

다음 페이지에서 정답을 확인하세요.

현재진행형 만들기 → *be*동사 + 현재분사(*-ing*)

재검토하다 ▸ ***review***

재검토하는 중이다 ▸ am / are / is

전화하다 ▸ ***call***

전화하는 중이다 ▸ am / are / is

현재완료 만들기 → *have/has* + 과거분사

(현재까지) 재검토했다 ▸ have/ has

(현재까지) 전화했다 ▸ have/ has

현재완료진행형 만들기 → *have/has* + *been* + *-ing*

(현재를 넘어서 계속) 재검토하고 있는 중이다 ▸ have/ has been

(현재를 넘어서 계속) 전화하고 있는 중이다 ▸ have/ has been

과거진행형 만들기 → *be*동사의 과거형 + *-ing*

재검토하고 있는 중이었다 ▸ was/ were

전화하는 중이었다 ▸ was/ were

과거완료형 만들기 → *had* + 과거분사

(과거 그때까지) 재검토했었다 ▸ had

(과거 그때까지) 전화했었다 ▸ had

과거완료진행형 만들기 → *had been + -ing*

(과거에 계속해서) 재검토하고 있는 중이었다 ▸

(과거에 계속해서) 전화하고 있는 중이었다 ▸

미래형 만들기 만들기 → *will* + 동사원형

재검토할 것이다 ▸

전화할 것이다 ▸

미래진행형 만들기 → *will be + -ing*

재검토하고 있는 중일 것이다 ▸

전화하고 있는 중일 것이다 ▸

미래완료형 만들기 → *will have* + 과거분사

(미래 그때까지) 재검토할 것이다 ▸

(미래 그때까지) 전화할 것이다 ▸

미래완료진행형 만들기 → *will have been + -ing*

(미래에 계속해서) 재검토하고 있는 중일 것이다 ▸

(미래에 계속해서) 전화하고 있는 중일 것이다 ▸

Check it out
완성 어구 확인하기

완성 어구를 확인하고 여러 번 쓰고 읽어 보세요. MP3 63-01

재검토하는 중이다 ▸ **am/ are/ is reviewing**

전화하는 중이다 ▸ **am/ are/ is calling**

(현재까지) 재검토했다 ▸ **have/ has reviewed**

(현재까지) 전화했다 ▸ **have/ has called**

(현재를 넘어서 계속) 재검토하고 있는 중이다 ▸ **have/ has been reviewing**

(현재를 넘어서 계속) 전화하고 있는 중이다 ▸ **have/ has been calling**

재검토하고 있는 중이었다 ▸ **was/ were reviewing**

전화하는 중이었다 ▸ **was/ were calling**

(과거 그때까지) 재검토했었다 ▸ **had reviewed**

(과거 그때까지) 전화했었다 ▸ **had called**

(과거에 계속해서) 재검토하고 있는 중이었다 ▸ **had been reviewing**

(과거에 계속해서) 전화하고 있는 중이었다 ▸ **had been calling**

재검토할 것이다 ▸ **will review**

전화할 것이다 ▸ **will call**

재검토하고 있는 중일 것이다 ▸ **will be reviewing**

전화하고 있는 중일 것이다 ▸ **will be calling**

(미래 그때까지) 재검토할 것이다 ▸ **will have reviewed**

(미래 그때까지) 전화할 것이다 ▸ **will have called**

(미래에 계속해서) 재검토하고 있는 중일 것이다 ▸ **will have been reviewing**

(미래에 계속해서) 전화하고 있는 중일 것이다 ▸ **will have been calling**

ROUND 2 START WRITING

(문장.) 시작하기 ①

현재 계열을 표현하는 4가지 구조 쓰기
→ 동사 *review*를 이용하여

시제에 맞게 다음 문장을 영어로 써 보세요.

1 나는 내 과제물을 재검토한다. → 현재

I ( ) my paper.

2 나는 내 과제물을 재검토하고 있는 중이다. → 현재진행

I ( ) my paper.

3 나는 내 과제물을 (현재까지) 재검토했다. → 현재완료

I ( ) my paper.

4 나는 내 과제물을 (현재를 넘어서 계속) 재검토하고 있는 중이다. → 현재완료진행

I ( ) my paper.

과거 계열을 표현하는 4가지 구조 쓰기

5 나는 내 과제물을 재검토했다. ···› 과거

I ( ) my paper.

6 나는 내 과제물을 재검토하고 있는 중이었다. ···› 과거진행

I ( ) my paper.

7 나는 내 과제물을 (과거 그때까지) 재검토했었다. ···› 과거완료

I ( ) my paper.

8 나는 내 과제물을 (과거에 계속해서) 재검토하고 있는 중이었다. ···› 과거완료진행

I ( ) my paper.

미래 계열을 표현하는 4가지 구조 쓰기

9 나는 내 과제물을 재검토할 것이다. ··· 미래

I ( ) my paper.

10 나는 내 과제물을 재검토하고 있는 중일 것이다. ··· 미래진행

I ( ) my paper.

11 나는 내 과제물을 (미래 그때까지) 재검토할 것이다. ··· 미래완료

I ( ) my paper.

12 나는 내 과제물을 (미래에 계속해서) 재검토하고 있는 중일 것이다. ··· 미래완료진행

I ( ) my paper.

다음 페이지에서 정답을 확인하세요.

Check it out

완성 문장 **확인하기**

완성 문장을 확인하고 여러 번 쓰고 읽어 보세요. MP3 **63-02**

1. 나는 내 과제물을 재검토한다.

   I review my paper.

2. 나는 내 과제물을 재검토하고 있는 중이다.

   I am reviewing my paper.

3. 나는 내 과제물을 (현재까지) 재검토했다.

   I have reviewed my paper.

4. 나는 내 과제물을 (현재를 넘어서 계속) 재검토하고 있는 중이다.

   I have been reviewing my paper.

5. 나는 내 과제물을 재검토했다.

   I reviewed my paper.

6. 나는 내 과제물을 재검토하고 있는 중이었다.

   I was reviewing my paper.

7 나는 내 과제물을 (과거 그때까지) 재검토했었다.

I had reviewed my paper.

8 나는 내 과제물을 (과거에 계속해서) 재검토하고 있는 중이었다.

I had been reviewing my paper.

9 나는 내 과제물을 재검토할 거야.

I will review my paper.

10 나는 내 과제물을 재검토하고 있는 중일 것이다.

I will be reviewing my paper.

11 나는 내 과제물을 (미래 그때까지) 재검토할 것이다.

I will have reviewed my paper.

12 나는 내 과제물을 (미래에 계속해서) 재검토하고 있는 중일 것이다.

I will have been reviewing my paper.

(문장.) 시작하기 ②

START WRITING

현재 계열을 표현하는 4가지 구조 쓰기
→ 동사 *call*을 이용하여

시제에 맞게 다음 문장을 영어로 써 보세요.

1 너는 나에게 전화한다. ⋯→ 현재

You ( ) me.

2 너는 나에게 전화하고 있는 중이다. ⋯→ 현재진행

You ( ) me.

3 너는 나에게 (현재까지) 전화했다. ⋯→ 현재완료

You ( ) me.

4 너는 나에게 (현재를 넘어서 계속) 전화하고 있는 중이다. ⋯→ 현재완료진행

You ( ) me.

과거 계열을 표현하는 4가지 구조 쓰기

5 너는 나에게 전화했다. ⋯→ 과거

You ( ) me.

6 너는 나에게 전화하고 있는 중이었다. ⋯→ 과거진행

You ( ) me.

7 너는 나에게 (과거 그때까지) 전화했었다. ⋯→ 과거완료

You ( ) me.

8 너는 나에게 (과거에 계속해서) 전화하고 있는 중이었다. ⋯→ 과거완료진행

You ( ) me.

미래 계열을 표현하는 4가지 구조 쓰기

9 너는 나에게 전화할 것이다. ⋯→ 미래

You ( ) me.

10 너는 나에게 전화하고 있는 중일 것이다. ⋯→ 미래진행

You ( ) me.

11 너는 나에게 (미래 그때까지) 전화할 것이다. ⋯→ 미래완료

You ( ) me.

12 너는 나에게 (미래에 계속해서) 전화하고 있는 중일 것이다. ⋯→ 미래완료진행

You ( ) me.

다음 페이지에서 정답을 확인하세요.

Check it out
완성 문장 확인하기

완성 문장을 확인하고 여러 번 쓰고 읽어 보세요. MP3 63-03

1. 너는 나에게 전화한다.
   You call me.

2. 너는 나에게 전화하고 있는 중이다.
   You are calling me.

3. 너는 나에게 (현재까지) 전화했다.
   You have called me.

4. 너는 나에게 (현재를 넘어서 계속) 전화하고 있는 중이다.
   You have been calling me.

5. 너는 나에게 전화했다.
   You called me.

6. 너는 나에게 전화하고 있는 중이었다.
   You were calling me.

7 너는 나에게 (과거 그때까지) 전화했었다.

You had called me.

8 너는 나에게 (과거에 계속해서) 전화하고 있는 중이었다.

You had been calling me.

9 너는 나에게 전화할 것이다.

You will call me.

10 너는 나에게 전화하고 있는 중일 것이다.

You will be calling me.

11 너는 나에게 (미래 그때까지) 전화할 것이다.

You will have called me.

12 너는 나에게 (미래에 계속해서) 전화하고 있는 중일 것이다.

You will have been calling me.

문장 확장하기

EXPAND WRITING

부사절을 써서 두 문장 연결하기 ➜ 문장 + 'when/ while/ since/ by the time/ because/ after/ before + 문장'

확장된 다음 문장을 영어로 써 보세요.

- *by the time*
- *when*
- *before*
- *after*

1 내가 내 과제를 재검토하기 전에 ⋯➝ 과거

네가 나에게 전화했었어 ⋯➝ 과거

You called me ________________________________.

2 내가 내 과제를 재검토한 후에 ⋯➝ 과거

네가 나에게 전화했었어 ⋯➝ 과거

You called me ________________________________.

3 네가 나에게 전화할 때 ⋯➝ 현재

나는 내 과제물을 재검토하고 있는 중일 거야 ⋯➝ 미래진행

I will be reviewing my paper ____________________.

4 네가 나에게 전화할 때쯤이면 ⋯➝ 현재

나는 내 과제물을 재검토했을 거야 ⋯➝ 미래완료

I will have reviewed my paper ____________________.

• *since*
• *while*
• *because*
• *when*

5 네가 나에게 전화했기 때문에 ··· 과거

나는 내 과제물을 재검토했어 ··· 과거

I reviewed my paper ______________________.

6 내가 내 과제물을 재검토하고 있는 동안에 ··· 과거진행

네가 나에게 전화했었어 ··· 과거

You called me ______________________.

7 네가 나에게 전화한 이후로 ··· 과거

나는 내 과제물을 재검토했어 ··· 현재완료

I have reviewed my paper ______________________.

8 네가 나에게 전화하는 중일 때 ··· 과거진행

나는 내 과제물을 재검토하는 중이었어 ··· 과거진행

I was reviewing my paper ______________________.

〈완성 문장 확인하기〉에서 정답을 확인하세요.

문장 통으로. 쓰기 WRITE IT OUT

이번에는 전체 문장을 통으로 써 보세요.

1 내가 내 과제를 재검토하기 전에 네가 나에게 전화했었어.

2 내가 내 과제를 재검토한 후에 네가 나에게 전화했었어.

3 네가 나에게 전화할 때 나는 내 과제물을 재검토하고 있는 중일 거야.

4 네가 나에게 전화할 때쯤이면 나는 나는 내 과제물을 재검토했을 거야.

5 네가 나에게 전화했기 때문에 나는 내 과제물을 재검토했어.

6 내가 내 과제물을 재검토하고 있는 동안에 네가 나에게 전화했어.

7 네가 나에게 전화한 이후로 나는 내 과제물을 재검토했어.

8 네가 나에게 전화하는 중일 때 나는 내 과제물을 재검토하는 중이었어.

다음 페이지에서 정답을 확인하세요.

Check it out
완성 문장 **확인하기**

완성 문장을 확인하고 여러 번 쓰고 읽어 보세요. MP3 **63-04**

1 내가 내 과제를 재검토하기 **전에** 네가 나에게 전화했었어.

You **called** me **before I reviewed** my paper.

시작.................................... 확장..

2 내가 내 과제를 재검토한 **후에** ⋯ 과거 네가 나에게 전화했었어.

You **called** me **after I reviewed** my paper.

시작.................................... 확장..

3 네가 나에게 전화할 때 나는 내 과제물을 재검토하고 있는 중일 거야.

I will be reviewing my paper **when** you **call** me.

시작.. 확장..

4 네가 나에게 전화할 때쯤이면 나는 내 과제물을 재검토했을 거야.

I will have reviewed my paper **by the time** you **call** me.

시작.. 확장..

5 네가 나에게 전화했기 때문에 나는 내 과제물을 재검토했어.

I reviewed my paper **because** you **called** me.

시작... 확장..

6 내가 내 과제물을 재검토하고 있는 동안에 네가 나에게 전화했어.

You called me while I was reviewing my paper.

시작·································· 확장···

7 네가 나에게 전화한 이후로 나는 내 과제물을 재검토했어.

I have reviewed my paper since you called me.

시작·· 확장··

8 네가 나에게 전화하는 중일 때 나는 내 과제물을 재검토하는 중이었어.

I was reviewing my paper when you were calling me.

시작·· 확장··

ESSAY WRITING 1

DAY 61~63 총정리

"A or B? Which one do you think is better?" –type

총정리 순서

STEP 1 베이직 에세이 읽고 암기해서 말하기

STEP 2 확장된 에세이 듣고 읽고 암기해서 말하기

STEP 3 에세이 구조 분석하고 체득하기

STEP 4 다른 주제로 셀프 에세이 써 보기

STEP 4에서 에세이를 쓰는 순서(Introduction ➔ Body 1 ➔ Body 2 ➔ Conclusion)에 따라 써야 할 내용이 제시되어 있다 해도 다른 주제로 직접 에세이를 써 보는 것이 버겁다면, STEP 1~3까지 충분히 반복 훈련한 뒤에 도전해 보세요. 처음엔 힘들지만 여러 번 듣고, 읽고, 입으로 외우면서 에세이의 구조가 몸에 익으면 에세이에 대한 자신감이 붙은 자신을 발견할 거예요.

64

SCHEDULE

ESSAY WRITING은 형식에 완전히 익숙해지기 전까지는 꽤 어려운 분야의 글쓰기이므로 하루 만에 다 소화하기 어려울 수도 있으니, 다 끝내지 못한 부분은 assignment로 하거나 시간이 날 때마다 짬짬이 다시 도전해 보세요! 아래 훈련기록란도 넉넉히 마련해 두었습니다.

1차 훈련기록

시작 시간 _______년 ______월 ______일 ______시 ______분

마친 시간 _______년 ______월 ______일 ______시 ______분

총 연습 시간 _________분

2차 훈련기록

시작 시간 _______년 ______월 ______일 ______시 ______분

마친 시간 _______년 ______월 ______일 ______시 ______분

총 연습 시간 _________분

3차 훈련기록

시작 시간 _______년 ______월 ______일 ______시 ______분

마친 시간 _______년 ______월 ______일 ______시 ______분

총 연습 시간 _________분

Day 61~63까지의 핵심 문법이 포함된 샘플 에세이를 반복 Reading
→ 암기해서 Speaking할 수 있을 때까지 훈련합니다.

START WRITING

베이직 (에세이.)

다음 에세이를 읽고 에세이 라이팅에 도전해 보세요.

혼자 공부하기와 함께 공부하기?
어떤 게 낫다고 생각하는가?

공부 방식은 많다. 나는 친구들과 함께 하는 것이 좋다. 두 가지 장점이 있다고 본다. 정보를 얻을 수 있고, 내가 하고 있는 것을 확인할 수 있다.

우선, 혼자 공부한다면 정보가 부족할 수도 있다. 시간과 노력이 들 것이다. 누가 나를 도와줄 수 있을까? 친구들이 도와줄 수 있다. **예를 들어,** 나는 역사적 사건 하나를 알지만 그게 정말 언제 일어났는지는 모른다고 치자. 내 친구가 안다면 우린 아는 내용을 공유할 수 있다.

둘째, 나는 언젠가 엉뚱한 과목을 공부했던 것이 생각난다. 그건 아무도 나에게 말해 주지 않았기 때문이었다. 만약 친구들과 공부한다면 나는 친구들에게 부탁할 수 있다. **예를 들어,** 몇 가지 중요한 부분들을 내가 빠뜨린다면 친구들이 내 실수를 알아챌 수 있을 것이다.

결론적으로, 사람마다 차이가 있다. 하지만, 나는 정말 함께 공부하는 것에는 두 가지 긍정적인 측면이 있다고 본다. 내 친구들이 나한테 없는 정보를 줄 수 있고 나를 이끌어줄 수 있다는 것이다.
따라서, 내가 공부할 때 누군가를 곁에 두는 것이 현명하다고 믿는다.

Complete the ESSAY

에세이를 영어로 옮길 때 빈칸에 들어갈 알맞은 말을 써 보세요.

WORD COUNT
171

Studying alone or together?

Which one do you think is better?

There are many studying types. I prefer to be with my friends. I see two advantages; I can have information and I can check what ________________.

First, if I study alone, I may face a lack of information. ________________ time and effort. ______________________?

My friends can help. **For example,** I know one historical event, but I have no idea __________________________. If my friend knows, we can share our information.

Second, I remember that ________________ a wrong subject. It was because _________________________. If I study with my friends, I can ask them. **For instance,** ________________ some important elements, my friends can notice my mistakes.

In conclusion, there are individual differences. However, ________________ two positive sides of studying together. My friends can provide information _______________________ and guide me.

Therefore, I believe it is wise to have someone ________________.

Expand Writing STEP 2

확장된 구조의 에세이를 반복 Listening → Reading → 암기해서 Speaking할 수 있을 때까지 훈련합니다.

에세이 확장 익히기

64-01

다음 에세이를 여러 번 들어 보고 읽어 보세요.

Topic

Studying alone or together?
Which one do you think is better?

There are many studying types that can influence results. I prefer to be with my friends when I study. I see two advantages about working together; I can have information from my friends and I can check what I am doing is right or wrong immediately.

First, if I study alone, I may face a lack of information during my study. It will take much more time and effort for me to find the information I need. Who can help me? My friends studying with me can help with this problem. **For example,** I know one historical event, but I have no idea when it did happen. If my friend knows the date and year, we can share our information and gain more solid knowledge. This is a merit of cooperation.

Second, I remember that I once studied a wrong subject and did a poor performance on my test. It was because no one told me that I was doing wrong. If I study with my friends, I can ask them to review my materials. **For instance,** when I miss some important elements during the preparation for the test, my friends next to me can easily notice my mistakes and correct me. By helping one another in this way, we can make a more reliable environment to study.

In conclusion, there are individual differences in learning style. However, I do see two positive sides of studying together. That is, my friends can provide information I do not have and guide me to the right direction.

Therefore, I believe it is always wise for me to have someone with me who can exchange help when I study.

혼자 공부하기와 함께 공부하기? 어떤 게 낫다고 생각하는가?
결과에 영향을 미치는 공부 방식은 많다. 나는 공부할 때 친구들과 함께 하는 것이 좋다. 함께 공부하는 것에는 두 가지 장점이 있다고 본다. 친구들에게서 정보를 얻을 수 있고, 내가 하고 있는 게 맞는지 틀린 것인지 곧바로 확인할 수가 있다.
우선, 혼자 공부한다면 공부하는 동안 정보가 부족하게 될 수도 있다. 내가 필요한 정보를 찾아보려면 시간과 노력이 훨씬 더 많이 들 것이다. 누가 도와줄 수 있을까? 나와 함께 공부하는 친구들이 이 문제에 도움이 될 수 있다. 예를 들어, 나는 역사적 사건 하나를 알지만 그게 정말 언제 있었던 일인지는 모른다고 하자. 내 친구가 그 날짜와 연도를 안다면 우린 우리가 아는 내용을 공유하고 더 확실한 지식을 얻을 수 있다. 이게 협동의 한 가지 장점이다.
둘째, 나는 언젠가 엉뚱한 과목을 공부해서 시험을 망쳤던 때가 생각난다. 그건 내가 잘못하고 있다고 말해줄 사람이 주변에 아무도 없었기 때문이었다. 만약 친구들과 공부한다면 내가 공부한 내용을 확인해달라고 부탁할 수 있다. 예를 들어, 시험 공부를 하다가 몇 가지 중요한 부분들을 빠뜨린다면 내 옆의 친구들이 금방 내 실수를 알아채고 고쳐줄 수 있을 것이다. 이런 식으로 서로 도우면서 우린 보다 확실하고 안전한 공부 환경을 조성할 수 있다.
결론적으로, 학습 방식에는 사람마다 차이가 있다. 하지만, 함께 공부하는 것에는 두 가지 긍정적인 측면이 있다고 본다. 다시 말해, 내 친구들이 내가 모르는 내용을 알려줄 수 있고 나를 옳은 방향으로 이끌어줄 수 있다는 것이다.
따라서, 나는 공부할 때 서로 도움을 주고받을 수 있는 누군가를 곁에 두는 것이 언제든 현명하다고 믿는다.

- **influence** 영향을 미치다 • **advantage** 이점 • **immediately** 즉시
- **historical** 역사적인, 역사상의 • **merit** 장점 • **cooperation** 협동
- **performance** 성적, 성과 • **element** 요소, 부분 • **preparation** 준비, 대비
- **reliable** 믿을 만한 • **environment** 환경 • **in conclusion** 결론적으로, 끝으로
- **individual** 사람마다의, 개인적인 • **positive** 긍정적인 • **exchange** 주고받다

에세이 구조 파악하기

앞에 나온 에세이의 구조를 분석해 보면서 에세이 양식을 체득해 보세요.

Topic **Studying alone or together? Which one do you think is better?**

introduction

에세이의 시작에 쓸 내용

1. **주제에 대한 일반적인 생각이나 의견** (*General Statement*)

   There are many studying types that can influence results.

2. **어떻게 쓸지 방향 결정** (*Attitude*)

   I prefer to be with my friends when I study. I see two advantages about working together;

3. **무엇에 대해서 쓸지 내용 결정** (*Thesis Statement*)

   I can have information from my friends and I can check what I am doing is right or wrong immediately.

Body 1

에세이의 중간에 쓸 내용

1. **첫 번째 결정한 것에 대해서 쓰기** (*Topic Sentence*)

   First, if I study alone, I may face a lack of information during my study. It will take much more time and effort for me to find the information I need. Who can help me? My friends studying with me can help with this problem.

2. **보기나 예제를 써주기** (*Example*)

   For example, I know one historical event, but I have no idea when it did happen. If my friend knows the date and year, we can share our information and gain more solid knowledge.

3. **마무리하기** (*Simple Conclusion*)

   This is a merit of cooperation.

Body 2

에세이의 중간에 쓸 내용

❶ **두 번째 결정한 것에 대해서 쓰기** (*Topic Sentence*)

Second, I remember that I once studied a wrong subject and did a poor performance on my test. It was because no one told me that I was doing wrong. If I study with my friends, I can ask them to review my materials.

❷ **보기나 예제를 써주기** (*Example*)

For instance, when I miss some important elements during the preparation for the test, my friends next to me can easily notice my mistakes and correct me.

❸ **마무리하기** (*Simple Conclusion*)

By helping one another in this way, we can make a more reliable environment to study.

Conclusuion

에세이의 마지막에 쓸 내용

❶ **에세이가 어떤 주제에 대한 것인지 한두 줄로 요약** (*Brief Summary*)

In conclusion, there are individual differences in learning style.

❷ **Body 1, Body 2를 다른 말로 정리하기** (*Paraphrasing*)

However, I do see two positive sides of studying together. That is, my friends can provide information I do not have and guide me to the right direction.

❸ **최종 결론** (*Final Decision*)

Therefore, I believe it is always wise for me to have someone with me who can exchange help when I study.

다른 주제로 에세이 연습하기

STEP 2와 STEP 3를 참고하여, 나만의 에세이를 직접 써 보세요.

Topic Travelling alone or together? Which one do you think is better?

introduction

에세이의 시작에 쓸 내용

1 주제에 대한 일반적인 생각이나 의견 (*General Statement*)

____

____

____

____

2 어떻게 쓸지 방향 결정 (*Attitude*)

____

____

____

____

3 무엇에 대해서 쓸지 내용 결정 (*Thesis Statement*)

____

____

____

____

Body 1

에세이의 중간에 쓸 내용

❶ **첫 번째 결정한 것에 대해서 쓰기** (*Topic Sentence*)

❷ **보기나 예제를 써 주기** (*Example*)

❸ **마무리하기** (*Simple Conclusion*)

Body 2

에세이의 중간에 쓸 내용

❶ 두 번째 결정한 것에 대해서 쓰기 (*Topic Sentence*)

❷ 보기나 예제를 써 주기 (*Example*)

❸ 마무리하기 (*Simple Conclusion*)

Conclusuion

에세이의 마지막에 쓸 내용

1. 에세이가 어떤 주제에 대한 것인지 한두 줄로 요약 (*Brief Summary*)

2. Body 1, Body 2를 다른 말로 정리하기 (*Paraphrasing*)

3. 최종 결론 (*Final Decision*)

12시제 정리 2

• 현재형, 현재진행형, 현재완료형, 현재완료진행형 4가지로 문장 쓰기

Ex. I (**think**/ **am** think**ing**/ **have thought**/ **have been** think**ing**) about you.

• 과거형, 과거진행형, 과거완료형, 과거완료진행형 4가지로 문장 쓰기

Ex. They (**recorded**/ **were** record**ing**/ **had** record**ed**/ **had been** record**ing**) the process.

• 미래형, 미래진행형, 미래완료형, 미래완료진행형 4가지로 문장 쓰기

Ex. I (**will** notify/ **will be** notify**ing**/ **will have** notifi**ed**/ **will have been** notify**ing**) you.

시작 시간 ______년 ______월 ______일 ______시 ______분

마친 시간 ______년 ______월 ______일 ______시 ______분　　총 연습 시간 ________분

ROUND 1 • START WRITING

(문장.) 시작하기

현재 계열을 표현하는 4가지 구조 쓰기
→동사 *inform*를 이용하여

시제에 주의하여 다음 문장을 영어로 써 보세요.

1 나는 변경사항을 알려준다. ⋯→ 현재

I ( ) changes.

2 나는 변경사항을 알려주는 중이다. ⋯→ 현재진행

I ( ) changes.

3 나는 변경사항을 (현재까지) 알려주었다. ⋯→ 현재완료

I ( ) changes.

4 나는 변경사항을 (현재를 넘어서 계속) 알려주고 있는 중이다. ⋯→ 현재완료진행

I ( ) changes.

과거 계열을 표현하는 4가지 구조 쓰기

5 나는 변경사항을 알려주었다. ⋯→ 과거

I ( ) changes.

6 나는 변경사항을 알려주고 있는 중이었다. ⋯→ 과거진행

I ( ) changes.

7 나는 변경사항을 (과거 그때까지) 알려줬었다. ⋯→ 과거완료

I ( ) changes.

8 나는 변경사항을 (과거에 계속해서) 알려주고 있는 중이었다. ⋯→ 과거완료진행

I ( ) changes.

미래 계열을 표현하는 4가지 구조 쓰기

9 나는 변경사항을 알려줄 것이다. ⋯→ 미래

I ( ) changes.

10 나는 변경사항을 알려주고 있는 중일 것이다. ⋯→ 미래진행

I ( ) changes.

11 나는 변경사항을 (미래 그때까지) 알려줄 것이다. ⋯→ 미래완료

I ( ) changes.

12 나는 변경사항을 (미래에 계속해서) 알려주고 있는 중일 것이다. ⋯→ 미래완료진행

I ( ) changes.

다음 페이지에서 정답을 확인하세요.

Check it out
완성 문장 확인하기

완성 문장을 확인하고 여러 번 쓰고 읽어 보세요. MP3 65-01

❶ 나는 변경사항을 알려준다.

I inform changes.

❷ 나는 변경사항을 알려주는 중이다.

I am informing changes.

❸ 나는 변경사항을 (현재까지) 알려주었다.

I have informed changes.

❹ 나는 변경사항을 (현재를 넘어서 계속) 알려주는 중이다.

I have been informing changes.

❺ 나는 변경사항을 알려주었다.

I informed changes.

❻ 나는 변경사항을 알려주는 중이었다.

I was informing changes.

7 나는 변경사항을 (과거 그때까지) 알려주었었다.

I had informed changes.

8 나는 변경사항을 (과거에 계속해서) 알려주는 중이었다.

I had been informing changes.

9 나는 변경사항을 알려줄 것이다.

I will inform changes.

10 나는 변경사항을 알려주고 있는 중일 것이다.

I will be informing changes.

11 나는 변경사항을 (미래 그때까지) 알려줄 것이다.

I will have informed changes.

12 나는 변경사항을 (미래에 계속해서) 알려주고 있는 중일 것이다.

I will have been informing changes.

(문장.) 시작하기 ②

ROUND START WRITING ❷

시제에 주의하여 다음 문장을 영어로 써 보세요.

현재 계열을 표현하는 4가지 구조 쓰기
➔동사 *happen*을 이용하여

1 아무 일도 일어나지 않는다. ⋯ 현재

Nothing (   ).

2 아무 일도 일어나지 않고 있는 중이다. ⋯ 현재진행

Nothing (   ).

3 아무 일도 (현재까지) 일어나지 않았다. ⋯ 현재완료

Nothing (   ).

4 아무 일도 (현재를 넘어서 계속) 일어나지 않고 있는 중이다. ⋯ 현재완료진행

Nothing (   ).

과거 계열을 표현하는 4가지 구조 쓰기

5 아무 일도 일어나지 않았다. ··· 과거

Nothing (   ).

6 아무 일도 일어나지 않고 있는 중이었다. ··· 과거진행

Nothing (   ).

7 아무 일도 일어나지 않았다. ··· 과거완료

Nothing (   ).

8 아무 일도 일어나지 않고 있는 중이었다. ··· 과거완료진행

Nothing (   ).

미래 계열을 표현하는 4가지 구조 쓰기

9 아무 일도 일어나지 않을 것이다. ⋯→ 미래

Nothing (   ).

10 아무 일도 일어나지 않고 있을 것이다. ⋯→ 미래진행

Nothing (   ).

11 아무 일도 일어나지 않았을 것이다. ⋯→ 미래완료

Nothing (   ).

12 아무 일도 일어나지 않고 있을 것이다. ⋯→ 미래완료진행

Nothing (   ).

다음 페이지에서 정답을 확인하세요.

Check it out
완성 문장 확인하기

완성 문장을 확인하고 여러 번 쓰고 읽어 보세요. MP3 65-02

❶ 아무 일도 일어나지 않는다.

Nothing happens.

❷ 아무 일도 일어나지 않고 있는 중이다.

Nothing is happening.

❸ 아무 일도 (현재까지) 일어나지 않았다.

Nothing has happened.

❹ 아무 일도 (현재를 넘어서 계속) 일어나지 않고 있는 중이다.

Nothing has been happening.

❺ 아무 일도 일어나지 않았다.

Nothing happened.

❻ 아무 일도 일어나지 않고 있는 중이었다.

Nothing was happening.

7 아무 일도 (과거 그때까지) 일어나지 않았다.

Nothing had happened.

8 아무 일도 (과거에 계속해서) 일어나지 않고 있는 중이었다.

Nothing had been happening.

9 아무 일도 일어나지 않을 것이다.

Nothing will happen.

10 아무 일도 일어나지 않고 있을 것이다.

Nothing will be happening.

11 아무 일도 (미래 그때까지) 일어나지 않았을 것이다.

Nothing will have happened.

12 아무 일도 (미래에 계속해서) 일어나지 않고 있을 것이다.

Nothing will have been happening.

ROUND

❷ 문장 확장하기

EXPAND WRITING

부사절로 두 문장 연결하기
→ '*as long as/ even though/ even if/ until* + 문장'

확장된 다음 문장을 영어로 써 보세요.

• *even if*
• *until*
• *even though*
• *as long as*

1 내가 변경사항을 알려주는 한 ⋯ 현재

아무 일도 일어나지 않을 거야 ⋯ 미래.

Nothing will happen ________________________.

2 내가 변경사항을 알려주고 있긴 하지만 ⋯ 현재완료진행

아무 일도 일어나지 않고 있어 ⋯ 현재진행.

Nothing is happening ________________________.

3 비록 내가 변경사항을 알려준다 하더라도 ⋯ 현재

아무 일도 일어나지 않을 거야 ⋯ 미래.

Nothing will happen ________________________.

4 아무 일도 일어나지 않을 때까지 ⋯ 현재

내가 변경사항을 알려줄게 ⋯ 미래.

I will inform changes ________________________.

〈완성 문장 확인하기〉에서 정답을 확인하세요.

(문장 통으로.) 쓰기

WRITE IT OUT

이번에는 전체 문장을 통으로 써 보세요.

1 내가 변경사항을 알려주는 한 아무 일도 일어나지 않을 거야.

2 내가 변경사항을 알려주고 있긴 하지만 아무 일도 일어나지 않고 있어.

3 비록 내가 변경사항을 알려준다 하더라도 아무 일도 일어나지 않을 거야.

4 아무 일도 일어나지 않을 때까지 내가 변경사항을 알려줄게.

다음 페이지에서 정답을 확인하세요.

Check it out
완성 문장 **확인하기**

완성 문장을 확인하고 여러 번 쓰고 읽어 보세요. MP3 **65-03**

1 내가 변경사항을 알려주는 한 아무 일도 일어나지 않을 거야.

Nothing **will happen as long as I inform** changes.

시작 ······························ 확장 ······························

2 내가 변경사항을 알려주고 있긴 하지만 아무 일도 일어나지 않고 있어.

Nothing **is happening even though I have been informing** changes.

시작 ······························ 확장 ······························

3 비록 내가 변경사항을 알려준다 하더라도 아무 일도 일어나지 않을 거야.

Nothing **will happen even if I inform** changes.

시작 ······························ 확장 ······························

4 아무 일도 일어나지 않을 때까지 내가 변경사항을 알려줄게.

I will inform changes **until** nothing **happens.**

시작 ······························ 확장 ······························

양을 나타내기

There is~/There are~ '~이 있다' 또는 '~이 없다'를 말할 때 항상 사용한다.

Ex. **There is** some money. 돈이 좀 **있어요.**

There is no money. 돈이 **없어요.**

There are some people. 사람들이 좀 **있어요.**

There are no people. 사람들이 **없어요.**

셀 수 있는 명사 앞에 써서 양을 나타내는 표현

some, a few, several, a couple of, many, a number of, plenty of, a lot of, most, almost all, all

셀 수 없는 명사 앞에 써서 양을 나타내는 표현

some, a little, much, a great(=good) deal of

시작 시간 ______년 ______월 ______일 ______시 ______분

마친 시간 ______년 ______월 ______일 ______시 ______분 총 연습 시간 ________분

ROUND 1 START WRITING

(문장.) 시작하기 ①

'주어(셀 수 있는 명사) + 동사 + 목적어',
'There are + 셀 수 있는 명사'

오른쪽에 주어진 단어를 참고로 다음 문장을 영어로 써 보세요.

1 사람들은 그 제안을 지지합니다.

( )

2 방법이 있어요.

( )

3 나는 단어를 외웠어요.

( )

4 아이디어들이 모아졌어요.

( )

5 구경꾼들이 있었어요.

( )

- ***advocate***
- ***suggestion***
- ***there are***
- ***people***
- ***words***
- ***onlooker***
- ***ways***
- ***memorize***

다음 페이지에서 정답을 확인하세요.

문장 확장하기

EXPAND WRITING

some/ a few/ several/ a couple of/ many/ a (good) number of/ plenty of/ a lot of/ most/ almost all/ all
\+ 셀 수 있는 명사

확장된 다음 문장을 영어로 써 보세요.

- *all*
- *several*
- *many*
- *some*
- *plenty of*
- *a couple of*

1 어떤/약간의 사람들은 그 제안을 지지합니다.

__________ people advocate the suggestion.

두세 사람은 그 제안을 지지합니다.

__________ people advocate the suggestion.

모든 사람이 그 제안을 지지합니다.

__________ people advocate the suggestion.

2 몇 가지 방법이 있어요.

There are __________ ways.

많은 방법이 있어요.

There are __________ ways.

충분히 많은 방법이 있어요.

There are __________ ways.

3 나는 거의 모든 단어를 외웠어요.

I memorized ____________________ words.

나는 대부분의 단어를 외웠어요.

I memorized ____________________ words.

- *most*
- *several*
- *a good number of*
- *a few*
- *a lot of*
- *almost all*

4 몇몇 아이디어들이 모아졌어요.

____________________ ideas were gathered.

상당수의 아이디어들이 모아졌어요.

____________________ ideas were gathered.

5 구경꾼들이 조금 있었어요.

There were ____________________ onlookers.

많은 구경꾼들이 있었어요.

There were ____________________ onlookers.

〈완성 문장 확인하기〉에서 정답을 확인하세요.

(문장 통으로.) 쓰기

WRITE IT OUT

이번에는 전체 문장을 통으로 써 보세요.

1 어떤/약간의 사람들은 그 제안을 지지합니다.

두세 사람은 그 제안을 지지합니다.

모든 사람이 그 제안을 지지합니다.

2 몇 가지 방법이 있어요.

많은 방법이 있어요.

충분히 많은 방법이 있어요.

3 나는 거의 모든 단어를 외웠어요.

나는 대부분의 단어를 외웠어요.

4 몇몇 아이디어들이 모아졌어요.

상당수의 아이디어들이 모아졌어요.

5 구경꾼들이 조금 있어요.

많은 구경꾼들이 있어요.

다음 페이지에서 정답을 확인하세요.

Check it out
완성 문장 **확인하기**

완성 문장을 확인하고 여러 번 쓰고 읽어 보세요. MP3 **66-01**

1 어떤/약간의 사람들은 그 제안을 지지합니다.

Some people advocate the suggestion.

두세 사람은 그 제안을 지지합니다.

A couple of people advocate the suggestion.

모든 사람이 그 제안을 지지합니다.

All people advocate the suggestion.

2 몇 가지 방법이 있어요.

There are **several** ways.

많은 방법이 있어요.

There are **many** ways.

충분히 많은 방법이 있어요.

There are **plenty of** ways.

3 나는 거의 모든 단어를 외웠어요.

I memorized almost all words.

나는 대부분의 단어를 외웠어요.

I memorized most words.

4 몇몇 아이디어들이 모아졌어요.

Several ideas were gathered.

상당수의 아이디어들이 모아졌어요.

A good number of ideas were gathered.

5 구경꾼들이 조금 있어요.

There are a few onlookers.

많은 구경꾼들이 있어요.

There are a lot of onlookers.

(문장.) 시작하기 ②

'주어(셀 수 없는 명사) + 동사 + 목적어',
'There is + 셀 수 없는 명사'

오른쪽에 주어진 단어를 참고로
다음 문장을 영어로 써 보세요.

1 나는 정보를 가지고 있어요.

( )

2 돈이 있어요.

( )

3 그는 말썽을 부리고 있어요.

( )

4 그들은 가구를 구입했어요.

( )

5 짐이 있어요.

( )

- *have*
- *there*
- *money*
- *is*
- *baggage*
- *information*
- *make*
- *trouble*

다음 페이지에서 정답을 확인하세요.

문장 확장하기

EXPAND WRITING

확장된 다음 문장을 영어로 써 보세요.

some/ a little/ much/ a lot of/ a great[good] deal of + '셀 수 없는 명사'

★ some/ a lot of는 셀 수 있는 명사와 셀 수 없는 명사 모두에 쓸 수 있습니다.

• ***some***
• ***a little***
• ***a lot of***
• ***a great deal of***

1 나는 약간의 정보를 가지고 있어요.

I have ______________________________ information.

나는 상당히 많은 정보를 가지고 있어요.

I have ______________________________ information.

2 조금의 돈이 있어요.

There is ______________________________ money.

돈이 상당히 많이 있어요.

There is ______________________________ money.

3 그는 많은 말썽을 부리고 있어요.

He is making ______________________________ trouble.

그는 약간의 말썽을 부리고 있어요.

He is making ______________________________ trouble.

- *a good deal of*
- *some*
- *a little*
- *much*

4 그들은 많은 가구를 구입했어요.

They purchased ______________________ furniture.

그들은 약간의 가구를 구입했어요.

They purchased ______________________ furniture.

5 짐이 조금 있어요.

There is ______________________ baggage.

상당히 많은 짐이 있어요.

There is ______________________ baggage.

〈완성 문장 확인하기〉에서 정답을 확인하세요.

문장 통으로. 쓰기

WRITE IT OUT

이번에는 전체 문장을 통으로 써 보세요.

1 나는 조금의 정보를 가지고 있어요.

나는 상당히 많은 정보를 가지고 있어요.

2 조금의 돈이 있어요.

돈이 상당히 많이 있어요.

3 그는 많은 말썽을 부리고 있어요.

그는 약간의 말썽을 부리고 있어요.

4 그들은 많은 가구를 구입했어요.

그들은 약간의 가구를 구입했어요.

5 짐이 조금 있어요.

상당히 많은 짐이 있어요.

다음 페이지에서 정답을 확인하세요.

Check it out
완성 문장 **확인하기**

완성 문장을 확인하고 여러 번 쓰고 읽어 보세요. MP3 **66-02**

1 나는 조금의 정보를 가지고 있어요.

I have **some** information.

나는 상당히 많은 정보를 가지고 있어요.

I have a **great deal of** information.

2 약간의 돈이 있어요.

There is a **little** money.

돈이 상당히 많이 있어요.

There is a **great deal of** money.

3 그는 많은 말썽을 부리고 있어요.

He is making **a lot of** trouble.

그는 약간의 말썽을 부리고 있어요.

He is making **some** trouble.

4 그들은 많은 가구를 구입했어요.

They purchased much furniture.

그들은 약간의 가구를 구입했어요.

They purchased some furniture.

5 짐이 조금 있어요.

There is a little baggage.

상당히 많은 짐이 있어요.

There is a good deal of baggage.

AFTER WRITING 이것도 알고 가기

양이 완전히 없거나 거의 없다고 말할 때 쓰는 표현들도 기억해 두세요. 앞에서 우리가 만든 문장의 반대말이라고 보면 돼요.

None of the people advocate the suggestion. (그 사람들 중 아무도 그 제안에 찬성하지 않아요.)

No people advocate the suggestion. (그 사람들 중 아무도 그 제안에 찬성하지 않아요.)

Few people advocate the suggestion. (사람들은 그 제안에 거의 찬성하지 않아요.)

Only a few people advocate the suggestion. (몇 안 되는 사람들만이 그 제안에 찬성해요.)

Not many people advocate the suggestion. (많지 않은 사람들이 그 제안에 찬성해요.)

Not all people advocate the suggestion. (모든 사람들이 그 제안에 찬성하는 건 아니예요.)

There are **no** ways. (방법이 전혀 없어요.)

There are **few** ways. (방법이 거의 없어요.)

There are **only a few** ways. (극소수의 방법만이 있어요.)

There are **not many** ways. (적은 방법이 있어요.)

I have **little** information. (나는 정보가 거의 없어요.)

I have **only a little** information. (나는 얼마 안 되는 정보가 있어요.)

I have **not much** information. (나에게는 많지 않은 정보가 있어요.)

There is **little** money. (돈이 거의 없어요.)

There is **only a little** money. (아주 적은 돈이 있어요.)

There is **not much** money. (많지 않은 돈이 있어요.)

부정 대명사

somebody 낯선 사람을 말하는 느낌이 강하다

Ex. I know **somebody** for this work.

나는 이 일을 위해서 **누군가**를 알아. (뉘앙스: 단순히 아는 사람)

someone 친근한 사람을 말하는 느낌이 강하다

Ex. I know **someone** for this work.

나는 이 일을 위해서 **누군가**를 알아. (뉘앙스: 가까운 사이인 사람이 하나 있다)

시작 시간 ______년 ______월 ______일 ______시 ______분

마친 시간 ______년 ______월 ______일 ______시 ______분 총 연습 시간 ________분

ROUND
1 START WRITING

(문장.) 시작하기

'주어 + 동사'로 기본 문장 만들기

오른쪽에 주어진 단어를 참고로 다음 문장을 영어로 써 보세요.

1 나는 봤어.

( )

2 나는 좋아해.

( )

3 나는 가지고 있어.

( )

4 우리는 돕습니다.

( )

5 우리는 안내해요.

( )

6 우리는 수입합니다.

( )

- ***see***
- ***import***
- ***have***
- ***guide***
- ***like***
- ***help***

7 그는 ~에게 말했어요.

( )

8 그는 ~와 얘기했어요.

( )

9 그는 신경 썼어요.

( )

10 저는 만났어요.

( )

11 저는 이해해요.

( )

12 저는 감사해요.

( )

- ***meet***
- ***appreciate***
- ***say to***
- ***understand***
- ***care***
- ***talk with***

다음 페이지에서 정답을 확인하세요.

문장 확장하기

EXPAND WRITING

부정대명사(*someone/ somebody/ anyone/ anybody/ no one/ nobody/ everyone/ everybody/ something/ anything/ everything*)를 목적어로 추가하기

★ -body는 감정적, 공간적으로 거리가 좀 있고 낯선 느낌일 때, -one은 감정적, 공간적으로 거리가 가깝거나 친근한 느낌일 때 씁니다.

확장된 다음 문장을 영어로 써 보세요.

1 나는 누군가를 봤어. ···› -one보다 거리감

I saw ________________.

2 나는 누군가를 좋아해. ···› -body보다 친밀감

I like ________________.

3 나는 뭔가를 가지고 있어.

I have ________________.

4 우리는 누구든 돕습니다. ···› -one보다 거리감

We help ________________.

5 우리는 누구든지 안내해요. ···› -body보다 친밀감

We guide ________________.

- *anybody*
- *anyone*
- *someone*
- *something*
- *somebody*

- *nobody*
- *everybody*
- *anything*
- *no one*
- *nothing*
- *everything*
- *everyone*

6 우리는 무엇이든 수입합니다.

We import ________________.

7 그는 아무에게도 말하지 않았어요. → -one보다 거리감

He said to ________________.

8 그는 아무와도 얘기하지 않았어요. → -body보다 친밀감

He talked with ________________.

9 그는 아무것도 신경 쓰지 않았어요.

He cared ________________.

10 저는 모두를 다 만났어요. → -one보다 거리감

I met ________________.

11 저는 모두를 이해해요. → -body보다 친밀감

I understand ________________.

12 저는 모든 것에 감사해요.

I appreciate ________________.

다음 페이지에서 정답을 확인하세요.

ROUND 2

문장 더 확장하기 EXPAND WRITING+

더 확장된 다음 문장을 영어로 써 보세요.

'전치사(in/ from/ about/ around) + 명사' 추가하기

1 나는 지하철 안에서 누군가를 봤어.

I saw somebody ________________.

2 나는 내가 속한 그룹의 누군가를 좋아해.

I like someone ________________.

3 나는 내 손 안에 뭔가를 가지고 있어.

I have something ________________.

4 우리는 다른 나라로부터 (온) 누구든 돕습니다.

We help anybody ________________.

5 우리는 다른 지역에서 (온) 누구든지 안내해요.

We guide anyone ________________.

6 우리는 인도로부터 무엇이든 수입합니다.

We import anything ________________.

7 그는 당신에 대해서 아무에게도 말하지 않았어요.

He said to nobody ________________.

8 그는 그 문제에 대해서 주변 아무와도 얘기하지 않았어요.

He talked with no one ________________.

9 그는 그 자신에 대해서는 아무것도 신경 쓰지 않았어요.

He cared nothing ________________.

10 저는 당신 주변의 모두를 다 만났어요.

I met everybody ________________.

11 저는 제 주변 모두를 이해해요.

I understand everyone ________________.

12 저는 제 주변 모든 것에 감사해요.

I appreciate everything ________________.

〈완성 문장 확인하기〉에서 정답을 확인하세요.

(문장 통으로.) 쓰기

WRITE IT OUT

이번에는 전체 문장을 통으로 써 보세요.

1 나는 지하철 안에서 누군가를 봤어.

2 나는 내가 속한 그룹 안에서 누군가를 좋아해.

3 나는 내 손 안에 뭔가를 가지고 있어.

4 우리는 다른 나라로부터 (온) 누구든 돕습니다.

5 우리는 다른 지역에서 (온) 누구든지 안내해요.

6 우리는 인도로부터 무엇이든 수입합니다.

7 그는 당신에 대해서 아무에게도 말하지 않았어요.

8 그는 그 문제에 대해서 주변 아무와도 얘기하지 않았어요.

9 그는 그 자신에 대해서는 아무것도 신경 쓰지 않았어요.

10 저는 당신 주변 모두 다 만났어요.

11 저는 제 주변의 모두를 이해해요.

12 저는 제 주위의 모든 것에 감사해요.

다음 페이지에서 정답을 확인하세요.

Check it out
완성 문장 **확인하기**

완성 문장을 확인하고 여러 번 쓰고 읽어 보세요. MP3 **67-01**

1 나는 지하철 안에서 누군가를 봤어.

I saw **somebody in the subway.**

시작………… 확장……………………………… 더 확장……………………………………

2 나는 나의 그룹 안에서 누군가를 좋아해.

I like **someone in my group.**

시작………… 확장………………………… 더 확장………………………………

3 나는 내 손 안에 뭔가를 가지고 있어.

I have **something in my hand.**

시작…………… 확장……………………………… 더 확장…………………………

4 우리는 다른 나라로부터 (온) 누구든 돕습니다.

We help **anybody from other countries.**

시작…………………… 확장…………………… 더 확장………………………………………………………

5 우리는 다른 지역에서 (온) 누구든지 안내해요.

We guide **anyone from other areas.**

시작……………………… 확장………………… 더 확장……………………………………………

6 우리는 인도로부터 무엇이든 수입합니다.

We import **anything from India.**

시작………………………… 확장……………………… 더 확장………………………

7 그는 당신에 대해서 아무에게도 말하지 않았어요.

He said to nobody about you.

시작························ 확장·················· 더 확장·····················

8 그는 그 문제에 대해서 주변 아무와도 얘기하지 않았어요.

He talked with no one about the problem.

시작···································· 확장················· 더 확장··

9 그는 그 자신에 대해서는 아무것도 신경 쓰지 않았어요.

He cared nothing about himself.

시작······················· 확장···················· 더 확장·······························

10 저는 당신 주변 모두를 다 만났어요.

I met everybody around you.

시작··········· 확장···························· 더 확장·························

11 저는 제 주위의 모두를 이해해요.

I understand everyone around me.

시작······························· 확장························ 더 확장·························

12 저는 제 주변 모든 것에 감사해요.

I appreciate everything around me.

시작······························ 확장······························ 더 확장························

DAY 65~67 총정리

"How do A influence B?" –type

총정리 순서

- STEP 1 베이직 에세이 읽고 암기해서 말하기
- STEP 2 확장된 에세이 듣고 읽고 암기해서 말하기
- STEP 3 에세이 구조 분석하고 체득하기
- STEP 4 다른 주제로 셀프 에세이 써 보기

STEP 4에서 에세이를 쓰는 순서(Introduction → Body 1 → Body 2 → Conclusion)에 따라 써야 할 내용이 제시되어 있다 해도 다른 주제로 직접 에세이를 써 보는 것이 버겁다면, STEP 1~3까지 충분히 반복 훈련한 뒤에 도전해 보세요. 처음엔 힘들지만 여러 번 듣고, 읽고, 입으로 외우면서 에세이의 구조가 몸에 익으면 에세이에 대한 자신감이 붙은 자신을 발견할 거예요.

SCHEDULE

ESSAY Writing은 형식에 완전히 익숙해지기 전까지는 꽤 어려운 분야의 글쓰기이므로 하루 만에 다 소화하기 어려울 수도 있으니, 다 끝내지 못한 부분은 assignment로 하거나 시간이 날 때마다 짬짬이 다시 도전해 보세요! 아래 훈련기록란도 넉넉히 마련해 두었습니다.

1차 훈련기록

시작 시간 ______년 ______월 ______일 ______시 ______분

마친 시간 ______년 ______월 ______일 ______시 ______분

총 연습 시간 ________분

2차 훈련기록

시작 시간 ______년 ______월 ______일 ______시 ______분

마친 시간 ______년 ______월 ______일 ______시 ______분

총 연습 시간 ________분

3차 훈련기록

시작 시간 ______년 ______월 ______일 ______시 ______분

마친 시간 ______년 ______월 ______일 ______시 ______분

총 연습 시간 ________분

Day 65~67까지의 핵심 문법이 포함된 샘플 에세이를 반복 Reading
→ 암기해서 Speaking할 수 있을 때까지 훈련합니다.

다음 에세이를 읽고 에세이 라이팅에 도전해 보세요.

텔레비전이 사람들의 행동에 어떻게 영향을 미치는가?

텔레비전은 흔히 볼 수 있는 물건 중 하나다. 대부분의 사람들이 갖고 있다. 나는 주로 두 가지 영향이 있다고 생각한다. 텔레비전은 유익한 정보를 준다. 우리는 텔레비전에서 우리가 보았던 어떤 것을 사고 싶어한다.

첫째, 우리는 텔레비전에서 많은 정보를 얻을 수 있다. **예를 들어,** 우유니 사막에 대한 영화를 본 적이 있다. 그 사막은 볼리비아에 있다. 그 프로그램을 본 뒤로 우유니 사막은 나에겐 가장 가고 싶은 곳이 되었다. 나는 내가 알게 된 모든 것에 감사한다.

둘째, 사람들은 텔레비전에서 다양한 물건을 볼 수 있다. **예를 들어,** 한 유명 배우가 텔레비전 드라마에서 어떤 재킷을 입었다고 치자. 사람들은 그걸 사고 싶어할 것이다. 텔레비전 방송국은 보여줄 제품의 종류를 결정하고 시청자들은 선택한다.

요약하자면, 텔레비전 없이 사는 것은 불가능한 것 같다. 모두가 그 영향을 받고 있다. 상당히 많은 정보가 텔레비전에서 쏟아지고 있다. 텔레비전에서 여러 제품을 보기 쉽다. 나는 텔레비전의 그 두 가지 주된 영향을 분명히 알겠다.

the ESSAY

에세이를 영어로 옮길 때 빈칸에 들어갈 알맞은 말을 써 보세요.

WORD COUNT
167

Topic

How does television influence people's behavior?

A television set is one of the most popular items. ______________ have it. I see two major impacts. Television gives ______________. We like to buy ______________ in the television.

First, we can have ______________ from TV. **For example,** I once watched the film about Uyuni desert. The desert is in Bolivia. After watching it, Uyuni desert ______________ the most wanted destination to me. I appreciate ______________.

Second, people can see various items in the TV. **For instance,** a famous actor wears a certain jacket in a TV drama. People ______________ get it. TV stations decide the kinds of products to show and the viewers choose.

To sum up, it seems to be impossible to live without television. ______________ under the influence. ______________ is coming from the TV. It is easy to see ______________ in the TV. I clearly see the two main influences of the TV.

다음 페이지에서 정답을 확인하세요.

Expand Writing STEP 2

확장된 구조의 에세이를 반복 Listening → Reading
→ 암기해서 Speaking할 수 있을 때까지 훈련합니다.

에세이 확장 익히기

68-01

다음 에세이를 여러 번 들어 보고 읽어 보세요.

Topic

How does television influence people's behavior?

A television set is one of the most popular items around us. **Most people** have it and watch it almost every day. It is inevitable that television has an impact on our life. I see two major impacts of the television. Television gives **useful information** to us. We like to buy **something we have seen** in the television.

First, we can have **much information** from TV because it has many channels. These channels share information about places and people. I sometimes watch a documentary channel and collect information from it. **For example,** I once watched the film about Uyuni desert. The desert is in Bolivia. After watching it, Uyuni desert **has become** the most wanted travel destination to me. I appreciate **everything I learned** from the TV channel.

Second, people can see various items in the TV. Whenever new products come, TV shows them. We can see what is popular and where we can find them. **For instance,** a famous actor wears a certain jacket in a TV drama. People **will want to** know where they can get it. A TV commercial then shows the place where the same jackets are waiting for customers. TV stations decide the kinds of products they want to show to viewers and the viewers choose among the lists.

To sum up, it seems to be impossible for anyone to live without television nowadays. **Everybody is** under the influence of the television. **A great deal of information** is coming from the TV and the information is helping us. It is easy to see **many** recent **products** in the TV without delay and the TV informs us where we should look for them. I clearly see that the information flow and product sales are the two main influences of the TV.

• **influence** 영향을 미치다 • **behavior** 행동 • **inevitable** 어쩔 수 없는, 불가피한
• **impact** 영향 • **travel destination** 여행지 • **appreciate** 고맙게 여기다
• **various** 다양한 • **commercial** 광고 방송 • **station** 방송국 • **customer** 고객
• **viewer** 시청자 • **nowadays** 요즘에는 • **without delay** 곧바로 • **inform** 알려주다
• **flow** 흐름

텔레비전이 사람들의 행동에 어떻게 영향을 미치는가?
텔레비전은 우리 주변에서 가장 흔히 볼 수 있는 물건 중 하나다. 대부분의 사람들이 갖고 있고 거의 매일 시청한다. 텔레비전이 우리 삶에 영향을 미치는 것은 어쩔 수 없는 일이다. 나는 텔레비전이 미치는 영향이 주로 두 가지가 있다고 생각한다. 텔레비전은 우리에게 유익한 정보를 준다는 것. 우리가 텔레비전에서 봤던 것을 사고 싶어한다는 것이다.
첫째, 텔레비전엔 많은 채널이 있어서 텔레비전에서 많은 정보를 얻을 수 있다. 이 채널들 중에는 여러 장소와 사람들에 대한 정보를 알려준다. 난 이따금씩 다큐멘터리 채널을 시청하고 거기에서 정보를 모은다. 예를 들어, 우유니 사막에 대한 영화를 본 적이 있다. 그 사막은 볼리비아에 있다. 난 텔레비전 프로그램에서 그 사막에 대해 알게 되었다. 그 프로그램을 본 뒤로 볼리비아의 우유니 사막은 나에겐 가장 가고 싶은 여행지가 되었다.
둘째, 사람들은 텔레비전에서 다양한 물건을 볼 수 있다. 신상품이 나올 때마다 텔레비전에 나온다. 우린 무엇이 인기 있고 어디에서 구할 수 있는지 알 수 있다. 예를 들어, 한 유명 배우가 텔레비전에서 어떤 재킷을 입었다고 치자. 사람들은 어디에서 그걸 살 수 있는지 궁금해할 것이다. 그럼 텔레비전 광고에서는 똑같은 재킷이 고객들을 기다리고 있는 곳을 보여준다. 텔레비전 방송국은 시청자들에게 보여주고자 하는 제품의 종류를 결정하고 시청자들은 그 목록 중에서 선택을 한다.
요약하자면, 오늘날 우리가 텔레비전을 보지 않고 사는 것은 불가능한 것 같다. 모두가 텔레비전의 영향을 받고 있다. 상당히 많은 정보가 텔레비전에서 쏟아지고 있고 그 정보는 우리에게 도움이 되고 있다. 텔레비전에서 여러 신제품을 곧바로 보기 쉽고 텔레비전은 우리가 그 제품들을 어디에서 찾아봐야 할지 알려준다. 나는 정보의 흐름과 제품 판매가 텔레비전의 주된 두 가지 영향이라는 것을 분명히 알겠다.

에세이 구조 파악하기

앞에 나온 에세이의 구조를 분석해 보면서 에세이 양식을 체득해 보세요.

Topic **How does television influence people's behavior?**

introduction

에세이의 시작에 쓸 내용

❶ **주제에 대한 일반적인 생각이나 의견** (*General Statement*)

A television set is one of the most popular items around us. Most people have it and watch it almost everyday.

❷ **어떻게 쓸지 방향 결정** (*Attitude*)

It is inevitable that television has an impact on our life.

❸ **무엇에 대해서 쓸지 내용 결정** (*Thesis Statement*)

I see two major impacts of the television. Television gives useful information to us. We like to buy something we have seen in the television.

Body 1

에세이의 중간에 쓸 내용

❶ **첫 번째 결정한 것에 대해서 쓰기** (*Topic Sentence*)

First, we can have much information from TV because it has many channels. These channels share information about places and people. I sometimes watch a documentary channel and collect information from it.

❷ **보기나 예제를 써주기** (*Example*)

For example, I once watched the film about Uyuni desert. The desert is in Bolivia. After watching it, Uyuni desert has become the most wanted travel destination to me.

❸ **마무리하기** (*Simple Conclusion*)

I appreciate everything I learned from the TV channel.

Body 2

에세이의 중간에 쓸 내용

❶ **두 번째 결정한 것에 대해서 쓰기** (*Topic Sentence*)

Second, people can see various items in the TV. Whenever new products come, TV shows them. We can see what is popular and where we can find them.

❷ **보기나 예제를 써주기** (*Example*)

For instance, a famous actor wears a certain jacket in a TV drama. People will want to know where they can get it. A TV commercial then shows the place where the same jackets are waiting for customers.

❸ **마무리하기** (*Simple Conclusion*)

TV stations decide the kinds of products they want to show to viewers and the viewers choose among the lists.

Conclusuion

에세이의 마지막에 쓸 내용

❶ **에세이가 어떤 주제에 대한 것인지 한두 줄로 요약** (*Brief Summary*)

To sum up, it seems to be impossible for anyone to live without television nowadays. Everybody is under the influence of the television.

❷ **Body 1, Body 2를 다른 말로 정리하기** (*Paraphrasing*)

A lot of information is coming from the TV and the information is helping us. It is easy to see many recent products in the TV without delay and the TV informs us where we should look for them.

❸ **최종 결론** (*Final Decision*)

I clearly see that the information flow and product sales are the two main influences of the TV.

다른 주제로 에세이 연습하기

STEP 2와 STEP 3를 참고하여, 나만의 에세이를 직접 써 보세요.

Topic **How do cellular phones influence people's behavior?**

introduction

에세이의 시작에 쓸 내용

❶ **주제에 대한 일반적인 생각이나 의견** (*General Statement*)

❷ **어떻게 쓸지 방향 결정** (*Attitude*)

❸ **무엇에 대해서 쓸지 내용 결정** (*Thesis Statement*)

Body 1

에세이의 중간에 쓸 내용

❶ **첫 번째 결정한 것에 대해서 쓰기** (*Topic Sentence*)

❷ **보기나 예제를 써 주기** (*Example*)

❸ **마무리하기** (*Simple Conclusion*)

Body 2

에세이의 중간에 쓸 내용

❶ **두 번째 결정한 것에 대해서 쓰기** (*Topic Sentence*)

❷ **보기나 예제를 써 주기** (*Example*)

❸ **마무리하기** (*Simple Conclusion*)

Conclusuion

에세이의 마지막에 쓸 내용

1 에세이가 어떤 주제에 대한 것인지 한두 줄로 요약 (*Brief Summary*)

2 Body 1, Body 2를 다른 말로 정리하기 (*Paraphrasing*)

3 최종 결론 (*Final Decision*)

전환구(Transition words)

Transition words 문장과 문장, 단락과 단락을 자연스럽게 연결하거나 전환시키기 위해서 사용하는 단어들.

Ex. I am tired. **In addition**, I have a fever.

나는 피곤해요. **게다가,** 나는 (머리에) 열도 있어요.

There are many important things for us. **For example**, we need a close friend, a proper job, and a secure house to live.

우리에게 많은 중요한 것들이 있어요. **예를 들어서**, 우리는 가까운 친구도 필요하고, 적당한 직업도 필요하고, 살 수 있는 안전한 집도 필요해요.

He works in the restaurant in the morning, study at school in the afternoon, keep his job as a par-time tutor. **In other words**, he is very busy.

그는 아침에 식당에서 일하고, 오후에는 학교에서 일하고, 파트타임 교사로서 일도 합니다. **다시 말하자면**, 그는 매우 바빠요.

시작 시간 ______년 ______월 ______일 ______시 ______분

마친 시간 ______년 ______월 ______일 ______시 ______분 총 연습 시간 ________분

ROUND 1 START WRITING

(문장.) 시작하기

'주어 + 동사', '주어 + 동사 + 목적어', '주어 + *be*동사 ~'와 '주어 + *become* ~'의 순서로 기본 문장 쓰기

오른쪽에 주어진 단어를 참고로 다음 문장을 영어로 써 보세요.

- *like*
- *need*
- *action movies*
- *expertise*
- *faster*
- *meet*
- *walk*
- *your*
- *work*

1 나는 일을 해요.

I ( ).

2 어떤 사람들은 액션 영화를 좋아해요.

Some people ( ).

3 나는 그녀를 만났어요.

I ( ).

4 우리는 당신의 전문 지식이 필요해요.

We ( ).

5 남자들이 더 빨리 걸어요.

Men ( ).

6 우리는 사회적 동물이에요.

We (   ).

7 잠자는 습관은 중요해요.

Sleeping habits (   ).

8 당신은 허락이 필요해요.

You (   ).

9 자동차 매연은 질병을 일으킵니다.

Automobile exhaust (   ).

10 벌이 사라지면 우리가 멸종합니다.

Bees (   ). We (   ).

- *disappear*
- *permission*
- *illness*
- *cause*
- *become*
- *animals*
- *important*
- *are*
- *extinct*
- *need*
- *social*

다음 페이지에서 정답을 확인하세요.

Learning Point

어떤 사실을 단호한 어조로 전달하기 위해서 접속사를 사용하지 않은 체 각각의 사실을 짧은 문장으로 나열하는 방식을 'Statement Utterance(선언하는 말)'이라고 합니다. 우리말 뜻으로는 '~면(if ~)', '~할 때(when ~)', '~하고(and ~)'가 필요한 것처럼 들리지만 영어에서는 써 주지 않아도 됩니다.

문장 확장하기

확장된 다음 문장을 영어로 써 보세요.

문장 앞에 전환구(*Transition words*) 쓰기

- *In addition*
- *On the other hand*
- *By the way*
- *Above all*
- *As an illustration*

1 게다가 나는 일을 해요.

_______________, I work.

2 다른 한편으로 어떤 사람들은 액션 영화를 좋아해요.

_______________, some people like action movies.

3 그건 그렇고 나는 그녀를 만났어요.

_______________, I met her.

4 무엇보다도 우리는 당신의 전문 지식이 필요해요.

_______________, we need your expertise.

5 예를 들어서 남자들이 더 빨리 걸어요.

_______________, men walk faster.

- *To put it differently*
- *At first*
- *Generally speaking*
- *Likewise*
- *In conclusion*

6 일반적으로 말해서 우리는 사회적 동물이에요.

_______________, we are social animals.

7 마찬가지로 잠자는 습관은 중요해요.

_______________, sleeping habits are important.

8 다른 말로 하자면 당신은 허락이 필요해요.

_______________, you need permission.

9 우선 자동차 매연은 질병을 일으킵니다.

_______________, automobile exhaust causes illnesses.

10 결론적으로 말해서 벌이 사라지면 우리가 멸종합니다.

_______________, bees disappear. We become extinct.

다음 페이지에서 정답을 확인하세요.

ROUND 2

문장 더 확장하기 EXPAND WRITING+

전환구(*Transition words*)로 두 문장 연결하기

더 확장된 다음 문장을 영어로 써 보세요.

1 나는 공부해요. 게다가, 나는 일해요.

________________. In addition, I work.

2 어떤 사람들은 멜로 영화를 좋아해요. (하지만) 다른 한편으로, 어떤 사람들은 액션 영화를 좋아해요.

________________________________. On the other hand, some people like action movies.

3 그는 Linda를 따라가는 중이었어요. 그건 그렇고, 나는 그녀를 만났어요.

________________________. By the way, I met her.

4 우리는 당신이 필요해요. 무엇보다도, 우리는 당신의 전문 기술이 필요해요.

__________________________. Above all, we need your expertise.

5 남자와 여자는 달라요. 예를 들어, 남자들이 더 빨리 걸어요.

________________________________. As an illustration, men walk faster.

- *women*
- *different*
- *romantic movies*
- *study*
- *you*
- *follow*

6 우리는 다른 사람으로부터 배웁니다. 일반적으로 말해서, 우리는 사회적 동물이에요.

________________________________.

Generally speaking, we are social animals.

7 식사 습관은 중요합니다. 마찬가지로, 수면 습관은 중요해요.

________________________________.

Likewise, sleeping habits are important.

8 당신은 티켓이 필요해요. 다른 말로 하자면, 당신은 허락이 필요해요.

________________________________. To put it differently, you need permission.

9 자동차는 많은 문제를 일으킵니다. 우선, 자동차 매연은 질병을 일으킵니다.

________________________________. At first, automobile exhaust causes illnesses.

10 벌은 곡물생산에 영향을 줍니다. 결론적으로 말해서, 벌이 사라지면 우리가 멸종합니다.

________________________________. In conclusion, bees disappear. We become extinct.

- *ticket*
- *learn from*
- *automobiles*
- *eating habits*
- *grain production*
- *many problems*
- *eating habits*
- *influence*

다음 페이지에서 정답을 확인하세요.

문장 더 x2 확장하기

EXPAND WRITING ++

전치사구/ 부사/ 부사구/ 부사절/ 형용사/ 분사구 추가하기

한 번 더 확장된 다음 문장을 읽고 해석해 보세요.

1 I study **three hours a day**. In addition, I work **every day**.

2 Some people like romantic movies **even if they're typical**. On the other hand, some people like action movies.

3 He was following Linda **when I saw him**. By the way, I met her **in the lobby**.

4 We need you **immediately**. Above all, we need your expertise **in our business**.

5 Men and women are different **in many ways**. As an illustration, men walk faster **than women**.

6 We learn from other people. Generally speaking, we are social animals, teaching and learning one another.

7 Balanced eating habits are important. Likewise, good sleeping habits are important.

8 You need a ticket. To put it differently, you need permission to enter.

9 Automobiles cause many problems. At first, automobile exhaust causes illnesses in children.

10 Bees influence grain production significantly. In conclusion, bees disappear. We become extinct.

다음 페이지에서 정답을 확인하세요.

문장 통으로. 쓰기

WRITE IT OUT

이번에는 전체 문장을 통으로 써 보세요.

1 나는 하루에 세 시간씩 공부해요. 게다가, 나는 매일 일해요.

2 어떤 사람들은 뻔한 내용이어도 멜로 영화를 좋아해요. (하지만) 다른 한편으로, 어떤 사람들은 액션 영화를 좋아해요.

3 내가 그를 봤을 때 그는 Linda를 따라가는 중이었어요. 그건 그렇고, 나는 그녀를 로비에서 만났어요.

4 우리는 당신이 당장 필요해요. 무엇보다도, 우리는 당신의 전문 기술이 우리의 사업에 필요해요.

5 남자와 여자는 여러 모로 달라요. 예를 들어, 남자들이 여자들보다 더 빨리 걸어요.

6 우리는 다른 사람으로부터 배웁니다. 일반적으로 말해서, 우리는 서로 가르치고 배우는 사회적 동물이에요.

7 균형 잡힌 식사 습관은 중요합니다. 마찬가지로, 좋은 수면 습관은 중요해요.

8 당신은 티켓이 필요해요. 다른 말로 하자면, 당신은 입장하기 위해서 허락이 필요해요.

9 자동차는 많은 문제를 일으킵니다. 우선, 자동차 매연은 아이들에게 질병을 일으킵니다.

10 벌은 곡물생산에 지대한 영향을 줍니다. 결론적으로 말해서, 벌이 사라지면 우리가 멸종합니다.

다음 페이지에서 정답을 확인하세요.

Check it out
완성 문장 **확인하기**

완성 문장을 확인하고 여러 번 쓰고 읽어 보세요. MP3 69-01

1 나는 하루에 세 시간씩 공부해요. 게다가, 나는 매일 일해요.

I study three hours a day. In addition, I work every day.

더 확장 ··· 더x2 확장 ··· 확장 ··· 시작 ··· 더x2 확장

2 어떤 사람들은 뻔한 내용이어도 멜로 영화를 좋아해요. (하지만) 다른 한편으로, 어떤 사람들은 액션 영화를 좋아해요.

Some people like romantic movies even if they're typical.

더 확장 ··· 더x2 확장

On the other hand, some people like action movies.

확장 ··· 시작

3 내가 그를 봤을 때 그는 Linda를 따라가는 중이었어요. 그건 그렇고, 나는 그녀를 로비에서 만났어요.

He was following Linda when I saw him. By the way,

더 확장 ··· 더x2 확장 ··· 확장

I met her in the lobby.

시작 ··· 더x2 확장

4 우리는 당신이 당장 필요해요. 무엇보다도, 우리는 당신의 전문기술이 우리의 사업에 필요해요.

We need you immediately. Above all, we need your

더 확장 ··· 더x2 확장 ··· 확장 ··· 시작

expertise in our business.

··· 더x2 확장

5 남자와 여자는 여러 모로 달라요. 예를 들어, 남자들이 여자들보다 더 빨리 걸어요.

Men and women are different in many ways. As an

더 확장 ··· 더x2 확장 ··· 확장

illustration, men walk faster than women.

··· 시작 ··· 더x2 확장

6 우리는 다른 사람으로부터 배웁니다. 일반적으로 말해서, 우리는 서로 가르치고 배우는 사회적 동물이에요.

We learn from other people. Generally speaking, we are

더 확장 ······ 확장 ······ 시작 ······

social animals, teaching and learning one another.

······ 더x2 확장 ······

7 균형 잡힌 식사 습관은 중요합니다. 마찬가지로, 좋은 수면 습관은 중요해요.

Balanced eating habits are important. Likewise, good

더x2 확장 ······ 더 확장 ······ 확장 ······ 더x2 확장 ···

sleeping habits are important.

시작 ······

8 당신은 티켓이 필요해요. 다른 말로 하자면, 당신은 입장하기 위해서 허락이 필요해요.

You need a ticket. To put it differently, you need

더 확장 ······ 확장 ······ 시작 ······

permission to enter.

······ 확장 ······

9 자동차는 많은 문제를 일으킵니다. 우선, 자동차 매연은 아이들에게 질병을 일으킵니다.

Automobiles cause many problems. At first, automobile

더 확장 ······ 확장 ······ 시작 ······

exhaust causes illnesses in children.

······ 더x2 확장 ······

10 벌은 곡물생산에 지대한 영향을 줍니다. 결론적으로 말해서, 벌이 사라지면 우리가 멸종합니다.

Bees influence grain production significantly.

더 확장 ······ 더x2 확장 ······

In conclusion, bees disappear. We become extinct.

확장 ······ 시작 ······

AFTER WRITING 이것도 알고 가기

다음 Transition Words들은 에세이를 쓸 때 아주 유용하게 쓰이니 익혀 두세요.

〈시작하기〉

at first 우선

first of all 무엇보다도 먼저

to begin with 처음에는, 우선

〈일반적으로 말하기〉

as a rule 규칙에 의하면, 원칙적으로

for the most part 대부분은

generally speaking 일반적으로 말해서

〈덧붙여 말하기(부연 설명)〉

besides 게다가

in addition 덧붙여, 게다가

furthermore 뿐만 아니라

moreover 더욱이

〈보기 들기〉

for example 예를 들어서

for instance 예를 들어서

as an example 보기로

as an illustration 예를 들어서

such as ~와 같은, 예를 들어서

〈예외 언급하기〉

other than ~ 말고

besides ~ 말고, 게다가

aside from ~을 제외하고서

〈비교〉

on one hand 한편으로는

on the other hand 다른 한편으로

on the contrary 반대로, 오히려

similarly 마찬가지로, 비슷하게

in contrast 대조적으로, 그에 반해서

by the same token 같은 이유에서

instead 대신에

likewise 마찬가지로

〈유사점 말하기〉

likewise 마찬가지로, 유사하게

together with ~와 함께

〈전환하기〉

by the way 그건 그렇고

incidentally 그런데, 말이 나와서 하는 말인데

〈강조하기〉

above all 무엇보다도, 특히

with attention to ~에 주의[관심]을 가지고

particularly 특별히, 그중에서도

〈다시 부연 설명하거나 가벼운 결론 짓기〉

in other words 다시 말해서

namely 즉

in short 짧게 말하자면, 요컨대

in brief 간단히 말해서

to put it differently 다른 말로 하자면

〈요약, 결론〉

after all 결국에는

all in all 대체적으로

all things considered 모든 걸 고려할 때

as a result 결과적으로

briefly 간단히

in short 짧게 말해서

in brief 요약하자면

in conclusion 결론적으로 말해서

in turn 결국

in summary 요약하면

to sum up 종합해서 말하자면

to summarize 정리하자면

finally 마침내

on the whole 전체적으로

consequently ~에 따르는 결과로

for this reason 이 이유 때문에

for this purpose 이 목적 때문에

therefore 그러므로, 그래서

thus 그래서, 따라서

with this in mind 이것을 염두에 두고

5형식 정리(주어 + 동사 + 목적어 + 목적격보어)

5형식 단어의 순서를 기억해 두도록 한다.

주어 + 동사 + 목적어 + 목적격보어

Ex. It makes me happy. 그것은 나를 행복하게 만들어요.

It makes me a happy person. 그것은 나를 행복한 사람으로 만들어요.

목적격보어 명사, 형용사, 분사, to부정사, 동사원형을 쓸 수 있다.

Ex. I saw the kid **crying.** 나는 그 아이가 **우는 걸** 봤어요.

I want you **to come** here. 당신이 이리 **와 주면** 좋겠어요.

His music makes me **dance.** 그의 음악은 나를 **춤추게** 해요.

시작 시간 ______년 ______월 ______일 ______시 ______분

마친 시간 ______년 ______월 ______일 ______시 ______분 총 연습 시간 ________분

ROUND

1 • **START** WRITING

(문장.) 시작하기

오른쪽에 주어진 단어를 참고로 다음 문장을 영어로 써 보세요.

'주어 + 동사', '주어 + *be*동사~', '주어 + 동사 + 목적어' 순서로 기본 문장 쓰기

example 우리는 부릅니다. ⋯→ 1형식 → We call.

그는 David입니다. ⋯→ 2형식(be + 명사) → He is David.

우리는 그를 부릅니다. ⋯→ 3형식 → We call him.

1 그것은 만들어 줍니다. ⋯→ 1형식

( )

우리 일정은 여유 있어요. ⋯→ 2형식(be + 형용사)

( )

그것은 우리의 일정을 만들어요. ⋯→ 3형식

( )

2 나는 들었어. ⋯→ 1형식

( )

너는 노래하는 중이었어. ⋯→ 2형식(be + 진행형)

( )

나는 너를 들었어. ⋯→ 3형식

( )

- ***us***
- ***hear***
- ***flexible***
- ***make***
- ***sing***
- ***schedule***

3 그는 원해요. ··· 1형식

( )

이것이 끝났어요. ··· 2형식(be + 과거분사)

( )

그는 이것을 원해요. ··· 3형식

( )

4 나는 봤어요. ··· 1형식

( )

Esther(에스더)는 공부해요. ··· 1형식

( )

나는 Esther(에스더)를 봤어요. ··· 3형식

( )

- *want*
- *study*
- *finish*
- *see*
- *this*

다음 페이지에서 정답을 확인하세요.

Learning Point

의도된 1형식: 목적어를 내용상 중요하지 않거나 또는 이미 알고 있기 때문에 일부러 쓰지 않음으로써 문장을 '주어 + 동사'로 남겨놓은 것을 말합니다. 원래 1형식은 '주어 + 자동사'가 사용된 경우이지만, 목적어를 생략한 '주어 + 타동사'도 그 형태가 같으므로 1형식화되었다고 볼 수 있습니다. 목적어를 쓰기 전까지는 '의도된 1형식'으로 보면 됩니다.

문장 확장하기

EXPAND WRITING

확장된 다음 문장을 영어로 써 보세요.

5형식 만들기 → 목적어 뒤에 명사/ 형용사/ 현재분사/ 과거분사/ 동사원형 보어 추가하기

example 우리는 그를 David라고 불러요. ⋯→ 명사보어 추가 → We call him **David.**

1 그것은 우리의 일정을 여유 있게 만들어줍니다. ⋯→ 형용사보어 추가

It makes our schedule ________________.

2 나는 네가 노래하는 것을 들었어. ⋯→ 현재분사보어 추가

I heard you ________________.

3 그는 이것이 끝내지기를 원해요. ⋯→ 과거분사보어 추가

He wants this ________________.

4 나는 Esther가 공부하는 것을 봤어요. ⋯→ 동사원형보어 추가

I saw Esther ________________.

다음 페이지에서 정답을 확인하세요.

ROUND 2

문장 더 확장하기 EXPAND WRITING+

전치사구 추가하여 내용을 더 자세하게 만들기

더 확장된 다음 문장을 영어로 써 보세요.

example 우리는 그를 학급에서 David라고 불러요.

→ We call him David **in the class.**

- *by noon*
- *friends*
- *for a while*
- *a room*

1 그것은 당분간 우리의 일정을 여유 있게 만들어줍니다.

It makes our schedule flexible ________________.

2 나는 네가 방에서 노래하는 것을 들었어.

I heard you singing ________________.

3 그는 이것이 정오까지는 끝내지기를 원해요.

He wants this finished ________________.

4 나는 Esther가 그녀의 친구들과 함께 공부하는 것을 봤어요.

I saw Esther study ________________.

〈완성 문장 확인하기〉에서 정답을 확인하세요.

문장 통으로. 쓰기 WRITE IT OUT

이번에는 전체 문장을 통으로 써 보세요.

1 그것은 당분간 우리의 일정을 여유 있게 만들어줍니다.

2 나는 네가 방에서 노래하는 것을 들었어.

3 그는 이것이 정오까지는 끝내지기를 원해요.

4 나는 Esther가 그녀의 친구들과 함께 공부하는 것을 봤어요.

다음 페이지에서 정답을 확인하세요.

Check it out
완성 문장 확인하기

완성 문장을 확인하고 여러 번 쓰고 읽어 보세요. MP3 **70-01**

❶ 그것은 당분간 우리의 일정을 여유 있게 만들어줍니다.

It makes our schedule flexible for a while.

시작··· 확장················· 더 확장························

❷ 나는 네가 방에서 노래하는 것을 들었어.

I heard you singing in a room.

시작······························· 확장··················· 더 확장······················

❸ 그는 이것이 정오까지는 끝내지기를 원해요.

He wants this finished by noon.

시작·· 확장····················· 더 확장················

❹ 나는 Esther가 그녀의 친구들과 함께 공부하는 것을 봤어.

I saw Esther study with her friends.

시작································· 확장············ 더 확장···

4형식 정리

4형식 단어의 순서를 기억해 두도록 한다.

주어 + 동사 + 간접목적어 + 직접목적어

Ex. God gave me a chance. 신은 나에게 기회를 주었어요.

주어 + 동사 + 직접목적어 + 전치사 + 간접목적어

Ex. God gave a chance for me. 신은 나에게 기회를 주었어요.

시작 시간 ______년 ______월 ______일 ______시 ______분

마친 시간 ______년 ______월 ______일 ______시 ______분 총 연습 시간 ________분

ROUND

1 **START** WRITING

(문장.) 시작하기

오른쪽에 주어진 단어를 참고로 다음 문장을 영어로 써 보세요.

'주어 + 동사', '주어 + 동사 + 목적어' 순서로 기본 문장 쓰기

example 그가 주었어요. ··· 1형식 → **He gave.**

그가 나에게 주었어요. ··· 3형식 → **He gave me.**

1 누군가 보냈어요. ··· 1형식

( )

누군가 나에게 보냈어요. ··· 3형식

( )

2 이 책이 얘기해줘요. ··· 1형식

( )

이 책이 우리에게 얘기해줘요. ··· 3형식

( )

- ***someone***
- ***us***
- ***book***
- ***send***
- ***tell***

3 나의 친구가 빌려주었어요. → 1형식

( )

나의 친구가 나에게 빌려주었어요. → 3형식

( )

4 나는 만들어 주었어요. → 1형식

( )

나는 그녀에게 만들어 주었어요. → 3형식

( )

5 그 선생님이 주었어요. → 1형식

( )

그 선생님이 그들에게 주었어요. → 3형식

( )

- *make*
- *friend*
- *her*
- *lend*
- *me*
- *them*

다음 페이지에서 정답을 확인하세요.

Learning Point

give, send, tell, lend, make, ask 같은 단어는 '~에게 ~해주다'로 해석이 되지만 간접목적어가 바로 이어질 때 '~에게'에 해당하는 전치사 to를 쓰지 않습니다. 이유는 전치사 to의 의미가 이미 동사 안에 내포되어 있다고 보기 때문입니다. I give to her. (X) → I give her. (O)

문장 확장하기 ①

확장된 다음 문장을 영어로 써 보세요.

명사 추가하여 4형식 만들기
→ '주어 + 동사 + 간접목적어 + 직접목적어'

example 그가 나에게 기회를 주었어요. → **He gave me a chance.**

1 누군가 나에게 메시지를 하나 보냈어요.

Someone sent me ________________.

2 이 책이 우리에게 그 진실을 얘기해줘요.

This book tells us ________________.

3 나의 친구가 나에게 돈을 빌려주었어요.

My friend lent me ________________.

4 나는 그녀에게 스프를 만들어 주었어요.

I made her ________________.

5 그 선생님이 그들에게 여유 시간을 주었어요.

The teacher gave them ________________.

〈완성 문장 확인하기〉에서 정답을 확인하세요.

(문장 통으로.) 쓰기

WRITE IT OUT

이번에는 전체 문장을 통으로 써 보세요.

1 누군가 나에게 메시지를 하나 보냈어요.

2 이 책이 우리에게 그 진실을 얘기해줘요.

3 나의 친구가 나에게 돈을 빌려주었어요.

4 나는 그녀에게 스프를 만들어 주었어요.

5 그 선생님이 그들에게 여유 시간을 주었어요.

다음 페이지에서 정답을 확인하세요.

Check it out
완성 문장 확인하기

완성 문장을 확인하고 여러 번 쓰고 읽어 보세요. MP3 71-01

1 누군가 나에게 메시지를 하나 보냈어요.

Someone sent me a message.

시작 ······ 확장 ······

2 이 책이 우리에게 그 진실을 얘기해줘요.

This book tells us the truth.

시작 ······ 확장 ······

3 나의 친구가 나에게 돈을 빌려주었어요.

My friend lent me money.

시작 ······ 확장 ······

4 나는 그녀에게 스프를 만들어 주었어요.

I made her soup.

시작 ······ 확장 ······

5 그 선생님이 그들에게 여유 시간을 주었어요.

The teacher gave them extra time.

시작 ······ 확장 ······

문장 확장하기 ②

EXPAND WRITING

확장된 다음 문장을 영어로 써 보세요.

직접목적어와 간접목적어의 순서 바꾸기
➔'주어 + 동사 + 직접목적어 + 전치사(*to*/*for*) + 간접목적어'

example 그가 기회를 나에게 주었어요. ➔ He gave a chance **to me.**

1 누군가 메시지를 하나 나에게 보냈어요.

Someone sent a message ________________.

2 이 책이 그 진실을 우리에게 얘기해줘요.

This book tells the truth ________________.

3 나의 친구가 돈을 나에게 빌려주었어요.

My friend lent money ________________.

4 나는 스프를 그녀에게 만들어 주었어요.

I made soup ________________.

5 그 선생님이 그들에게 여유 시간을 주었어요.

The teacher gave extra time ________________.

〈완성 문장 확인하기〉에서 정답을 확인하세요.

(문장 통으로.) 쓰기

WRITE IT OUT

이번에는 전체 문장을 통으로 써 보세요.

1 누군가 메시지를 하나 나에게 보냈어요.

2 이 책이 그 진실을 우리에게 얘기해줘요.

3 나의 친구가 돈을 나에게 빌려주었어요.

4 나는 스프를 그녀에게 만들어 주었어요.

5 그 선생님이 여유 시간을 그들에게 주었어요.

다음 페이지에서 정답을 확인하세요.

Check it out
완성 문장 **확인하기**

완성 문장을 확인하고 여러 번 쓰고 읽어 보세요. MP3 **71-02**

1 누군가 메시지를 하나 나에게 보냈어요.

Someone **sent a message to me.**

2 이 책이 그 진실을 우리에게 얘기해줘요.

This book **tells the truth to us.**

3 나의 친구가 돈을 나에게 빌려주었어요.

My friend **lent money to me.**

4 나는 스프를 그녀에게 만들어 주었어요.

I made **soup to/for her.**

5 그 선생님이 여유 시간을 그들에게 주었어요.

The teacher **gave them extra time to/for them.**

DAY 69~71 총정리

"What would you consider ~ when ~?"-type

총정리 순서

STEP 1 베이직 에세이 읽고 암기해서 말하기

STEP 2 확장된 에세이 듣고 읽고 암기해서 말하기

STEP 3 에세이 구조 분석하고 체득하기

STEP 4 다른 주제로 셀프 에세이 써 보기

STEP 4에서 에세이를 쓰는 순서(Introduction ➔ Body 1 ➔ Body 2 ➔ Conclusion)에 따라 써야 할 내용이 제시되어 있다 해도 다른 주제로 직접 에세이를 써 보는 것이 버겁다면, STEP 1~3까지 충분히 반복 훈련한 뒤에 도전해 보세요. 처음엔 힘들지만 여러 번 듣고, 읽고, 입으로 외우면서 에세이의 구조가 몸에 익으면 에세이 쓰기에 자신감이 붙은 자신을 발견할 거예요.

72

SCHEDULE

ESSAY Writing은 형식에 완전히 익숙해지기 전까지는 꽤 어려운 분야의 글쓰기이므로 하루 만에 다 소화하기 어려울 수도 있으니, 다 끝내지 못한 부분은 assignment로 하거나 시간이 날 때마다 짬짬이 다시 도전해 보세요! 아래 훈련기록란도 넉넉히 마련해 두었습니다.

1차 훈련기록

시작 시간 ______년 ______월 ______일 ______시 ______분

마친 시간 ______년 ______월 ______일 ______시 ______분

총 연습 시간 ________분

2차 훈련기록

시작 시간 ______년 ______월 ______일 ______시 ______분

마친 시간 ______년 ______월 ______일 ______시 ______분

총 연습 시간 ________분

3차 훈련기록

시작 시간 ______년 ______월 ______일 ______시 ______분

마친 시간 ______년 ______월 ______일 ______시 ______분

총 연습 시간 ________분

Basic Essay STEP 1

Day 69~71까지의 핵심 문법이 포함된 샘플 에세이를 반복 Reading
→ 암기해서 Speaking할 수 있을 때까지 훈련합니다.

START WRITING

다음 에세이를 읽고 에세이 라이팅에 도전해 보세요.

살 곳을 구할 때 가장 중요하게 생각하는 점은 무엇인가?

1. 환경 **2. 직장과의 거리** **3. 이웃**

확인할 사항들은 많다. 나는 장거리 통근을 하는 사람들이 회사에 지각하는 것을 자주 본다. 따라서 난 가장 중요한 점이 직장과 가까운 것이라고 생각하는데, 그게 나에게 스트레스를 덜 줄 것이고 나는 여유 시간을 더 많이 가질 수 있기 때문이다.

첫째, 직장과 가까운 것이 내 스트레스를 덜어줄 것이다. 일찍 출근했을 때는 어느 정도 준비 시간을 가질 수 있을 것이다. **예를 들어,** 난 일정을 다시 확인할 수 있다. 이렇게 함으로써 난 보다 체계적인 사람이 될 수 있을 것이다. 이런 이유로, 난 기꺼이 직장과 가까운 곳을 구하겠다.

둘째, 서둘러 집으로 돌아오는 대신에, 내 시간을 조절할 수 있다. 참여할 수 있는 사교 활동들이 있다. 게다가, 수업을 들으며 새로운 언어를 배울 수도 있다. 말할 것도 없이, 회사 근처에 있는 집이 살기 가장 좋다.

모든 걸 고려해볼 때, 내가 회사 근처에 산다면 값진 시간이 더 많아질 것이다. 스트레스가 적다는 건 나를 더 행복하게 만들어줄 것이다. 그러므로, 가까울수록 더 좋다.

Complete the ESSAY

에세이를 영어로 옮길 때 빈칸에 들어갈 알맞은 말을 써 보세요.

WORD COUNT
198

Topic

What would you consider the most important thing when you are looking for a place to live?

1. Environment **2. The distance to your work** **3. Neighbors**

There are many things to check. I often __________ people commuting from a distance ____________________. __________, I think the most important thing is being close to my work because it will ________________________ and I can have and more extra time.

First, being close to work will ____________________. When I am early for work, I can get some preparation time. **For example,** I can recheck the schedule. This will ________________________________. For this reason, I am willing to find a place close to my work.

Second, instead of traveling back home hurriedly, I can ____________________. There are social activities to join. _________, I can attend a class and learn a new language. ____________________, a place near the work is the best.

_______________________, if I am close to work, I can have more quality time. Having a less stress will ____________________. Therefore, the closer, the better.

다음 페이지에서 정답을 확인하세요.

Expand Writing STEP 2

확장된 구조의 에세이를 반복 Listening → Reading → 암기해서 Speaking할 수 있을 때까지 훈련합니다.

에세이 확장 익히기

72-01

다음 에세이를 여러 번 들어 보고 읽어 보세요.

Topic

What would you consider the most important thing when you are looking for a place to live?

1. Environment　　2. The distance to your work　　3. Neighbors

There are many things to check when we are searching for a place to live. I should think about the safety of the environment, the distance from my home to my work, and the quality of my neighbors. I often see people commuting from a distance late for work and easily get tired. Thus, I think the most important thing is being close to my work because it will give me little stress about being on time for work and I can have more extra time to develop myself after work.

First, being close to work will save me stress. When I am early for work, I can get some preparation time at the office without hurry or pressure. **For example,** I can recheck the schedule and have a very clear view of the day's plan. This will allow me to be more organized. Hopefully, I can have a chance to impress my boss. For this reason, I am willing to do whatever it takes if I can find a place close to my work.

Second, instead of travelling back home hurriedly to avoid the traffic jam after work, I can **arrange my time** to learn something beneficial for self-development. There are social activities to join after work such as a sport club and a film society. **Moreover,** I can attend a class in a language institute and challenge to learn a new language I need for my work. **Needless to say,** a place near the work is the best place to live because it gives me much extra time.

All things considered, if I am close to work, I can have more quality time. Having a less stress and flexible time to develop myself will definitely **make me happier.** Therefore, as you can see, the closer to work I am, the better it is for me.

살 곳을 구할 때 가장 중요하게 생각하는 점은 무엇인가?
1. 환경 2. 직장과의 거리 3. 이웃
살 곳을 구할 때 확인할 사항들은 많다. 나는 주변 환경의 안정성, 집에서 직장까지의 거리, 이웃들의 자질 등을 생각해봐야 한다. 나는 장거리 통근을 하는 사람들이 자주 회사에 지각하고 쉽게 피로해지는 것을 종종 보곤 한다. 그래서 난 이런 것들 중 가장 중요한 점이 직장과 가까워야 할 것이라고 생각하는데, 정시 출근하는 것에 대해 스트레스를 덜 받을 것이고 퇴근 후에 자기계발을 할 여유 시간을 더 많이 가질 수 있기 때문이다.
첫째, 직장과 가까우면 정시 출근에 대한 스트레스를 받지 않아도 될 것이다. 일찍 출근했을 때는 조바심이나 부담감 없이 사무실에서 어느 정도 준비 시간을 가질 수 있을 것이다. 예를 들어, 난 일정을 다시 확인하고 그 날의 계획에 대해 아주 분명히 알 수 있다. 이렇게 함으로써 난 보다 체계적일 수 있을 것이다. 상사에게 깊은 인상을 남길 기회가 생기면 좋겠다. 이런 이유로, 난 직장과 가까운 곳을 구할 수 있다면 무엇이 필요하든 기꺼이 하겠다.
둘째, 퇴근 후에 교통체증을 피하려고 서둘러 집으로 돌아오는 대신에, 시간을 조절해서 자기발전에 뭔가 유익한 것을 배울 수 있다. 스포츠 동호회나 영화 모임처럼 퇴근 후에 할 수 있는 사교 활동들이 있다. 게다가 외국어 학원 수업을 들으며 내 일에 필요한 새로운 언어를 배우는 것에 도전할 수도 있다. 말할 것도 없이, 회사 근처에 있는 집이 살기 가장 좋은 곳인데 나에게 여가 시간이 많이 생기기 때문이다.
모든 걸 고려해볼 때, 내가 회사 근처에 산다면 값진 시간이 더 많아질 것이다. 스트레스를 덜 받고 자기계발에 시간을 여유 있게 쓸 수 있다는 것은 분명 나를 더 행복하게 만들어줄 것이다. 그러므로, 여러분도 알 수 있듯이, 직장과 더 가까이 살수록 나에게는 더 좋다.

● **consider** 고려하다 ● **distance** 거리 ● **neighbor** 이웃 ● **get tired** 피곤해지다
● **preparation** 준비 ● **organized** 체계적인, 정돈된 ● **pressure** 부담감, 압박감
● **impress** 인상을 남기다 ● **hurriedly** 허둥지둥 ● **beneficial** 유익한
● **self-development** 자기발전 ● **Needless to say** 말할 것도 없이
● **language institute** 외국어 학원

에세이 구조 파악하기

앞에 나온 에세이의 구조를 분석해보면서 에세이 양식을 체득해보세요.

Topic **What would you consider the most important things when you are looking for a place to live?**

1. Environment 2. The distance to your work 3. Neighbors

introduction

에세이의 시작에 쓸 내용

❶ **주제에 대한 일반적인 생각이나 의견** (*General Statement*)

There are many things to check when we are searching for a place to live. I should think about the safety of the environment, the distance from my home to my work, and the quality of my neighbors.

❷ **어떻게 쓸지 방향 결정** (*Attitude*)

I often see that people commuting from a distance late for work and easily get tired.

❸ **무엇에 대해서 쓸지 내용 결정** (*Thesis Statement*)

Thus, I think the most important thing is being close to my work because it will give me little stress about being on time for work and I can have more extra time to develop myself after work.

Body 1

에세이의 중간에 쓸 내용

❶ **첫 번째 결정한 것에 대해서 쓰기** (*Topic Sentence*)

First, being close to work will save me stress. When I am early for work, I can get some preparation time at the office without hurry or pressure.

❷ **보기나 예제를 써주기** (*Example*)

For example, I can recheck the schedule and have a very clear view of the day's plan. This will allow me to be more organized. Hopefully, I can have a chance to impress my boss.

❸ 마무리하기 (*Simple Conclusion*)

For this reason, I am willing to do whatever it takes if I can find a place close to my work.

Body 2

에세이의 중간에 쓸 내용

❶ 두 번째 결정한 것에 대해서 쓰기 (*Topic Sentence*)

Second, instead of travelling back home hurriedly to avoid the traffic jam after work, I can arrange my time to learn something beneficial for self-development.

❷ 보기나 예제를 써주기 (*Example*)

There are social activities to join after work such as a sport club and a film society. Moreover, I can attend a class in a language institute and challenge to learn a new language I need for my work.

❸ 마무리하기 (*Simple Conclusion*)

Needless to say, a place near the work is the best place to live because it gives me much extra time.

Conclusuion

에세이의 마지막에 쓸 내용

❶ 에세이가 어떤 주제에 대한 것인지 한두 줄로 요약 (*Brief Summary*)

All things considered, if I am close to work, I can have more quality time.

❷ Body 1, Body 2를 다른 말로 정리하기 (*Paraphrasing*)

Having a less stress and flexible time to develop myself will definitely make me happier.

❸ 최종 결론 (*Final Decision*)

Therefore, as you can see, the closer to work I am, the better it is for me.

다른 주제로 에세이 연습하기

STEP 2와 STEP 3를 참고하여 나만의 에세이를 직접 써 보세요.

Topic **What would you consider the most important things when you are planning for your picnic in the weekend?**

1. Weather 2. distance 3. Budget

introduction

에세이의 시작에 쓸 내용

❶ **주제에 대한 일반적인 생각이나 의견** (*General Statement*)

❷ **어떻게 쓸지 방향 결정** (*Attitude*)

❸ **무엇에 대해서 쓸지 내용 결정** (*Thesis Statement*)

Body 1

에세이의 중간에 쓸 내용

❶ **첫 번째 결정한 것에 대해서 쓰기** (*Topic Sentence*)

❷ **보기나 예제를 써 주기** (*Example*)

❸ **마무리하기** (*Simple Conclusion*)

Body 2

에세이의 중간에 쓸 내용

❶ **두 번째 결정한 것에 대해서 쓰기** (*Topic Sentence*)

❷ **보기나 예제를 써 주기** (*Example*)

❸ **마무리하기** (*Simple Conclusion*)

Conclusuion

에세이의 마지막에 쓸 내용

1 에세이가 어떤 주제에 대한 것인지 한두 줄로 요약 (*Brief Summary*)

2 Body 1, Body 2를 다른 말로 정리하기 (*Paraphrasing*)

3 최종 결론 (*Final Decision*)

SENTENCE WRITING

DAY 73

비교급, 최상급1(-er, the -est)

• -er을 붙여서 비교급을 만든다.

Ex. bright → brigh**ter** 밝은 → **더** 밝은

warm → warm**er** 따뜻한 → **더** 따뜻한

• -est를 붙여서 최상급을 만든다.

Ex. kind → **the** kind**est** 친절한 → **가장** 친절한

nice → **the** nic**est** 좋은 → **가장** 좋은

시작 시간 ______년 ______월 ______일 ______시 ______분

마친 시간 ______년 ______월 ______일 ______시 ______분 총 연습 시간 ________분

어구 시작하기

다음 어구를 영어로 써 보세요.

비교급, 최상급 만들기 → 짧은 형용사에 *-er* 그리고 *the -est* 붙이기

example 높은 건물 → a **tall** building

더 높은 건물 → a **taller** building ⋯ 비교급

가장 높은 건물 → **the tallest** building ⋯ 최상급

싼 가격 ▸ ***a cheap rate***

더 싼 가격 ▸ a ______ rate

가장 싼 가격 ▸ ______ rate

빠른 방법 ▸ ***a fast way***

더 빠른 방법 ▸ a ______ way

가장 빠른 방법 ▸ ______ way

간단한 설명 ▸ ***a simple explanation***

더 간단한 설명 ▸ a ______ explanation

가장 간단한 설명 ▸ ______ explanation

더운 날씨 ▸ ***a hot weather***

더 더운 날씨 ▸ a ______ weather

가장 더운 날씨 ▸ ______ weather

안전한 투자 ▸ ***a safe investment***

더 안전한 투자 ▸ a ______ investment

가장 안전한 투자 ▸ ______ investment

다음 페이지에서 정답을 확인하세요.

Check it out
완성 어구 확인하기

완성 어구를 확인하고 여러 번 쓰고 읽어 보세요. MP3 73-01

싼 가격 ▸ a **cheap** rate

더 싼 가격 a **cheaper** rate

가장 싼 가격 **the cheapest** rate

빠른 방법 ▸ a **fast** way

더 빠른 방법 a **faster** way

가장 빠른 방법 **the fastest** way

간단한 설명 ▸ a **simple** explanation

더 간단한 설명 a **simpler** explanation

가장 간단한 설명 **the simplest** explanation

더운 날씨 ▸ a **hot** weather

더 더운 날씨 a **hotter** weather

가장 더운 날씨 **the hottest** weather

안전한 투자 ▸ a **safe** investment

더 안전한 투자 a **safer** investment

가장 안전한 투자 **the safest** investment

문장. 시작하기

START WRITING

괄호 안의 형용사구를 참고하여 다음 문장을 영어로 써 보세요.

형용사구를 문장으로 만들기 :
'a[an] + 형용사/ 형용사의 비교급 + 명사'
→ 'The + 명사 + be동사 + 형용사/ 형용사의 비교급'
'the + 형용사의 최상급 + 명사'
→ 'It + be동사 + the + 형용사의 최상급 + 명사'

example 그 건물은 높아요. → The building is **tall**. (a tall building)
그 건물이 더 높아요.
→ The building is **taller**. (a taller building)
그 건물이 가장 높아요.
→ It is **the tallest** building. (the tallest building)

1 그 가격은 싸요. (a cheap rate)

( )

그 가격이 더 싸요.

( )

그게 가장 싼 가격이에요.

( )

2 이 방법이 빨라요. (a fast way)

( )

이 방법이 더 빨라요.

( )

그게 가장 빠른 방법이에요.

( )

3 그 설명은 간단해요. (a simple explanation)

( )

그 설명이 더 간단해요.

( )

그게 가장 간단한 설명이에요.

( )

4 날씨가 더웠어요. (a hot weather)

( )

날씨가 더 더웠어요.

( )

그게 가장 더운 날씨였어요.

( )

5 그 투자는 안전해요. (a safe investment)

( )

그 투자가 더 안전해요.

( )

그게 가장 안전한 투자예요.

( )

다음 페이지에서 정답을 확인하세요.

문장 확장하기

EXPAND WRITING

확장된 다음 문장을 영어로 써 보세요.

비교급 문장 보충 → '비교급 문장 + *than* + 주어 + 동사'
최상급 문장 보충 → '최상급 문장 + 전치사구/형용사절(주어 + 동사)'

example 그 건물은 높아요. → The building is **tall**.

그 건물이 이것보다 더 높아요. → The building is **taller than this (is)**.

그게 이 도시에서 가장 높은 건물이에요. ⋯→ 최상급 뒤에 전치사구

→ It is **the tallest building in this city**.

1 그 가격은 싸요.

The rate is cheap.

그 가격이 이것보다 더 싸요.

The rate is cheaper ________________.

그게 이것들 가운데 가장 싼 가격이에요. ⋯→ 최상급 뒤에 전치사구

It is the cheapest rate ________________.

- *among*
- *have*
- *that*
- *we*
- *this*
- *these*
- *is*

2 이 방법이 빨라요.

This way is fast.

이 방법이 그것보다 더 빨라요.

This way is faster ________________.

그게 우리가 가진 가장 빠른 방법이에요. ⋯→ 최상급 뒤에 문장

It is the fastest way ________________.

3 그 설명은 간단해요.

The explanation is simple.

그 설명이 그의 설명보다 더 간단해요.

The explanation is simpler ________________.

그게 내가 여태까지 들은 것 중 가장 간단한 설명이에요.
→ 최상급 뒤에 현재완료 문장

It is the simplest explanation ________________.

- *hear*
- *his*
- *through*
- *recommend*
- *month*
- *ever*
- *government bonds*

4 날씨가 더웠어요.

The weather was hot.

날씨가 지난달보다 더 더웠어요.

The weather was hotter ________________.

그게 이번 달 통틀어 가장 더운 날씨였어요. → 최상급 뒤에 전치사구

It was the hottest weather ________________.

5 이 투자는 안전해요.

This investment is safe.

이 투자가 국채보다 더 안전해요.

This investment is safer ________________.

그게 우리가 추천하는 가장 안전한 투자예요. → 최상급 뒤에 문장

It is the safest investment ________________.

〈완성 문장 확인하기〉에서 정답을 확인하세요.

문장 통으로. 쓰기

WRITE IT OUT

이번에는 전체 문장을 통으로 써 보세요.

1 그 가격이 이것보다 더 싸요.

그게 이것들 가운데 가장 싼 가격이에요.

2 이 방법이 그것보다 더 빨라요.

그게 우리가 가진 가장 빠른 방법이에요.

3 그 설명이 그의 설명보다 더 간단해요.

그게 내가 여태까지 들은 것 중 가장 간단한 설명이에요.

4 날씨가 지난달보다 더 더웠어요.

그게 이번 달 통틀어 가장 더운 날씨였어요.

5 이 투자가 국채보다 더 안전해요.

그게 우리가 추천하는 가장 안전한 투자예요.

다음 페이지에서 정답을 확인하세요.

Check it out
완성 문장 **확인하기**

완성 문장을 확인하고 여러 번 쓰고 읽어 보세요. MP3 73-02

1 그 가격이 이것보다 더 싸요.

The rate is **cheaper than** this (is).

시작………………………………… 확장…………………………

그게 이것들 가운데 가장 싼 가격이에요.

It is **the cheapest** rate among these.

시작………………………………… 확장…………………………

2 이 방법이 그것보다 더 빨라요.

This way is **faster than** that (is).

시작………………………………… 확장…………………………

그게 우리가 가진 가장 빠른 방법이에요.

It is **the fastest** way we have.

시작………………………………… 확장…………………………

3 그 설명이 그의 설명보다 더 간단해요.

The explanation is **simpler than** his explanation (is).

시작………………………………… 확장…………………………

그게 내가 여태까지 들은 것 중 가장 간단한 설명이에요.

It is **the simplest** explanation I have ever heard.

시작………………………………… 확장…………………………

4 날씨가 지난달보다 더 더웠어요.

The weather was hotter than the last month (was).

시작 ………… 확장 …………

그게 이번 달 통틀어 가장 더운 날씨였어요.

It was the hottest weather through this month.

시작 ………… 확장 …………

5 이 투자가 국채보다 더 안전해요.

This investment is safer than government bonds (are).

시작 ………… 확장 …………

그게 우리가 추천하는 가장 안전한 투자예요.

It is the safest investment we recommend.

시작 ………… 확장 …………

SENTENCE WRITING

DAY 74

비교급, 최상급 2 (more, the most)

• **more**를 붙여서 비교급을 만든다.

Ex. efficient → **more** efficient 효율적인 → **더** 효율적인

popular → **more** popular 인기 있는 → **더** 인기 있는

• **most**를 붙여서 최상급을 만든다.

Ex. innovative → **the most** innovative 혁신적인 → **가장** 혁신적인

humorous → **the most** humorous 유머러스한 → **가장** 유머러스한

시작 시간 ______년 ______월 ______일 ______시 ______분

마친 시간 ______년 ______월 ______일 ______시 ______분 총 연습 시간 ________분

어구 시작하기

다음 어구를 영어로 써 보세요.

긴 형용사(3음절 이상)의 비교급/ 최상급 만들기 → 형용사 앞에 *more/ the most* 붙이기

example 뚜렷한 현상 → **a visible** phenomenon
더 뚜렷한 현상 → **a more visible** phenomenon
가장 뚜렷한 현상 → **the most visible** phenomenon

비싼 물건 ▸ ***an expensive item***

더 비싼 물건 ▸ a ______ item

가장 비싼 물건 ▸ ______ item

효과적인 해결책 ▸ ***an effective solution***

더 효과적인 해결책 ▸ a ______ solution

가장 효과적인 해결책 ▸ ______ solution

뛰어난 학생들 ▸ ***outstanding students***

더 뛰어난 학생들 ▸ ______ students

가장 뛰어난 학생들 ▸ ______ students

영향력 있는 책 ▸ ***an influential book***

더 영향력 있는 책 ▸ a ______ book

가장 영향력 있는 책 ▸ ______ book

다음 페이지에서 정답을 확인하세요.

Check it out
완성 어구 확인하기

완성 어구를 확인하고 여러 번 쓰고 읽어 보세요. MP3 74-01

비싼 물건 ▸ an **expensive** item

더 비싼 물건 a **more expensive** item

가장 비싼 물건 **the most expensive** item

효과적인 해결책 ▸ an **effective** solution

더 효과적인 해결책 a **more effective** solution

가장 효과적인 해결책 **the most effective** solution

뛰어난 학생들 ▸ **outstanding** students

더 뛰어난 학생들 **more outstanding** students

가장 뛰어난 학생들 **the most outstanding** students

영향력 있는 책 ▸ an **influential** book

더 영향력 있는 책 a **more influential** book

가장 영향력 있는 책 **the most influential** book

START WRITING (문장.) 시작하기

괄호 안의 형용사구를 참고하여 다음 문장을 영어로 써 보세요.

형용사구를 문장으로 만들기:
'*a[an]* + 형용사/ 형용사의 비교급 + 명사'
'*The* + 명사 + *be*동사 + 형용사/ 형용사의 비교급'
'*the* + 형용사의 최상급 + 명사'
→ '주어 + *be*동사 + *the* + 형용사의 최상급 + 명사'

example 그 현상은 뚜렷해요.
→ The phenomenon is **visible**. (a visible phenomenon)
그 현상은 더 뚜렷해요. → The phenomenon is **more visible**.
그게 가장 뚜렷한 현상이에요.
→ It is **the most visible** phenomenon.

1 그 물건은 비싸요.(an expensive item)

( )

그 물건이 더 비싸요.

( )

그게 가장 비싼 물건이에요.

( )

2 그 해결책은 효과적이었어요. (an effective solution)

( )

그 해결책이 더 효과적이었어요.

( )

그게 가장 효과적인 해결책이었어요.

( )

3 우리 학생들은 뛰어나요. (outstanding students)

( )

우리 학생들이 더 뛰어나요.

( )

여러분이 가장 뛰어난 학생들이에요.

( )

4 이 책은 영향력이 있어요. (an influential book)

( )

이 책은 더 영향력 있어요.

( )

이게 가장 영향력 있는 책이에요.

( )

다음 페이지에서 정답을 확인하세요.

문장 확장하기

EXPAND WRITING

확장된 다음 문장을 영어로 써 보세요.

비교급 문장 보충 → '비교급 문장 + *than* + 주어 + 동사'
최상급 문장 보충 → '최상급 문장 + 전치사구/ 형용사절(주어 + 동사)'

example 그 현상은 뚜렷해요. → The phenomenon is **visible**.
그 현상은 다른 것들보다 더 뚜렷해요.
→ The phenomenon is **more visible than others (are)**.
그게 우리 사회에서 가장 뚜렷한 현상이에요.
→ **It is the most visible phenomenon in our society.**
··· 최상급 뒤에 전치사구

1 그 물건은 비싸요.

The item is expensive.

그 물건은 이것보다 더 비싸요.

The item is more expensive ______________________.

그게 이 가게에서 가장 비싼 물건이에요.

It is the most expensive item ______________________.

- *store*
- *this*
- *the other*
- *we*
- *was*

2 그 해결책은 효과적이었어요.

The solution was effective.

그 해결책은 다른 것보다 더 효과적이었어요.

The solution was more effective ______________________.

그것은 우리가 배운 가장 효과적인 해결책이었어요.

It was the most effective solution ______________________.

3 우리 학생들은 뛰어나요.

Our students are outstanding.

우리 학생들은 그들보다 더 뛰어나요.

Our students are more outstanding ____________.

여러분은 제가 여태까지 가르친 학생들 중 가장 뛰어난 학생들이에요.

You are the most outstanding students

_________________________.

- *they*
- *read*
- *teach*
- *ever*
- *than*
- *any other book*
- *learn*

4 이 책은 영향력이 있어요.

This book is influential.

이 책은 다른 어떤 책보다 더 영향력 있어요.

This book is more influential __________________.

이것은 내가 여태까지 읽은 책 중 가장 영향력 있는 책이에요.

This is the most influential book ________________.

〈완성 문장 확인하기〉에서 정답을 확인하세요.

문장 통으로. 쓰기

WRITE IT OUT

이번에는 전체 문장을 통으로 써 보세요.

1 그 물건은 이것보다 더 비싸요.

그게 이 가게에서 가장 비싼 물건이에요.

2 그 해결책은 다른 것보다 더 효과적이었어요.

그것은 우리가 배운 가장 효과적인 해결책이었어요.

3 우리 학생들은 그들보다 더 뛰어나요.

여러분은 제가 여태까지 가르친 학생들 중 가장 뛰어난 학생들이에요.

4 이 책은 다른 어떤 책보다 더 영향력 있어요.

이것은 내가 여태까지 읽은 책 중 가장 영향력 있는 책이에요.

다음 페이지에서 정답을 확인하세요.

Check it out
완성 문장 **확인하기**

완성 문장을 확인하고 여러 번 쓰고 읽어 보세요. MP3 **74-02**

❶ 그 물건은 이것보다 더 비싸요.

The item is **more expensive than** this (is).

시작 ……………………………… 확장 ………………

그게 이 가게에서 가장 비싼 물건이에요.

It is **the most expensive** item in the store.

시작 ……………………………… 확장 ………………

❷ 그 해결책은 다른 것보다 더 효과적이었어요.

The solution was **more effective than** the other (was).

시작 ……………………………… 확장 ………………

그것은 우리가 배운 가장 효과적인 해결책이었어요.

It was **the most effective** solution we learned.

시작 ……………………………… 확장 ………………

❸ 우리 학생들은 그들보다 더 뛰어나요.

Our students are **more outstanding than** they (are).

시작 ……………………………… 확장 ………………

여러분은 제가 여태까지 가르친 학생들 중 가장 뛰어난 학생들이에요.

You are **the most outstanding** students I have ever taught.

시작 ……………………………… 확장 ………………

❹ 이 책은 다른 어떤 책보다 더 영향력 있어요.

This book is **more influential than** any other book (is).

시작 ……………………………… 확장 ………………

이것은 내가 여태까지 읽은 책 중 가장 영향력 있는 책이에요.

This is **the most influential** book I have ever read.

시작 ……………………………… 확장 ………………

어구 시작하기

오른쪽에 주어진 단어를 참고하여 다음 어구를 영어로 써 보세요..

*'-ly'*로 끝나는 부사의 비교급/ 최상급 만들기
→ *more/ most* + *-ly*로 끝나는 부사
(*'most* + 부사 + 형용사 + 명사'의 순서일 때만 *the*가 붙음)

• *construction*
• *picture*
• *method*

널리 사용된 ▸ ***widely used***

더 널리 사용된 ▸ ______ used

가장 널리 사용된 ▸ ______ used

가장 널리 사용된 방법 ▸ ______ used
______

흥미롭게 그려진 ▸ ***interestingly painted***

더 흥미롭게 그려진 ▸ ______ painted

가장 흥미롭게 그려진 ▸ ______ painted

가장 흥미롭게 그려진 그림 ▸ ______ painted
______

비밀스럽게 설계된 ▸ ***secretly designed***

더 비밀스럽게 설계된 ▸ ______ designed

가장 비밀스럽게 설계된 ▸ ______ designed

가장 비밀스럽게 설계된 건축물 ▸ ______ designed
______

다음 페이지에서 정답을 확인하세요.

Check it out
완성 어구 확인하기

완성 어구를 확인하고 여러 번 쓰고 읽어 보세요. MP3 74-03

널리 사용된 ▸ **widely** used

더 널리 사용된 **more widely** used

가장 널리 사용된 **most widely** used

가장 널리 사용된 방법 **the most widely** used method

흥미롭게 그려진 ▸ **interestingly** painted

더 흥미롭게 그려진 **more interestingly** painted

가장 흥미롭게 그려진 **most interestingly** painted

가장 흥미롭게 그려진 그림 **the most interestingly** painted picture

비밀스럽게 설계된 ▸ **secretly** designed

더 비밀스럽게 설계된 **more secretly** designed

가장 비밀스럽게 설계된 **most secretly** designed

가장 비밀스럽게 설계된 건축물 **the most secretly** designed construction

START WRITING

(문장.) 시작하기

부사의 비교급 그리고 최상급을 문장 안에 써 보세요.

나음 문상을 영어로 써 보세요

1 그것이 더 널리 사용된 방법이에요.

It is (　　　　　　　　　　　　　　　　　　).

2 그것이 더 흥미롭게 그려진 그림이에요.

It is (　　　　　　　　　　　　　　　　　　).

3 그것이 더 비밀스럽게 설계된 건축물이에요.

It is (　　　　　　　　　　　　　　　　　　).

4 그것이 가장 널리 사용된 방법이에요.

It is (　　　　　　　　　　　　　　　　　　).

5 그것이 가장 흥미롭게 그려진 그림이에요.

It is (　　　　　　　　　　　　　　　　　　).

6 그것이 가장 비밀스럽게 설계된 건축물이에요.

It is (　　　　　　　　　　　　　　　　　　).

〈완성 문장 확인하기〉에서 정답을 확인하세요.

문장 통으로. 쓰기

WRITE IT OUT

이번에는 전체 문장을 통으로 써 보세요.

1 그것이 더 광범위하게 사용된 방법이에요.

2 그것이 더 흥미롭게 그려진 그림이에요.

3 그것이 더 비밀스럽게 설계된 건축물이에요.

4 그것이 가장 널리 사용된 방법이에요.

5 그것이 가장 흥미롭게 그려진 그림이에요.

6 그것이 가장 비밀스럽게 설계된 건축물이에요.

다음 페이지에서 정답을 확인하세요.

Check it out
완성 문장 **확인하기**

완성 문장을 확인하고 여러 번 쓰고 읽어 보세요. MP3 **74-04**

1. 그것이 더 널리 사용된 방법이에요.

   It is a more widely used method.

2. 그것이 더 흥미롭게 그려진 그림이에요.

   It is a more interestingly painted picture.

3. 그것이 더 비밀스럽게 설계된 건축물이에요.

   It is a more secretly designed construction.

4. 그것이 가장 널리 사용된 방법이에요.

   It is the most widely used method.

5. 그것이 가장 흥미롭게 그려진 그림이에요.

   It is the most interestingly painted picture.

6. 그것이 가장 비밀스럽게 설계된 건축물이에요.

   It is the most secretly designed construction.

이것도 알고 가기

다음의 불규칙 비교급도 외워두세요.

불규칙적으로 변하는 형용사

good-better-best

bad-worse-worst

ill-worse-worst

many-more-most

much-more-most

little-less-least

불규칙적으로 변하는 부사

well-better-best

badly-worse-worst

little-less-least

much-more-most

far-farther-farthest (거리)

far-further-furthest (거리, 상태)

비교급, 최상급을 만들 때 more와 most를 사용하는 다양한 경우

1. 3음절 이상의 긴 단어가 아니더라도 more와 most를 써서 비교급과 최상급을 만드는 경우가 있습니다.

- 명사나 동사에서 파생된 형용사들(-ly, -ed, -ful, -ive, -ous, -less로 끝나는 단어)

Ex. lonely → more lonely → most lonely
bored → more bored → most bored
awful → more awful → most awful
active → more active → most active
anxious → more anxious → most anxious

- 서술 용법으로만 쓰는 형용사: alive, asleep, awake, alone, afraid, aware, fond 등

Ex. awake → more awake → most awake
aware → more aware → most aware

2. 두 단어가 결합하여 만들어진 복합형용사의 경우 단어의 일부만 비교급, 최상급으로 바꾸거나 more와 most를 전체 단어 앞에 붙여 비교급과 최상급 표현으로 만듭니다.

Ex. well-known(유명한) → better-known → best known
또는 → more well-known → most well-known
well-off(부유한) → more well-off → most well-off

SENTENCE WRITING

DAY 75

기타 비교구문

('as ~ as', 'the + 비교급, the + 비교급', 'be similar to ~')

as ~ as ~만큼 ~하다

Ex. **as** good **as** ~**만큼** 좋은

the + 비교급, the + 비교급

Ex. **The** more, **the** better. 많으면 많을수록 좋아요

be similar to

Ex. This **is similar to** mine. 이것은 내 것**하고 비슷하다**.

시작 시간 ______년 ______월 ______일 ______시 ______분

마친 시간 ______년 ______월 ______일 ______시 ______분

총 연습 시간 __________분

ROUND 1 START WRITING

(문장.) 시작하기 ①

다음 어구를 비교 표현으로 써 보세요.

as ~ as ~로 비교급 만들기
→ 'as + 형용사 + as + (주어 + 동사)'

example 바쁜 → busy

~만큼 바쁜 → as busy as

너만큼 바쁜 → as busy as you are

빠른 ▸ *fast*

~만큼 빠른 ▸ ______

내가 달릴 수 있는 한 최대한 빨리 ▸ ______ could run

많은 (셀 수 없는 상황) ▸ *much*

~만큼 많은 ▸ ______

네가 먹은 만큼 많이 ▸ ______ ate

많은 (셀 수 있는 상황) ▸ *many*

~만큼 많은 ▸ ______

네가 여태까지 읽은 만큼 많은 ▸ ______ have read

좋은 ▸ *good*

~만큼 좋은 ▸ ______

내 것이 좋은 만큼 좋은 ▸ ______ is

다음 페이지에서 정답을 확인하세요.

문장 확장하기

EXPAND WRITING

'주어 + 동사' + '*as* ~ *as*'

example 나는 너만큼 바쁘다.

→ **I am** as busy as you are.

→ **I am as busy as you.** ⋯→ 반복되는 be동사 생략

오른쪽에 주어진 단어를 참고하여 다음 문장을 영어로 써 보세요.

• *ran*
• *read books*
• *busy*
• *eat*

1 나는 내가 달릴 수 있는 한 최대한 빨리 달렸다.

▸ ________________ as fast as I could run.

▸ ______________________________. ⋯→ 반복되는 일반동사 run 생략

2 나는 네가 먹은 만큼 많이 먹었어.

▸ ________________ as much as you ate.

▸ ______________________________. ⋯→ 반복되는 일반동사 ate 대신 did 사용

3 나는 네가 여태까지 읽은 만큼 많은 책들을 읽었어.

▸ ________________ as many as you have read.

▸ ______________________________. ⋯→ 반복되는 분사 read 생략

4 네 것이 내 것만큼 좋아.

▸ ________________ is as good as mine is.

▸ ______________________________. ⋯→ 반복되는 be 동사 생략

〈완성 문장 확인하기〉서 정답을 확인하세요.

Check it out
완성 문장 **확인하기**

완성 문장을 확인하고 여러 번 쓰고 읽어 보세요. MP3 **75-01**

1 나는 내가 달릴 수 있는 한 최대한 빨리 달렸다.

- I ran **as fast as** I could run.
- I ran **as fast as I could.**

2 나는 네가 먹은 만큼 많이 먹었어.

- I ate **as much as** you ate.
- I ate **as much as you did.**

3 나는 네가 여태까지 읽은 만큼 많은 책들을 읽었어.

- I have read books **as many as** you have read.
- I have read books **as many as you have.**

4 네 것이 내 것만큼 좋아.

- **Your is as good as** mine is.
- **Your is as good as mine.**

(문장.) 시작하기 ②

START WRITING

기본 문장 두 개 쓰기

오른쪽에 주어진 단어를 참고로 다음 문장을 영어로 써 보세요.

1 당신은 공부합니다. 당신은 이해할 거예요.

( ).( )

2 그것은 ~이 됩니다. 그것은 ~이에요.

( ).( )

3 당신은 시작해요. 당신은 끝낼 수 있어요.

( ).( )

4 당신은 씁니다. 당신은 쓸 거예요.

( ).( )

5 나는 그녀를 보아요. 나는 그녀가 마음에 들어요.

( ).( )

- *study*
- *write*
- *like*
- *understand*
- *start*
- *see*
- *become*
- *finish*
- *her*

다음 페이지에서 정답을 확인하세요.

문장 확장하기

EXPAND WRITING

두 개의 문장을 비교급으로 연결하기
→ '*the* + 비교급, *the* + 비교급'(더 ~할수록 ~할 수 있다)

오른쪽에 주어진 단어의 비교급을 사용하여, 확장된 다음 문장을 영어로 써 보세요.

- *much*
- *early*
- *expensive*
- *soon*
- *large*
- *well*

1 당신이 더 공부할수록, 당신은 더 잘 이해할 거예요.

______________ you study, ______________ you will understand.

2 그것이 더 커질수록, 그것은 더 비싸요.

______________ it becomes, ______________ it is.

3 당신이 더 일찍 시작할수록, 당신은 더 빨리 끝낼 수 있어요.

______________ you start, ______________ you can finish.

4 당신이 더 많이 쓸수록, 당신은 더 잘 쓸 거예요.

______________ you write, ______________ you will write.

5 나는 그녀를 보면 볼수록, 나는 그녀가 더 마음에 들어요.

______________ I see her, ______________ I like her.

〈완성 문장 확인하기〉에서 정답을 확인하세요.

문장 통으로. 쓰기

WRITE IT OUT

이번에는 전체 문장을 통으로 써 보세요.

1 당신이 더 공부할수록, 당신은 더 많이 이해할 거예요.

2 그것이 더 커질수록, 그것은 더 비싸요.

3 당신이 더 일찍 시작할수록, 당신은 더 빨리 끝낼 수 있어요.

4 당신이 더 많이 쓸수록, 당신은 더 잘 쓸 거예요.

5 나는 그녀를 보면 볼수록, 나는 그녀가 더 마음에 들어요.

다음 페이지에서 정답을 확인하세요.

Check it out
완성 문장 확인하기

완성 문장을 확인하고 여러 번 쓰고 읽어 보세요. MP3 **75-02**

1. 당신은 더 공부할수록, 더 많이 이해할 거예요.

   The more you study, **the more** you will understand.

2. 그것이 더 커질수록, 그것은 더 비싸요.

   The larger it becomes, **the more** expensive it is.

3. 당신이 더 일찍 시작할수록, 당신은 더 빨리 끝낼 수 있어요.

   The earlier you start, **the sooner** you can finish.

4. 당신이 더 많이 쓸수록, 당신은 더 잘 쓸 거예요.

   The more you write, **the better** you will write.

5. 그녀를 보면 볼수록 나는 그녀가 더 마음에 들어요.

   The more I see her, **the more** I like her.

어구 시작하기

오른쪽에 주어진 단어를 활용하여 다음 어구를 영어로 써 보세요.

'similar + 명사' 표현 만들기

- *program*
- *personality*
- *body structure*
- *voice*
- *lifestyle*

비슷한 성격

▸ a

비슷한 목소리

▸ a

비슷한 생활방식

▸ a

비슷한 프로그램

▸ a

비슷한 신체 구조

▸ a

다음 페이지에서 정답을 확인하세요.

START WRITING

(문장.) 시작하기

'similar + 명사' 앞에 주어와 동사를 써서 문장 만들기

다음 문장을 영어로 써 보세요.

1 그와 나는 비슷한 성격을 가지고 있어요.

( ) a similar personality.

2 당신과 그녀는 비슷한 목소리를 가지고 있어요.

( ) a similar voice.

3 너와 그는 비슷한 생활방식을 가지고 있어.

( ) a similar lifestyle.

4 이것하고 그것은 비슷한 프로그램을 가지고 있어.

( ) a similar program.

5 인간과 원숭이는 비슷한 신체 구조를 가지고 있어요.

( ) a similar body structure.

- *that*
- *he*
- *I*
- *humans*
- *she*
- *you*
- *monkeys*
- *this*

〈완성 문장 확인하기〉에서 정답을 확인하세요.

문장 통으로. 쓰기

WRITE IT OUT

이번에는 전체 문장을 통으로 써 보세요.

1 그와 나는 비슷한 성격을 가지고 있어요.

2 당신과 그녀는 비슷한 목소리를 가지고 있어요.

3 너와 그는 비슷한 생활방식을 가지고 있어.

4 이것하고 그것은 비슷한 프로그램을 가지고 있어요.

5 인간과 원숭이는 비슷한 신체 구조를 가지고 있어요.

다음 페이지에서 정답을 확인하세요.

Check it out
완성 문장 확인하기

완성 문장을 확인하고 여러 번 쓰고 읽어 보세요. MP3 75-03

1. 그와 나는 비슷한 성격을 가지고 있어요.

   He and I have a similar personality.

2. 당신과 그녀는 비슷한 목소리를 가지고 있어요.

   You and she have a similar voice.

3. 너와 그는 비슷한 생활방식을 가지고 있어.

   You and he have a similar lifestyle.

4. 이것하고 그것은 비슷한 프로그램을 가지고 있어요.

   This and that have a similar program.

5. 인간과 원숭이는 비슷한 신체 구조를 가지고 있어요.

   Humans and monkeys have a similar body structure.

문장 응용하기 APPLY IT

변형된 다음 문장을 영어로 써 보세요.

'similar + 명사'를 'be similar to + 소유격 + 명사'로 바꾸기
'소유격 + 명사'를 소유격 대명사로 줄여 쓰기

example 그와 나는 비슷한 성격을 가지고 있어요.

→ He and I have a **similar personality**.

그의 성격은 내 성격과 비슷해요.

→ His personality **is similar to my personality**.

→ His personality **is similar to mine**. ··· 소유대명사로 바꾸기

1 당신과 그녀는 비슷한 목소리를 가지고 있어요.

‣ You and she have a similar voice.

그녀의 목소리는 당신의 목소리와 비슷해요.

‣ Her voice ______________________.

‣ Her voice is similar to ______________. ··· 소유대명사로 바꾸기

2 너와 그는 비슷한 생활방식을 가지고 있어.

‣ You and he have a similar lifestyle.

너의 생활방식은 그의 생활방식과 비슷해.

‣ Your lifestyle ______________________.

‣ Your lifestyle is similar to ______________. ··· 소유대명사로 바꾸기

3 이것하고 그것은 비슷한 프로그램을 가지고 있어요.

▸ This and that have a similar program.

이 프로그램은 그들의 프로그램과 비슷해요.

▸ This program ________________________.

▸ This program is similar to ____________.

4 인간과 원숭이는 비슷한 신체 구조를 가지고 있어요.

▸ Humans and monkeys have a similar body structure.

인간의 신체 구조는 원숭이의 신체 구조와 비슷해요.

▸ Humans' body structure is ________________________.

▸ Humans' body structure is similar to ____________.

〈완성 문장 확인하기〉에서 정답을 확인하세요.

문장 통으로. 쓰기

WRITE IT OUT

이번에는 전체 문장을 통으로 써 보세요.

1 그녀의 목소리는 당신의 목소리와 비슷해요.

2 너의 생활방식은 그의 생활방식과 비슷해.

3 이 프로그램은 그들의 프로그램과 비슷해요.

4 인간의 신체 구조는 원숭이의 신체 구조와 비슷해요,

다음 페이지에서 정답을 확인하세요.

Check it out
완성 문장 **확인하기**

완성 문장을 확인하고 여러 번 쓰고 읽어 보세요. MP3 **75-04**

1 그녀의 목소리는 당신의 목소리와 비슷해요.

- Her voice **is similar to** your voice.
- Her voice **is similar to yours.**

2 너의 생활방식은 그의 생활방식과 비슷해.

- Your lifestyle **is similar to** his lifestyle.
- Your lifestyle **is similar to his.**

3 이 프로그램은 그들의 프로그램과 비슷해요.

- This program **is similar to** their program.
- This program **is similar to theirs.**

4 인간의 신체 구조는 원숭이의 신체 구조와 비슷해요.

- Humans' body structure **is similar to** monkeys' body structure.
- Humans' body structure **is similar to monkeys'.**

AFTER WRITING 이것도 알고 가기

as ~ as를 사용한 비교 표현은 영어에서 다양한 방법으로 활용됩니다. 유용한 표현들이니 익혀두고 작문에 활용해보세요.

1. 크기나 양의 차이를 비교하여 구체적으로 언급할 때 as ~ as와 함께 twice(= two times), three times, four times 등의 배수 표현을 씁니다.

Ex. The country is **three times as large as** UK.

그 나라는 영국보다 세 배 커요.

This camera is **twice as heavy as** the other models.

이 카메라는 다른 모델보다 두 배 무거워요.

〈배수 표현 + the + 크기나 양을 나타내는 명사(size, weight) + of〉로 바꿔 쓸 수도 있습니다.

Ex. The country is **three times the size of** UK.

This camera is **twice the weight of** the other models.

2. as ~ as가 들어간 표현 중에는 사실적인 비교보다는 동물이나 사물의 특징에 비유하여 관용적으로 쓰이는 표현들도 있습니다.

as quiet as a mouse 쥐 죽은 듯이 조용한 = very quiet 아주 조용한

as proud as a peacock 공작처럼 뽐내는 = very proud 몹시 뽐내는, 아주 거만한

as wise as an owl = very wise 아주 현명한, 뭐든 다 아는

as stupid as a donkey = very stupid 아주 멍청한

as blind as a bat 맹인과 마찬가지인

as cool as a cucumber = very cool 아주 침착한

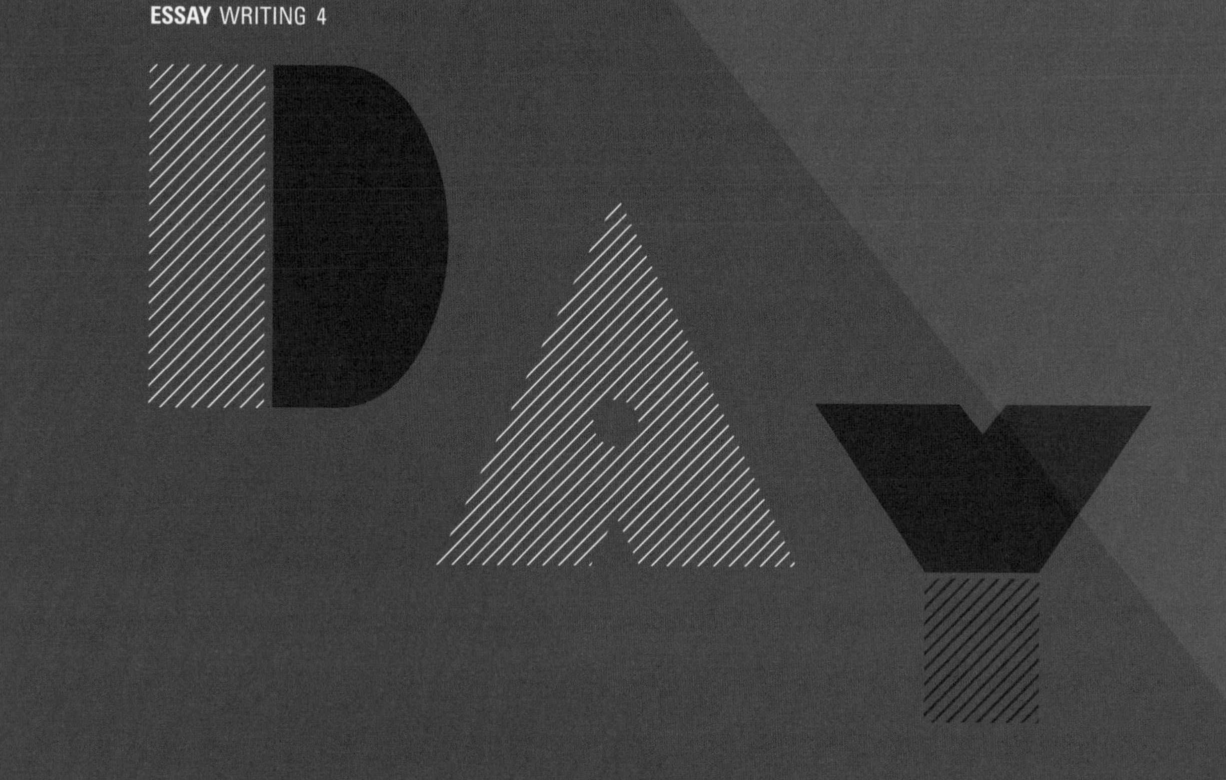

DAY 73~75 총정리

"Choose ~ and Explain ~." –type

총정리 순서

STEP 1 베이직 에세이 읽고 암기해서 말하기

STEP 2 확장된 에세이 듣고 읽고 암기해서 말하기

STEP 3 에세이 구조 분석하고 체득하기

STEP 4 다른 주제로 셀프 에세이 써 보기

STEP 4에서 에세이를 쓰는 순서(Introduction → Body 1 → Body 2 → Conclusion)에 따라 써야 할 내용이 제시되어 있다 해도 다른 주제로 직접 에세이를 써 보는 것이 버겁다면, STEP 1~3까지 충분히 반복 훈련한 뒤에 도전해 보세요. 처음엔 힘들지만 여러 번 듣고, 읽고, 입으로 외우면서 에세이의 구조가 몸에 익으면 에세이에 대한 자신감이 붙은 자신을 발견할 거예요.

76

SCHEDULE

ESSAY Writing은 형식에 완전히 익숙해지기 전까지는 꽤 어려운 분야의 글쓰기이므로 하루 만에 다 소화하기 어려울 수도 있으니, 다 끝내지 못한 부분은 assignment로 하거나 시간이 날 때마다 짬짬이 다시 도전해 보세요! 아래 훈련기록란도 넉넉히 마련해 두었습니다.

1차 훈련기록

시작 시간 ______년 ______월 ______일 ______시 ______분

마친 시간 ______년 ______월 ______일 ______시 ______분

총 연습 시간 ________분

2차 훈련기록

시작 시간 ______년 ______월 ______일 ______시 ______분

마친 시간 ______년 ______월 ______일 ______시 ______분

총 연습 시간 ________분

3차 훈련기록

시작 시간 ______년 ______월 ______일 ______시 ______분

마친 시간 ______년 ______월 ______일 ______시 ______분

총 연습 시간 ________분

Basic Essay STEP 1

Day 73~75까지의 핵심 문법이 포함된 샘플 에세이를 반복 Reading
→ 암기해서 Speaking할 수 있을 때까지 훈련합니다.

START WRITING

베이직 (에세이.)

다음 에세이를 읽고 에세이 라이팅에 도전해 보세요.

다음 교통 수단 중에 하나를 골라 그것이 나머지 것들보다 중요하다고 생각하는 이유를 설명하시오.

*** 자동차 * 자전거 * 비행기**

우리는 매일 대중교통을 이용한다. 더 빠르고 더 큰 교통수단이 필요하다. 비행기는 한번에 수백 명을 실어 나르고 몇 시간 만에 사람들을 보낸다.

첫째, 사람들은 여러 날을 보낼 필요가 없다. 다른 교통수단과 달리, 비행기는 수백 명의 승객을 감당할 수 있다. 이런 효율성은 더 많은 사람들에게 기회를 준다. **예를 들어,** 당신이 멀리 사는 가족을 보고 싶지만 시간이 단 며칠밖에 없다. 유일한 해법은 비행기인데 어떤 것도 비행기의 수송 능력만큼 좋지 못하기 때문이다. 즉, 클수록 더 좋다.

둘째, 비행기는 더 빨리 난다. 일반적으로 말해서, 비행기는 몇 시간 만에 세계 대부분의 지역에 도착한다. 미국에서 한국까지 비행기로 10시간밖에 걸리지 않는다. 우린 지구촌이라는 말을 자주 듣는다. 비행기가 지대한 역할을 해왔다.

많은 좌석을 이용할 수 있다는 점을 고려하면, 비행기가 가장 효율적인 교통수단이다. 사람들이 더 크고 더 빠른 교통수단을 좋아하는 한, 비행기의 중요성은 결코 약해지지 않을 것이다.

Complete the ESSAY

에세이를 영어로 옮길 때 빈칸에 들어갈 알맞은 말을 써 보세요.

WORD COUNT 181

Topic

Choose one of the following vehicles and explain why you think it is more important than the others.

*** automobile * bicycles * airplanes**

We use public transportation every day. ________________ means of transportation are in need. Airplanes carry hundred of people and send people in a few hours.

First, people do not have to spend many days. ________________, airplanes can take over hundreds of passengers. This efficiency gives ________________. **For example,** you want to see your family living far away, but you just have a few days . Airplanes are the only solution because ________________ the airplanes' transport capacity is. Namely, ________________.

Second, airplanes ____________. Generally speaking, they reach most regions in a few hours. It takes only 10 hours to go to the US from Korea by airplane. We often hear the words, a global village. Airplanes have played a huge role.

Considering the availability of many seats, airplanes are ____________ ____________. As long as people like ________________, the importance of airplanes will never be eroded.

다음 페이지에서 정답을 확인하세요.

Expand Writing STEP 2

확장된 구조의 에세이를 반복 Listening → Reading → 암기해서 Speaking할 수 있을 때까지 훈련합니다.

에세이 확장 익히기

76-01

다음 에세이를 여러 번 들어 보고 읽어 보세요.

Topic

Choose one of the following vehicles and explain why you think it is more important than the others.

*** automobile * bicycles * airplanes**

We use public transportation every day. The population grows and the transportation system develops. As our society becomes more complex, **faster and bigger** means of transportation are in need. Airplanes carry hundred of people at a time and send people to the destination thousand miles away in a few hours.

First, people do not have to spend their time taking many days to go to other countries. **Unlike other vehicles** such as cars and bicycles, airplanes can take over hundreds of passengers for one trip. This efficiency gives **more people opportunities** to meet their loved ones and to visit the places they want. **For example,** you want to see your family living far away, but you just have a few days to visit your family. Airplanes are, no doubt, the only solution you can have because **nothing is as good as** the airplanes' transport capacity is. Namely, **the bigger, the better**.

Second, airplanes **fly faster** than any other forms of transportation. Generally speaking, they reach most regions of the world in a few hours. We are now living in an era that we can reach anywhere in the world within a day. Airplanes have made it possible. It takes only 10 hours to go to the US from Korea by airplane when it usually takes more than seven days by ship as an example. We often hear the words, a global village. Airplanes have played a huge role to make the village.

Finally, we use many types of transportation. Some are more useful and significant than others. Considering the availability of many seats in an airplane and relatively short travel hours, airplanes are **the most efficient vehicles**. As long as people like to use **bigger and faster transportation**, the importance of airplanes will never be eroded.

다음 교통 수단 중에 하나를 골라 그것이 나머지 것들보다 중요하다고 생각하는 이유를 설명하시오.
자동차/ 자전거/ 비행기
우리는 매일 대중교통을 이용한다. 우리 사회가 더 복잡해질수록, 더 빠르고 더 큰 교통수단이 필요하다. 비행기는 한번에 수백 명을 실어 나르고 몇 시간 만에 수천 마일 떨어진 목적지까지 사람들을 보낸다.
첫째, 사람들은 다른 나라로 가는 데 며칠씩 걸려가며 시간을 보낼 필요가 없다. 자동차나 자전거 같은 다른 교통수단과 달리, 비행기는 한 번 이동에 수백 명의 승객을 감당할 수 있다. 이런 효율성은 더 많은 사람들에게 사랑하는 이를 만나고 원하는 곳에 가볼 기회를 준다. 예를 들어, 당신이 멀리 사는 가족을 보고 싶지만 가족을 방문할 시간이 단 며칠밖에 없다. 당신에게 남은 유일한 해법은 아마 비행기일 텐데 아무것도 비행기의 수송 능력과 경쟁할 수 없기 때문이다. 즉, 클수록 더 좋다.
둘째, 비행기는 다른 어떤 형태의 교통수단보다 더 빨리 난다. 일반적으로 말해서, 비행기는 몇 시간 만에 세계 대부분의 지역에 도착한다. 우리는 지금 하루 만에 세계 어디든 갈 수 있는 시대에 살고 있다. 비행기가 그것을 가능하게 했다. 예를 들어 미국에서 한국까지 가는 데 배로 가자면 보통은 일주일이 넘게 걸리지만 비행기로는 10시간밖에 걸리지 않는다. 우린 지구촌이라는 말을 자주 듣는다. 비행기는 그 지구촌을 만드는 데 지대한 역할을 해왔다.
마지막으로, 우린 여러 가지 교통수단을 이용한다. 어떤 것들은 다른 것들보다 더 유용하고 중요하다. 비행기에 많은 좌석을 이용할 수 있다는 점과 상대적으로 짧은 이동시간을 고려하면, 사람들은 계속 비행기를 이용할 것이다. 사람들이 더 크고 더 빠른 교통수단을 좋아하는 한, 비행기의 중요성은 결코 약해지지 않을 것이다.

• **public transportation** 대중 교통 • **population** 인구 • **complex** 복잡한
• **in need** 필요한 • **destination** 목적지 • **passenger** 승객 • **efficiency** 효율성
• **no doubt** 확실히 • **compete** 경쟁하다 • **capacity** 수송량, 수송 능력 • **namely** 즉
• **relatively** 상대적으로 • **efficient** 효율적인 • **availability** 이용 가능성(운항 횟수)
• **erode** 약해지다

에세이 구조 파악하기

앞에 나온 에세이의 구조를 분석해 보면서 에세이 양식을 체득해 보세요.

Topic Choose one of the following vehicles and explain why you think it is more important than the others.
*** automobile * bicycles * airplanes**

introduction

에세이의 시작에 쓸 내용

❶ **주제에 대한 일반적인 생각이나 의견** (*General Statement*)

We use public transportation every day. The population grows and the transportation system develops.

❷ **어떻게 쓸지 방향 결정** (*Attitude*)

As our society becomes more complex, faster and bigger means of transportation are in need.

❸ **무엇에 대해서 쓸지 내용 결정** (*Thesis Statement*)

Airplanes carry hundred of people at a time and send people to the destination thousand miles away in a few hours.

Body 1

에세이의 중간에 쓸 내용

❶ **첫 번째 결정한 것에 대해서 쓰기** (*Topic Sentence*)

First, people do not have to spend their time spending many days to go to other countries. Unlike other vehicles such as cars and bicycles, airplanes can take over hundreds of passengers for one trip. This efficiency gives more people opportunities to meet their loved ones and to visit the places they want.

❷ **보기나 예제를 써주기** (*Example*)

For example, you want to see your family living far away, but you just have a few days to visit your family. Airplanes are, no doubt, the only solution you can have because nothing is as good as the airplanes' transport capacity is.

❸ **마무리하기** (*Simple Conclusion*)

Namely, the bigger, the better.

Body 2

에세이의 중간에 쓸 내용

❶ **두 번째 결정한 것에 대해서 쓰기** (*Topic Sentence*)

Second, airplanes fly faster than any other forms of transportation. Generally speaking, they reach most regions of the world in a few hours. We are now living in a era that we can reach anywhere in the world within a day. Airplanes have made it possible.

❷ **보기나 예제를 써주기** (*Example*)

It takes only 10 hours to go to the US from Korea by airplane when it usually takes more than seven days by ship as an example.

❸ **마무리하기** (*Simple Conclusion*)

We often hear the words, a global village. Airplanes has played a huge role to make the village. :

Conclusuion

에세이의 마지막에 쓸 내용

❶ **에세이가 어떤 주제에 대한 것인지 한두 줄로 요약** (*Brief Summary*)

Finally, we use many types of transportation. Some are more useful and significant than others.

❷ **Body 1, Body 2를 다른 말로 정리하기** (*Paraphrasing*)

Considering the availability of many seats in an airplane and relatively short travel hours, airplanes are the most efficient vehicles.

❸ **최종 결론** (*Final Decision*)

As long as people like to use bigger and faster transportation, the importance of airplanes will never be eroded.

다른 주제로 에세이 연습하기

STEP 2와 STEP 3를 참고하여, 나만의 에세이를 직접 써 보세요.

Topic **Choose one of the following elements and explain why you think it is more important than the others.**

*** Money * House * Job**

introduction

에세이의 시작에 쓸 내용

1 **주제에 대한 일반적인 생각이나 의견** (*General Statement*)

____

____

____

____

2 **어떻게 쓸지 방향 결정** (*Attitude*)

____

____

____

____

3 **무엇에 대해서 쓸지 내용 결정** (*Thesis Statement*)

____

____

____

____

Body 1

에세이의 중간에 쓸 내용

❶ 첫 번째 결정한 것에 대해서 쓰기 (*Topic Sentence*)

❷ 보기나 예제를 써 주기 (*Example*)

❸ 마무리하기 (*Simple Conclusion*)

Body 2

에세이의 중간에 쓸 내용

❶ **두 번째 결정한 것에 대해서 쓰기** (*Topic Sentence*)

❷ **보기나 예제를 써 주기** (*Example*)

❸ **마무리하기** (*Simple Conclusion*)

Conclusuion

에세이의 마지막에 쓸 내용

❶ 에세이가 어떤 주제에 대한 것인지 한두 줄로 요약 (*Brief Summary*)

❷ Body 1, Body 2를 다른 말로 정리하기 (*Paraphrasing*)

❸ 최종 결론 (*Final Decision*)

명사절 만들기
(주어 · 보어로 쓰기)

명사절 문장을 명사처럼 사용하는 것

명사절 만들기 문장 앞에 that을 쓰면 된다.

명사절을 주어로 쓰기

Ex. **That he is your boyfriend** surprises me.

그가 너의 남자친구라는 것이 나를 놀라게 해.

명사절을 보어로 쓰기

Ex. The truth is **that he is my boyfriend.** 사실인즉 **그가 나의 남자친구**야.

시작 시간 ______년 ______월 ______일 ______시 ______분

마친 시간 ______년 ______월 ______일 ______시 ______분 총 연습 시간 ________분

ROUND

1 • **START** WRITING

(문장.) 시작하기

'주어 + 동사' 그리고 '주어 + *be*동사 ~'로 기본 문장 만들기

오른쪽에 주어진 단어를 참고로 다음 문장을 영어로 써 보세요.

• *continue*
• *enjoy*
• *was*
• *volunteer*
• *there*
• *underlie*

1 그는 계속합니다.

( )

2 그녀가 자원했어요.

( )

3 그들이 즐깁니다.

( )

4 그것이 ~이었어요.

( )

5 그것이 바탕에 깔려 있어요.

( )

6 ~가 있을 거예요.

( )

다음 페이지에서 정답을 확인하세요.

문장 확장하기

EXPAND WRITING

일반동사에 목적어 추가하기 ➜ 동사 + 명사/ *to*부정사/ 동명사
*be*동사에 보어 추가하기 ➜ *be*동사 + 형용사/ 비교급/ 명사

확장된 다음 문장을 영어로 써 보세요.

1 그는 공부하는 것을 계속합니다.

He continues ______________________.

2 그녀가 사람들 돕는 것을 자원했어요.

She volunteered ______________________.

3 그들이 책 읽는 것을 즐깁니다.

They enjoy ______________________.

4 그것이 결정적인 힌트였어요.

It was ______________________.

5 그것이 그 변화의 바탕에 깔려 있어요.

It underlies ______________________.

6 보너스가 있을 거예요.

There will be ______________________.

- *people*
- *crucial*
- *change*
- *study*
- *bonus*
- *hint*
- *books*
- *real*
- *help*

다음 페이지에서 정답을 확인하세요.

ROUND

2 문장 더 확장하기 EXPAND WRITING+

문장 앞에 *that*을 붙이면 문장이 한 단어처럼 변하며, 이런 단어화된 문장(명사절)은 '주어'나 '보어'로 기능 가능

더 확장된 다음 문장을 영어로 써 보세요.

1 그가 공부를 계속한다는 것

▸ ______________ he continues to study

그가 공부를 계속한다는 것이 확실해. ⋯→ that절 주어로 쓰기

▸ ____________________________ is obvious.

확실한 것은 그가 공부를 계속한다는 것이야. ⋯→ that절 보어로 쓰기

▸ The obvious thing is ____________________________.

2 그녀가 사람들 돕는 것을 자원했다는 것

▸ ______________ she volunteered to help people

그녀가 사람들 돕는 것을 자원했다는 것은 사실이에요. ⋯→ that절 주어로 쓰기

▸ ____________________________ is true.

사실은 그녀가 사람들 돕는 것을 자원했다는 것이에요. ⋯→ that절 보어로 쓰기

▸ The truth is ____________________________.

3 그들이 책 읽는 것을 즐긴다는 것

▸ ______________ they enjoy reading books

그들이 책 읽는 것을 즐긴다는 것은 좋은 소식이에요. ⋯→ that절 주어로 쓰기

▸ ____________________________ is good news.

좋은 소식은 그들이 책 읽는 것을 즐긴다는 것이에요. ⋯→ that절 보어로 쓰기

▸ The good news is ____________________________.

4 그것이 결정적인 힌트였다는 것

▸ ______________ it was a crucial hint

그것이 결정적인 힌트였다는 것은 비밀이었어요. ⋯→ that절 주어로 쓰기

▸ ____________________________ was a secret.

비밀은 그것이 결정적인 힌트였다는 것이었어요. ⋯→ that절 보어로 쓰기

▸ The secret was ____________________________.

5 그것이 그 변화의 바탕에 깔려 있다는 것

▸ ______________ it underlies the change

그것이 그 변화의 바탕에 깔려 있다는 것이 놀랍네요. ⋯→ that절 주어로 쓰기

▸ ____________________________ is a surprise.

놀라운 것은 그것이 그 변화의 바탕에 깔려 있다는 것이에요. ⋯→ that절 보어로 쓰기

▸ The surprising thing is ____________________________.

6 보너스가 있을 것이라는 것

▸ ______________ there will be a bonus

보너스가 있을 것이라는 것은 루머예요. ⋯→ that절 주어로 쓰기

▸ ____________________________ is a rumor.

루머는 보너스가 있을 것이라는 거예요. ⋯→ that절 보어로 쓰기

▸ The rumor is ____________________________.

〈완성 문장 확인하기〉에서 정답을 확인하세요.

(문장 통으로.) 쓰기

WRITE IT OUT

이번에는 전체 문장을 통으로 써 보세요.

1 그가 공부를 계속한다는 것이 확실해.

확실한 것은 그가 공부를 계속한다는 것이야.

2 그녀가 사람들 돕는 것을 자원했다는 것은 사실이에요.

사실은 그녀가 사람들 돕는 것을 자원했다는 것이에요.

3 그들이 책 읽는 것을 즐긴다는 것은 좋은 소식이에요.

좋은 소식은 그들이 책 읽는 것을 즐긴다는 것이에요.

4 그것이 결정적인 힌트였다는 것은 비밀이었어요.

비밀은 그것이 결정적인 힌트였다는 것이었어요.

5 그것이 그 변화의 바탕에 깔려 있다는 것이 놀랍네요.

놀라운 것은 그것이 그 변화의 바탕에 깔려 있다는 것이예요.

6 보너스가 있을 것이라는 것은 루머예요.

루머는 보너스가 있을 것이라는 거예요.

다음 페이지에서 정답을 확인하세요.

Check it out
완성 문장 **확인하기**

완성 문장을 확인하고 여러 번 쓰고 읽어 보세요. MP3 77-01

❶ 그가 공부를 계속한다는 것이 확실해.

That he continues to study is obvious.

더 확장······ 시작······ 확장······ 더 확장······

확실한 것은 그가 공부를 계속한다는 것이야.

The obvious thing is **that he continues to study.**

더 확장······ 시작······ 확장······

❷ 그녀가 사람들 돕는 것을 자원했다는 것은 사실이에요.

That she volunteered to help people is true.

더 확장······ 시작······ 확장······ 더 확장······

사실은 그녀가 사람들 돕는 것을 자원했다는 것이에요.

The truth is **that she volunteered to help people.**

더 확장······ 시작······ 확장······

❸ 그들이 책 읽는 것을 즐긴다는 것은 좋은 소식이에요.

That they enjoy reading books is good news.

더 확장······ 시작······ 확장······ 더 확장······

좋은 소식은 그들이 책 읽는 것을 즐긴다는 것이에요.

The good news is **that they enjoy reading books.**

더 확장······ 시작······ 확장······

Check it out

4 그것이 결정적인 힌트였다는 것은 비밀이었어요.

That it was a crucial hint was a secret.

더 확장······ 시작················· 확장·· 더 확장·································

비밀은 그것이 결정적인 힌트였다는 것이었어요.

The secret was **that it was a crucial hint.**

더 확장·· 시작················· 확장···

5 그것이 그 변화의 바탕에 깔려 있다는 것이 놀랍네요.

That it underlies the change is a surprise.

더 확장······ 시작··································· 확장································· 더 확장·······························

놀라운 것은 그것이 그 변화의 바탕에 깔려 있다는 것이에요.

The surprising thing is **that it underlies the change.**

더 확장·· 시작································· 확장·······························

6 보너스가 있을 것이라는 것은 루머에요.

That there will be a bonus is a rumor.

더 확장······· 시작·· 확장························ 더 확장························

루머는 보너스가 있을 것이라는 거예요.

The rumor is **that there will be a bonus.**

더 확장··· 시작·· 확장···························

명사절 만들기(목적격)

명사절 목적격 목적어로 단어 대신 문장을 사용한다.

Ex. I knew **that the answer was 'A'.** 나는 **그 정답이 A라는 것**을 알고 있었어.

I feel **that my English is getting improved.**

나는 **나의 영어 실력이 나아지고 있는 것**을 느껴.

시작 시간 ______년 ______월 ______일 ______시 ______분

마친 시간 ______년 ______월 ______일 ______시 ______분 총 연습 시간 ________분

ROUND 1 START WRITING

(문장.) 시작하기

'주어 + 동사 + 목적어'로 기본 문장 만들기

오른쪽에 주어진 단어를 참고로 다음 문장을 영어로 써 보세요.

1 그들이 뭔가를 감추었어요. ⋯→ 과거형

( )

2 그가 자리를 하나 예약했어요. ⋯→ 현재완료형

( )

3 그녀가 나를 쳐다보고 있는 중이었어요. ⋯→ 과거진행형

( )

4 Clara가 그 일을 착수할 거예요. ⋯→ 미래형

( )

5 그가 나를 따라오고 있는 중이에요. ⋯→ 현재완료진행형

( )

- *hide*
- *reserve*
- *something*
- *seat*
- *follow*
- *undertake*
- *watch*
- *work*

다음 페이지에서 정답을 확인하세요.

문장 확장하기

EXPAND WRITING

일반동사 *know/ remember/ hear/ guess/ notice* 뒤에 '*that* + 문장'을 목적어로 쓰기

확장된 다음 문장을 영어로 써 보세요.

1 나는 기억해요 + 그들이 뭔가를 감추고 있었다는 것을.

__________________ they hid something.

2 나는 알아요 + 그가 자리를 하나 예약했다는 것을.

__________________ he has reserved a seat.

3 나는 눈치챘어요 + 그녀가 나를 쳐다보고 있는 중이었다는 것을.

__________________ she was watching me.

4 나는 들어요 + Clara가 그 일을 착수할 것이라는 것을.

__________________ Clara will undertake the work.

5 나는 추측해요 + 그가 나를 따라오고 있는 중이었다는 것을.

__________________ he has been following me.

〈완성 문장 확인하기〉에서 정답을 확인하세요.

문장 통으로. 쓰기

WRITE IT OUT

이번에는 전체 문장을 통으로 써 보세요.

1 나는 그들이 뭔가를 감추고 있었다는 것을 기억해요.

2 나는 그가 자리를 하나 예약했다는 것을 알아요.

3 나는 그녀가 나를 쳐다보고 있는 중이었다는 것을 눈치챘어요.

4 나는 Clara가 그 일을 착수할 것이라는 것을 들어요.

5 나는 그가 나를 따라오고 있는 중이었다는 것을 추측해요.

다음 페이지에서 정답을 확인하세요.

Check it out
완성 문장 **확인하기**

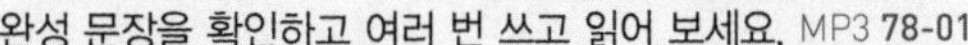

완성 문장을 확인하고 여러 번 쓰고 읽어 보세요. MP3 **78-01**

1 나는 그들이 뭔가를 감추고 있었다는 것을 기억해요.

I remember **that they hid something.**

확장··························· 시작···························

2 나는 그가 자리를 하나 예약했다는 것을 알아요.

I know **that he has reserved a seat.**

확장··························· 시작···························

3 나는 그녀가 나를 쳐다보고 있는 중이었다는 것을 눈치챘어요.

I noticed **that she was watching me.**

확장··························· 시작···························

4 나는 Clara가 그 일을 착수할 것이라는 것을 들어요.

I hear **that Clara will undertake the work.**

확장··························· 시작···························

5 나는 그가 나를 따라오고 있는 중이었다는 것을 추측해요.

I guess **that he has been following me.**

확장··························· 시작···························

INTERPRET WRITING

(문장.) 해석하기

변형된 다음 문장을 해석해 보세요.

*that*을 의문사(*when/ where/ how/ why/ which/ who/ whom/ what*)로 바꾸기

1 I remember why they hid something.

( )

I remember where they hid something.

( )

I remember how they hid something.

( )

I remember what they hid.

( )

2 I know why he has reserved a seat.

( )

I know when he has reserved a seat.

( )

I know which he has reserved.

( )

3 I noticed why she was watching me.

(   )

I noticed how she was watching me.

(   )

I noticed whom she was watching.

(   )

4 I hear why Clara will undertake the work.

(   )

I hear when Clara will undertake the work.

(   )

I hear how Clara will undertake the work.

(   )

I hear what Clara will undertake.

(   )

다음 페이지에서 정답을 확인하세요.

문장 통으로. 쓰기

WRITE IT OUT

이번에는 전체 문장을 통으로 써 보세요.

1 나는 왜 그들이 무언가를 감추었는지 기억해요.

나는 어디에 그들이 무언가를 감추었는지 기억해요.

나는 어떻게 그들이 무언가를 감추었는지 기억해요.

나는 그들이 무엇을 감추었는지 기억해요.

2 나는 왜 그가 자리를 하나 예약했는지 알아요.

나는 언제 그가 자리를 하나 예약했는지 알아요.

나는 그가 어느 것을 예약했는지 알아요.

3 나는 그녀가 왜 나를 쳐다보고 있었는지 눈치챘어요.

나는 그녀가 어떻게 나를 쳐다보고 있었는지 눈치챘어요.

나는 그녀가 누구를 쳐다보고 있었는지 눈치챘어요.

4 나는 왜 Clara가 그 일을 착수할 것인지를 들어요.

나는 언제 Clara가 그 일을 착수할 것인지를 들어요.

나는 어떻게 Clara가 그 일을 착수할 것인지를 들어요.

나는 Clara가 무엇을 착수할 것인지를 들어요.

앞의 〈문장 해석하기〉에서 정답을 확인하세요.

AFTER WRITING 이것도 알고 가기

1. 다음의 동사들은 명사절(that + 주어 + 동사…)을 목적어로 빈번하게 쓰는 동사들입니다. 생활 속에서 자주 접하는 구조이므로 연습해 두어야 잘 쓸 수 있어요.

   believe that ~, claim that ~, expect that ~, discover that ~, point out that ~, promise that ~, prove that ~, think that ~, guess that ~, imagine that ~, assume that ~, know that ~, find that ~, find out that ~, perceive that ~, understand that ~, remember that ~, notice that ~, see that ~, show that ~, hear that ~, overhear that ~, learn that ~, explain that ~

2 다음의 동사들과 표현들은 강조의 의미를 가지고 있습니다. 그 강조성을 눈에 띄게 하기 위해서 동사를 한 가지의 형태로만 사용하는데 그것이 원형의 형태입니다. 아래의 경우는 that 뒤에 '주어 + 동사'를 쓸 때 반드시 동사원형으로 써야 한다는 점을 기억해 두세요.

   demand (that), insist (that), recommend (that), prefer (that), propose (that), important (that), suggest (that), request (that), require (that), ask (that), advise (that), propose (that), It is important (that), It is necessary (that), It is essential (that), It is vital (that), It is impressive (that)

   Ex. He demands (that) she **come** on time. 그는 그녀에게 정시에 올 것을 요구합니다.
   He demands that she **be** on time. 그는 그녀에게 정시에 와 있을 것을 요구합니다.

'if ~ or not', 'whether ~ or not', 'whether or not' 목적어로 쓰기

if ~ or not 인지 아닌지

Ex. **if** you like it **or not** 네가 그것을 좋아**하는지 아닌지**

whether ~ or no ~인지 아닌지

Ex. **whether** you like it **or not** 네가 그것을 좋아**하는지 아닌지**

whether or not ~인지 아닌지

Ex. **whether or not** you like it 네가 그것을 좋아**하는지 아닌지**

시작 시간 ______년 ______월 ______일 ______시 ______분

마친 시간 ______년 ______월 ______일 ______시 ______분 총 연습 시간 ________분

ROUND

1 START WRITING

(문장.) 시작하기 ①

보기를 참고하여 다음 문장을 영어로 써 보세요.

'If ~ or not'이 들어간 문장 쓰기

example 그들이 그것을 말했는지 아닌지 ··· 과거형

→ If they told it or not

1 그가 나를 기다리고 있는 중인지 아닌지 ··· 현재진행형

( ) he is waiting for me ( )

2 Karen이 그것을 인정할지 안 할지 ··· 미래형

( ) Karen will admit it ( )

3 그들이 프로젝트 일정을 바꿨는지 아닌지 ··· 현재완료형

( ) they have rescheduled the project ( )

4 그녀가 그녀의 직업을 유지하고 있는 중인지 아닌지 ··· 현재완료진행형

( ) she has been maintaining her job ( )

5 그 증가세가 멈출지 아닐지 ··· 미래형

( ) the increase will stop ( )

〈문장 확장하기〉에서 정답을 확인하세요.

START WRITING

(문장.) 시작하기 ②

보기를 참고하여 다음 문장을 영어로 써 보세요.

*If*를 *whether*로 바꾸어도 해석에는 아무런 지장이 없습니다.

example 그들이 그것을 말했는지 아닌지 ··· 과거형

→ **whether** they told it **or not**

1 그가 나를 기다리고 있는 중인지 아닌지 ··· 현재진행형

( ) he is waiting for me ( )

2 Karen이 그것을 인정할지 안 할지 ··· 미래형

( ) Karen will admit it ( )

3 그들이 프로젝트 일정을 바꿨는지 아닌지 ··· 현재완료형

( ) they have rescheduled the project ( )

4 그녀가 그녀의 직업을 유지하고 있는 중인지 아닌지 ··· 현재완료진행형

( ) she has been maintaining her job ( )

5 그 증가세가 멈출지 아닐지 ··· 미래형

( ) the increase will stop ( )

〈문장 확장하기〉에서 정답을 확인하세요.

START WRITING

(문장.) 시작하기 ③

whether와 or not을 붙여 쓰기

보기를 참고하여 다음 문장을 영어로 써 보세요.

example 그들이 그것을 말했는지 아닌지 ··· 과거형

→ **whether or not** they told it

1 그가 나를 기다리고 있는 중인지 아닌지 ··· 현재진행형

(   ) he is waiting for me

2 Karen이 그것을 인정할지 안 할지 ··· 미래형

(   ) Karen will admit it

3 그들이 프로젝트 일정을 바꿨는지 아닌지 ··· 현재완료형

(   ) they have rescheduled the project

4 그녀가 그녀의 직업을 유지하고 있는 중인지 아닌지 ··· 현재완료진행형

(   ) she has been maintaining her job

5 그 증가세가 멈출지 아닐지 ··· 미래형

(   ) the increase will stop

〈문장 확장하기〉에서 정답을 확인하세요.

문장 확장하기

동사 wonder 뒤에 *if ~ or not, whether ~ or not* 그리고 *whether or not*을 목적어로 추가하기

확장된 다음 문장을 영어로 써 보세요.

1 사람들은 궁금해해요 + 그들이 그것을 말했는지 아닌지.

- ▸ ____________________ if they told it or not.
- ▸ ____________________ whether they told it or not.
- ▸ ____________________ whether or not they told it.

2 나는 궁금해요 + 그가 나를 기다리고 있는 중인지 아닌지.

- ▸ ____________________ if he is waiting for me or not.
- ▸ ____________________ whether he is waiting for me or not.
- ▸ ____________________ whether or not he is waiting for me.

3 그들은 궁금해해요 + Karen이 그것을 인정할지 안 할지.

- ▸ ____________________ if Karen will admit it or not.
- ▸ ____________________ whether Karen will admit it or not.
- ▸ ____________________ whether or not Karen will admit it.

4 그녀는 궁금해해요 + 그들이 일정을 바꿨는지 아닌지.

- ▸ ________________ if they have rescheduled the project or not.
- ▸ ________________ whether they have rescheduled the project or not.
- ▸ ________________ whether or not they have rescheduled the project.

5 나는 궁금해요 + 그녀가 자기 직업을 유지하고 있는 중인지 아닌지.

- ▸ ________________ if she has been maintaining her job or not.
- ▸ ________________ whether she has been maintaining her job or not.
- ▸ ________________ whether or not she has been maintaining her job.

6 당신은 궁금해해요 + 그 증가세가 멈출지 아닐지.

- ▸ ________________ if the increase will stop or not.
- ▸ ________________ whether the increase will stop or not.
- ▸ ________________ whether or not the increase will stop.

〈완성 문장 확인하기〉에서 정답을 확인하세요.

문장 통으로. 쓰기

WRITE IT OUT

이번에는 전체 문장을 통으로 써 보세요.

1 사람들은 그들이 그것을 말했는지 아닌지 궁금해해요.

2 나는 그가 나를 기다리고 있는 중인지 아닌지 궁금해요.

3 그들은 Karen이 그것을 인정할지 안 할지 궁금해해요.

4 그녀는 그들이 일정을 바꿨는지 아닌지 궁금해해요.

5 나는 그녀가 자기 직업을 유지하고 있는 중인지 아닌지 궁금해요.

6 당신은 그 증가세가 멈출지 아닐지 궁금해해요.

다음 페이지에서 정답을 확인하세요.

Check it out
완성 문장 **확인하기**

완성 문장을 확인하고 여러 번 쓰고 읽어 보세요. MP3 **79-01**

1 사람들은 그들이 그것을 말했는지 아닌지 궁금해해요.

People **wonder if** they told it **or not.**

확장………………………… 시작…………………………

People **wonder whether** they told it **or not.**

확장………………………… 시작…………………………

People **wonder whether or not** they told it.

확장………………………… 시작…………………………

2 나는 그가 나를 기다리고 있는 중인지 아닌지 궁금해요.

I **wonder if** he is waiting for me **or not.**

확장………………………… 시작…………………………

I **wonder whether** he is waiting for me **or not.**

확장………………………… 시작…………………………

I **wonder whether or not** he is waiting for me.

확장………………………… 시작…………………………

3 그들은 Karen이 그것을 인정할지 안 할지 궁금해해요.

They **wonder if** Karen will admit it **or not.**

확장………………………… 시작…………………………

They **wonder whether** Karen will admit it **or not.**

확장………………………… 시작…………………………

They **wonder whether or not** Karen will admit it.

확장………………………… 시작…………………………

4 그녀는 그들이 일정을 바꿨는지 아닌지 궁금해해요.

She **wonders if** they have rescheduled the project **or not.**
확장 ······ 시작 ······

She **wonders whether** they have rescheduled the project **or not.**
확장 ······ 시작 ······

She **wonders whether or not** they have rescheduled the project.
확장 ······ 시작 ······

5 나는 그녀가 자기 직업을 유지하고 있는 중인지 아닌지 궁금해요.

I **wonder if** she has been maintaining her job **or not.**
확장 ······ 시작 ······

I **wonder whether** she has been maintaining her job **or not.**
확장 ······ 시작 ······

I **wonder whether or not** she has been maintaining her job.
확장 ······ 시작 ······

6 당신은 그 증가세가 멈출지 아닐지 궁금해해요.

You **wonder if** the increase will stop **or not.**
확장 ······ 시작 ······

You **wonder whether** the increase will stop **or not.**
확장 ······ 시작 ······

You **wonder whether or not** the increase will stop.
확장 ······ 시작 ······

INTERPRET WRITING

(문장.) 해석하기

변형된 다음 문장을 해석해 보세요.

'if ~ or not', 'whether ~ or not', 'whether or not' → 의문사 *(when, where, how, why, which, who, whom, what)*로 바꾸기

1 People wonder why they told it.

( )

2 People wonder when they told it.

( )

3 I wonder who he is waiting for.

( )

4 They wonder how Karen will admit it.

( )

5 She wonders what they have rescheduled.

( )

6 I wonder how she has been maintaining her job.

( )

7 You wonder when the increase will stop.

( )

다음 페이지에서 정답을 확인하세요.

(문장 통으로.) 쓰기 WRITE IT OUT

이번에는 전체 문장을 통으로 써 보세요.

1 사람들은 왜 그것을 말했는지 궁금해요.

2 사람들은 그들이 언제 말했는지 궁금해해요.

3 나는 그가 누구를 기다리고 있는지 궁금해요.

4 그들은 어떻게 Karen이 그것을 인정할지 궁금해해요.

5 그녀는 그들이 무슨 일정을 바꿨는지 궁금해해요.

6 나는 그녀가 어떻게 직업을 유지하고 있는 중인지 궁금해요.

7 당신은 그 증가세가 언제 멈출지 궁금해해요.

앞의 〈문장 해석하기〉에서 정답을 확인하세요.

DAY 77~79 총정리

"This is a chart ~. Explain ~" –type

총정리 순서

STEP 1 베이직 에세이 읽고 암기해서 말하기

STEP 2 확장된 에세이 듣고 읽고 암기해서 말하기

STEP 3 에세이 구조 분석하고 체득하기

STEP 4 다른 주제로 셀프 에세이 써 보기

STEP 4에서 에세이를 쓰는 순서(Introduction ➔ Body 1 ➔ Body 2 ➔ Conclusion)에 따라 써야 할 내용이 제시되어 있다 해도 다른 주제로 직접 에세이를 써 보는 것이 버겁다면, STEP 1~3까지 충분히 반복 훈련한 뒤에 도전해 보세요. 처음엔 힘들지만 여러 번 듣고, 읽고, 입으로 외우면서 에세이의 구조가 몸에 익으면 에세이에 대한 자신감이 붙은 자신을 발견할 거예요.

SCHEDULE

ESSAY Writing은 형식에 완전히 익숙해지기 전까지는 꽤 어려운 분야의 글쓰기이므로 하루 만에 다 소화하기 어려울 수도 있으니, 다 끝내지 못한 부분은 assignment로 하거나 시간이 날 때마다 짬짬이 다시 도전해 보세요! 아래 훈련기록란도 넉넉히 마련해 두었습니다.

1차 훈련기록

시작 시간 ______년 ______월 ______일 ______시 ______분

마친 시간 ______년 ______월 ______일 ______시 ______분

총 연습 시간 ________분

2차 훈련기록

시작 시간 ______년 ______월 ______일 ______시 ______분

마친 시간 ______년 ______월 ______일 ______시 ______분

총 연습 시간 ________분

3차 훈련기록

시작 시간 ______년 ______월 ______일 ______시 ______분

마친 시간 ______년 ______월 ______일 ______시 ______분

총 연습 시간 ________분

Basic Essay STEP 1

Day 77~79까지의 핵심 문법이 포함된 샘플 에세이를 반복 Reading
→ 암기해서 Speaking할 수 있을 때까지 훈련합니다.

다음 에세이를 읽고 에세이 라이팅에 도전해 보세요.

다음은 지난 7년간 자전거와 자동차 판매량을 비교한 도표이다. 어떤 변화가 보이는지, 그리고 이 변화 뒤에 깔린 이유를 설명해보시오.

자전거와 자동차는 가장 흔한 탈 것이다. 하지만 여러분은 자전거가 자동차보다 더 많이 팔렸다는 것을 알 수 있다. 두 가지 이유가 있다. 사람들은 운동과 야외 활동을 하기 위해 자전거를 탄다.

첫째, 자전거를 타는 것은 살 빼기에 아주 좋은 방법이다. 오래 달리기는 어렵지만, 자전거를 탄다면 쉬워진다. 그렇기에, 사람들은 자전거를 효과적인 운동 기구로 여기는 것이다.

다음으로, 야외활동이 자전거 판매의 바탕에 깔려 있다. 사람들은 공원에 가는 것을 좋아한다. 그들은 자전거를 가져간다. 자동차가 가지 못하는 곳은 많다. 이런 이유로, 사람들은 자전거를 사고 싶어 한다.

결론적으로 말하자면 자전거와 자동차의 판매가 증가해왔다는 것은 분명하다. 여러분은 그 증가세가 멈출지 아닐지 궁금할 수도 있다. 하지만 우린 판매량이 계속 증가할 것이라 예상하고 있다. 자전거의 판매량은 자동차 판매량을 앞지를 것이다.

Complete
the ESSAY

에세이를 영어로 옮길 때 빈칸에 들어갈 알맞은 말을 써 보세요.

WORD COUNT
178

Topic

This is a chart comparing the sales of the bicycles and cars for the last 7 years. Explain the changes and the causes behind this change.

Bicycles and cars are the most common ride. However, ______________________ bicycles have been sold more. There are two reasons. People ride bicycles to exercise and ________________________.

At first, riding a bicycle is a great way ______________. It is difficult to run for a long time, but if you ride a bicycle, it becomes easy. Thus, people consider a bicycle an effective ______________.

Next, the outdoor activities underlie the sales. People like to go to the park. They bring bicycles. There are many places where ______________. For this reason, people want to buy bicycles.

In conclusion, ___________ the sales of bicycles and cars have increased ___________. You may ___________ the increase will stop ___________. However, we are expecting ________________________________. The sales volume of the bicycles will outstrip that of the cars.

다음 페이지에서 정답을 확인하세요.

Expand Writing STEP 2

확장된 구조의 에세이를 반복 Listening → Reading → 암기해서 Speaking할 수 있을 때까지 훈련합니다.

에세이 확장 익히기

다음 에세이를 여러 번 들어 보고 읽어 보세요.

Topic

This is a chart comparing the sales of the bicycles and cars for the last 7 years. Explain the changes you see and the causes behind this change.

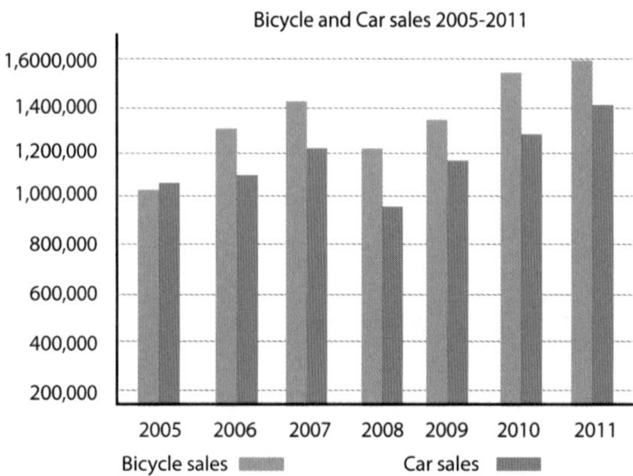

Bicycles and cars are the most common ride. We use them to commute and to enjoy our hobbies. However, **you can see that** bicycles have always been sold more than cars except 2005. There are two reasons for this trend. People ride bicycles to exercise and they like **to do outdoor activities** in their free time with bicycles.

At first, riding a bicycle is a great way **to lose weight**. In contrast, the more time you sit in a car, the more you will gain weight. It seems that people ride bicycles to maintain their physical strength. **For example,** there are not many people who can go jogging for one or two hours without a rest. In other words, it is difficult to run for a long time, but if you ride a bicycle, it becomes easy. Thus, people consider a bicycle not just a vehicle but an effective **exercising machine**.

Next, the outdoor activities underlie the sales of the bicycles. People like to go to the park in the weekend. They bring bicycles with them. Some people go bike camping when they have a vacation. Sometimes they have a long trip by just riding a bicycle on a dirt road, for example. There are many places where **cars cannot reach**, but bicycles can. For this reason, even people who have a car want to buy bicycles.

In conclusion, that the sales of bicycles and cars have steadily increased **is obvious**. You may **wonder if** the increase will stop **or not**. However, we are expecting that **the sales will continue to increase** for a while. We have found that people put more value on the bicycle in exercising and doing outdoor activities. With this in mind, the sales volume of the bicycles will outstrip that of the cars this year.

- **sales** 판매고, 판매량 • **ride** 탈것 • **commute** 통근하다, 출퇴근하다
- **outdoor activity** 야외활동 • **maintain** 유지하다 • **physical strength** 체력
- **effective** 효과적인 • **underlie** ~의 근거(바탕)가 되다 • **dirt road** 진흙탕 길
- **vacation** 휴가 • **put value on** ~에 가치를 두다 • **sales volume** 판매고, 판매량
- **outstrip** 앞지르다, 능가하다

다음은 지난 7년간 자전거와 자동차 판매량을 비교한 도표이다. 어떤 변화가 보이는지, 그리고 이 변화의 배경에 있는 이유를 설명해보시오.

자전거와 자동차는 가장 흔한 탈 것이다. 우리는 출퇴근이나 취미를 즐기려고 그것들을 이용한다. 하지만 2005년을 제외하고는 자전거가 자동차보다 항상 더 많이 팔렸다는 것을 알 수 있다. 이런 경향에는 두 가지 이유가 있다. 사람들은 운동을 위해 자전거를 타며 여가 시간에 자전거로 야외 활동을 하기를 좋아한다.

첫째, 자전거를 타는 것은 살 빼기에 아주 좋은 방법이다. 그에 반해서, 자동차에 앉아 있는 시간이 많아질수록 더 살찌게 될 것이다. 사람들은 체력을 유지하기 위해서 자전거를 타는 것 같다. 예를 들어, 쉬지 않고 한두 시간을 조깅할 수 있는 사람은 많지 않다. 다시 말해서, 오래 달리기는 어렵지만, 자전거를 탄다면 한 시간 이상 운동하기는 쉬워진다. 그렇기에, 사람들은 자전거를 단지 이동 수단이 아니라 효과적인 운동 기구로 여기는 것이다.

다음으로, 야외활동이 자전거 판매의 바탕이 된다. 사람들은 주말에 공원에 가는 것을 좋아한다. 그들은 자전거를 가져간다. 어떤 사람들은 휴가가 생기면 자전거 캠핑을 간다. 예를 들어, 때로는 진흙탕 길에서 자전거로만 긴 여행을 가기도 한다. 자동차가 가지 못할 곳이 많지만 자전거로는 갈 수 있다. 이런 이유로, 자동차가 있는 사람들도 자전거를 사고 싶어 한다.

결론적으로 말하자면, 자전거와 자동차 판매가 꾸준히 증가해왔다는 것은 분명하다. 여러분은 그 증가세가 멈출지 궁금해할 수도 있겠지만 우린 판매량이 당분간 계속해서 증가할 것으로 예상하고 있다. 우리는 사람들이 운동과 야외활동을 할 때 자전거를 더 높이 평가한다는 것을 발견했다. 이 점을 염두에 두면, 자전거의 판매량은 올해 자동차 판매량을 앞지를 것이다.

에세이 구조 파악하기

앞에 나온 에세이의 구조를 분석해 보면서 에세이 양식을 체득해 보세요.

Topic **This is a chart comparing the sales of the bicycles and cars for the last 7 years. Explain the changes you see and the causes behind this change.**

introduction

에세이의 시작에 쓸 내용

❶ **주제에 대한 일반적인 생각이나 의견** (*General Statement*)

Bicycles and cars are the most common ride. We use them to commute and to enjoy our hobbies.

❷ **어떻게 쓸지 방향 결정** (*Attitude*)

However, you can see that bicycles have always been sold more than cars except 2005.

❸ **무엇에 대해서 쓸지 내용 결정** (*Thesis Statement*)

There are two reasons for this trend. People ride bicycles to exercise and they like to do outdoor activities in their free time with bicycles.

Body 1

에세이의 중간에 쓸 내용

❶ **첫 번째 결정한 것에 대해서 쓰기** (*Topic Sentence*)

At first, riding a bicycle is a great way to lose weight. In contrast, the more time you sit in a car, the more you will gain weight. It seems that people ride bicycles to maintain their physical strength.

❷ **보기나 예제를 써주기** (*Example*)

For example, there are not many people who can go jogging for one or two hours without a rest. In other words, it is difficult to run for a long time, but if you ride a bicycle, it becomes easy.

❸ 마무리하기 (*Simple Conclusion*)

Thus, people consider a bicycle not just a vehicle but an effective exercising machine.

Body 2

에세이의 중간에 쓸 내용

❶ 두 번째 결정한 것에 대해서 쓰기 (*Topic Sentence*)

Next, the outdoor activities underlie the sales of the bicycles.

❷ 보기나 예제를 써주기 (*Example*)

People like to go to the park in the weekend. They bring bicycles with them. Some people go bike camping when they have a vacation. Sometimes they have a long trip by just riding a bicycle on a dirt road, for example. There are many places where cars cannot reach, but bicycles can.

❸ 마무리하기 (*Simple Conclusion*)

For this reason, even people who have a car want to buy bicycles.

Conclusuion

에세이의 마지막에 쓸 내용

❶ 에세이가 어떤 주제에 대한 것인지 한두 줄로 요약 (*Brief Summary*)

In conclusion, that the sales of bicycles and cars have steadily increased is obvious. You may wonder if the increase will stop or not. However, we are expecting that the sales will continue to increase for a while.

❷ Body 1, Body 2를 다른 말로 정리하기 (*Paraphrasing*)

We have found that people put more value on the bicycle in exercising and doing outdoor activities.

❸ 최종 결론 (*Final Decision*)

With this in mind, the sales volume of the bicycles will outstrip that of the cars this year.

다른 주제로 에세이 연습하기

STEP 2와 STEP 3를 참고하여, 나만의 에세이를 직접 써 보세요.

Topic **This is a chart comparing the use of dietary supplement by age. Explain the changes you see and the causes you can think of behind this change.**

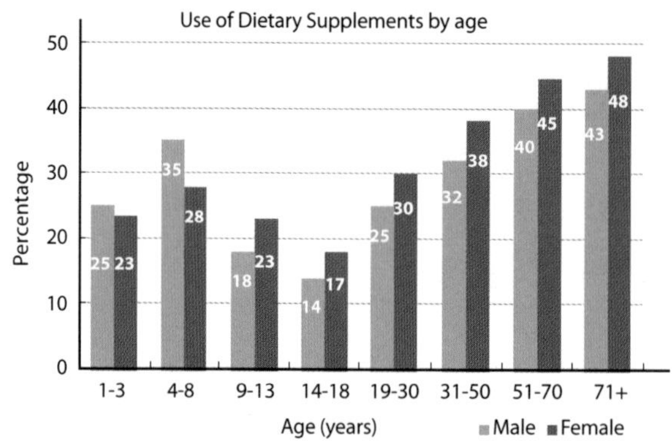

introduction

에세이의 시작에 쓸 내용

❶ **주제에 대한 일반적인 생각이나 의견** (*General Statement*)

❷ **어떻게 쓸지 방향 결정** (*Attitude*)

❸ 무엇에 대해서 쓸지 내용 결정 (*Thesis Statement*)

Body 1

에세이의 중간에 쓸 내용

❶ 첫 번째 결정한 것에 대해서 쓰기 (*Topic Sentence*)

❷ 보기나 예제를 써 주기 (*Example*)

❸ 마무리하기 (*Simple Conclusion*)

Body 2

에세이의 중간에 쓸 내용

1 두 번째 결정한 것에 대해서 쓰기 (*Topic Sentence*)

2 보기나 예제를 써 주기 (*Example*)

3 마무리하기 (*Simple Conclusion*)

Conclusuion

에세이의 마지막에 쓸 내용

❶ **에세이가 어떤 주제에 대한 것인지 한두 줄로 요약** (*Brief Summary*)

❷ **Body 1, Body 2를 다른 말로 정리하기** (*Paraphrasing*)

❸ **최종 결론** (*Final Decision*)

직접화법을 간접화법으로 고치기

직접화법 다른 사람이 한 말을 전달할 때 그 사람이 쓴 단어와 시제를 하나도 바꾸지 않고 그대로 전달하는 방법.

Ex. She said, "**I am** calling John."

그녀는 말했어요, "나는 John에게 전화를 하는 중이야"

간접화법 다른 사람이 한 말을 전달할 때 단어와 시제를 자기(말하는 사람)의 입장으로 바꾸어서 전달하는 방법.

Ex. She said that **she was** calling John.

그녀는 자기가 John에게 전화를 하고 있는 중이라고 말했어요.

시작 시간 ______년 ______월 ______일 ______시 ______분

마친 시간 ______년 ______월 ______일 ______시 ______분

총 연습 시간 __________분

ROUND 1 ● INTERPRET WRITING

(문장.) 해석하기

다음의 문장을 시제를 생각해 가면서 해석해 보세요.

1 **I depend on you.** → 현재

( )

2 **I depended on you.** → 과거

( )

3 **I am depending on you.** → 현재진행

( )

4 **I have depended on you.** → 현재완료

( )

5 **I have been depending on you.** → 현재완료진행

( )

다음 페이지에서 정답을 확인하세요.

문장 확장하기

EXPAND WRITING

확장된 다음 문장을 해석해 보세요.

'주어 + *said*'가 더해진 직접화법

1 He said, "I depend on you."

2 My girlfriend said, "I depended on you."

3 She said, "I am depending on you."

4 Jackson said, "I have depended on you."

5 Nancy said, "I have been depending on you."

다음 페이지에서 정답을 확인하세요.

문장 통으로 쓰기 WRITE IT OUT

이번에는 전체 문장을 통으로 써 보세요.

1 그는 "나는 너를 의지해."라고 말했어요.

2 나의 여자친구는 "나는 너를 의지했어."라고 말했어요.

3 그녀는 "나는 너를 의지하고 있는 중이야."라고 말했어요.

4 Jackson은 "나는 현재까지 너를 의지했어."라고 말했어요.

5 Nancy는 "나는 현재까지 계속해서 너를 의지하고 있는 중이야."라고 말했어요.

앞 페이지에서 정답을 확인하세요.

문장 응용하기 APPLY IT

직접화법 만들기

다음 두 문장을 직접화법을 사용하여 한 문장으로 써 보세요.

1 그들은 말했어요. ⋯→ 과거 ▸ They said.

우리는 일해요. ⋯→ 현재 ▸ We work.

그들은 "우리는 일해요."라고 말했어요.

---

2 그 매니저가 말했어요. ⋯→ 과거 ▸ The manager said.

우리는 일했어요. ⋯→ 과거 ▸ We worked.

그 매니저는 "우리는 일했어요."라고 말했어요.

---

3 몇몇 사람들은 말했어요. ⋯→ 과거 ▸ Some people said.

우리는 일하고 있는 중이에요. ⋯→ 현재진행 ▸ We are working.

몇몇 사람들은 "우리는 일하고 있는 중이에요."라고 말했어요.

---

4 내 친구들은 말했어요. ⋯ 과거 ▸ My friends said.

우리는 지금까지 일했어. ⋯ 현재완료 ▸ We have worked.

내 친구들은 "우리는 지금까지 일했어." 라고 말했어요.

---

5 Mike와 Harry가 말했어요. ⋯ 과거 ▸ Mike and Harry said.

우리는 계속해서 일하고 있는 중이에요. ⋯ 현재완료진행 ▸ We have been working.

Mike와 Harry는 "우리는 계속해서 일하고 있는 중이에요." 라고 말했어요.

다음 페이지에서 정답을 확인하세요.

Learning Point

직접화법은 다른 사람이 말할 때 썼던 단어를 그대로 똑 같이 써서 전달하는 방법입니다. Speaking에서는 말투와 억양도 원래와 동일하게 전달할 수 있기 때문에 그 당시 분위기를 가능한 사실적으로 느낄 수 있도록 하는데 유리한 화법입니다.

Check it out
완성 문장 확인하기

완성 문장을 확인하고 여러 번 쓰고 읽어 보세요. MP3 **81-01**

❶ 그들은 "우리는 일해요."라고 말했어요.

They said, "We work."

❷ 그 매니저는 "우리는 일했어요."라고 말했어요.

The manager said, "We worked."

❸ 몇몇 사람들은 "우리는 일하고 있는 중이에요."라고 말했어요.

Some people said, "We are working."

❹ 내 친구들은 "우리는 지금까지 일했어." 라고 말했어요.

My friends said, "We have worked."

❺ Mike와 Harry는 "우리는 계속해서 일하고 있는 중이에요."라고 말했어요.

Mike and Harry said, "We have been working."

ROUND

2 START WRITING

(문장.) 시작하기

직접회법 문장을 간접화법으로 바꿔보세요.

직접화법을 간접화법으로 바꾸기

" " 안의 문장을 " " 없는 문장으로 바꾸는 것을 뜻합니다.

❶ that을 직접화법 앞에 써서 that 뒤의 전체 문장을 한 단어화(명사화)시키기

→ He said **that** I depend on you.

❷ 직접화법의 " "안에 있는 주어를 문장 맨 앞의 주어와 통일하기

→ He said that **he** depend on you.

❸ 직접화법의 동사를 한 단계씩 과거로 바꾸기.

→ He said that he **depended** on you.

❹ 전달자 입장으로 대명사(목적어) 바꾸기

→ He said that he depended on **me**.

example 직접화법: He said, "I depend on you."

간접화법: 그는 나를 의지한다고 말했어요.

→ He said ❶ **that** ❷ **he** ❸ **depended** on ❹ **me**.

1 직접화법 **My girlfriend said, "I depended on you."**

간접화법 내 여자친구는 자기가 나를 의지했다고 말했어요.

My girlfriend said ① ( ) ② ( )

③ ( ) on ④ ( ).

2 직접화법 **She said, "I am depending on you."**

간접화법 그녀는 자기가 나를 의지하고 있는 중이라고 말했어요.

She said ① ( ) ② ( )

③ ( ) on ④ ( ).

3 직접화법 **Jackson said, "I have depended on you."**

간접화법 Jackson은 자기가 현재까지 나를 의지했다고 말했어요.

Jackson said ① ( ) ② ( )

③ ( ) on ④ ( ).

4 직접화법 **Nancy said, "I have been depending on you."**

간접화법 Nancy는 자기가 현재까지 계속해서 나를 의지하고 있는 중이라고 말했어요.

Nancy said ① ( ) ② ( )

③ ( ) on ④ ( ).

5 직접화법 **He said, "I will depend on you."**

간접화법 그는 자기가 나를 의지할 것이라고 말했어요.

He said ① ( ) ② ( )

③ ( ) on ④ ( ).

〈완성 문장 확인하기〉에서 정답을 확인하세요.

(문장 통으로.) 쓰기

WRITE IT OUT

이번에는 전체 문장을 통으로 써 보세요.

1 직접화법 **My girlfriend said, "I depended on you."**

간접화법 나의 여자친구는 자기가 나를 의지했다고 말했어요.

2 직접화법 **She said, "I am depending on you."**

간접화법 그녀는 자기가 나를 의지하고 있는 중이라고 말했어요.

3 직접화법 **Jackson said, "I have depended on you."**

간접화법 Jackson은 자기가 현재까지 나를 의지했다고 말했어요.

4 직접화법 **Nancy said, "I have been depending on you."**

간접화법 Nancy는 자기가 현재까지 계속해서 나를 의지하고 있는 중이라고 말했어요.

5 직접화법 **He said, "I will depend on you."**

간접화법 그는 자기가 나를 의지할 것이라고 말했어요.

〈완성 문장 확인하기〉에서 정답을 확인하세요.

Check it out
완성 문장 **확인하기**

완성 문장을 확인하고 여러 번 쓰고 읽어 보세요. MP3 81-02

1 직접화법 **My girlfriend said, "I depended on you."**

간접화법 나의 여자친구는 자기가 나를 의지했다고 말했어요.

My girlfriend said that she had depended on me.

2 직접화법 **She said, "I am depending on you."**

간접화법 그녀는 자기가 나를 의지하고 있는 중이라고 말했어요.

She said that she was depending on me.

3 직접화법 **Jackson said, "I have depended on you."**

간접화법 Jackson은 자기가 현재까지 나를 의지했다고 말했어요.

Jackson said that he had depended on me.

4 직접화법 **Nancy said, "I have been depending on you."**

간접화법 Nancy는 자기가 계속해서 나를 의지하고 있는 중이라고 말했어요.

Nancy said that she had been depending on me.

5 직접화법 **He said, "I will depend on you."**

간접화법 그는 자기가 나를 의지할 것이라고 말했어요.

He said that he would depend on me.

문장 응용하기 APPLY IT

주어진 해석을 참고하여, 직접화법 문장을 간접화법으로 바꿔 보세요.

1 They said, "We work."

그들은 자신들이 일한다고 말했어요.

---

2 The manager said, "We worked."

그 매니저는 그들이 일했다고 말했어요.

---

3 Some people said, "We are working."

몇몇 사람들은 자신들이 일하고 있는 중이라고 말했어요.

---

4 My friends said, "We have worked."

내 친구들은 자신들이 그때까지 일했다고 말했어요.

---

5 Mike and Harry said, "We have been working."

Mike와 Harry는 자신들이 계속해서 일하고 있는 중이었다고 말했어요.

〈완성 문장 확인하기〉에서 정답을 확인하세요.

Check it out
완성 문장 확인하기

완성 문장을 확인하고 여러 번 쓰고 읽어 보세요. MP3 81-03

❶ **They said, "We work."**

그들은 자신들이 일한다고 말했어요.

▸ They said **that they worked.**

❷ **The manager said, "We worked."**

그 매니저는 그들이 일했다고 말했어요.

▸ The manager said **that they had worked.**

❸ **Some people said, "We are working."**

몇몇 사람들은 자신들이 일하고 있는 중이라고 말했어요.

▸ Some people said **that they were working.**

❹ **My friends said, "We have worked."**

내 친구들은 자신들이 그때까지 일했다고 말했어요.

▸ My friends said **that they had worked.**

❺ **Mike and Harry said, "We have been working."**

Mike와 Harry는 자신들이 계속해서 일하고 있는 중이었다고 말했어요.

▸ Mike and Harry said **that they had been working.**

SENTENCE WRITING

DAY 82

조동사가 쓰인 직접화법을 간접화법으로 고치기

• will이 들어간 문장을 간접화법으로 바꾸기

will을 would로 바꾼다.

• can이 들어간 문장을 간접화법으로 바꾸기

can을 could로 바꾼다.

• must가 들어간 문장을 간접화법으로 바꾸기

would have to로 바꾸거나 had to로 바꾼다.

시작 시간 ______년 ______월 ______일 ______시 ______분

마친 시간 ______년 ______월 ______일 ______시 ______분 총 연습 시간 ________분

ROUND

1 START WRITING

(문장.) 시작하기

조동사 *will / can / must*가 들어간 직접화법 만들기

오른쪽에 주어진 단어를 참고로 다음 문장을 영어로 써 보세요.

- *will*
- *can*
- *must*
- *said*
- *go*

1 그녀는 말했어요.

( )

내가 갈게요.

( )

그녀는 "내가 갈게요."라고 말했어요.

( )

2 그 남자는 말했어요.

( )

나는 갈 수 있어요.

( )

그 남자는 "나는 갈 수 있어요."라고 말했어요.

( )

3 Amy는 말했어요.

( )

나는 자야 해요.

( )

Amy는 "나는 자야 해요."라고 말했어요.

( )

4 Jacob은 말했어요.

( )

나는 사야 해요.

( )

Jacob은 "나는 사야 해요."라고 말했어요.

( )

- *will*
- *can*
- *must*
- *buy*
- *sleep*
- *said*

다음 페이지에서 정답을 확인하세요.

문장 확장하기 ⋯⋯▸ EXPAND WRITING

직접화법을 간접화법으로 바꾸기

확징된 다음 문징을 영어로 써 보세요.

❶ that을 문장 앞에 써서 문장을 한 단어화시키기
❷ 직접화법의 " "안에 있는 주어를 문장 맨 앞의 주어와 통일하기
❸ 조동사를 한 단계씩 과거로 바꾸기(can → could, will → would,
must → 강제성이 있을 때는 would have to/ 강제성이 없을 때는 had to)

1 She said, "I will go." ⋯▸ 직접화법

그녀는 자기가 갈 것이라고 말했어요. ⋯▸ 간접화법

She said ① ________ ② ________ ③ ________________ go.

2 The man said, "I can do." ⋯▸ 직접화법

그 남자는 자기가 갈 수 있다고 말했어요. ⋯▸ 간접화법

The man said ① ________ ② ________ ③ ________________ do.

3 Amy said, "I must sleep." ⋯▸ 직접화법

Amy는 자기가 잠을 자야 한다고 말했어요. ⋯▸ 간접화법(강제성이 없는 의무)

Amy said ① ________ ② ________ ③ ________________ sleep.

4 Jacob said, "I must buy." ⋯▸ 직접화법

Jacob은 자기가 사야만 한다고 말했어요. ⋯▸ 간접화법(강제성이 있을 때)

Jacob said ① ________ ② ________ ③ ________________ buy.

〈문장 더 확장하기〉에서 정답을 확인하세요.

문장 통으로. 쓰기

WRITE IT OUT

이번에는 전체 문장을 간접 문장으로 바꾸어 통으로 써 보세요.

1 She said "I will go."

그녀는 자기가 갈 것이라고 말했어요.

2 The man said, "I can do."

그 남자는 자기가 갈 수 있다고 말했어요.

3 Amy said, "I must sleep."

Amy는 자기가 잠을 자야 한다고 말했어요.

4 Jacob said, "I must buy."

Jacob은 자기가 사야만 한다고 말했어요.

다음 페이지에서 정답을 확인하세요.

문장 더 확장하기 EXPAND WRITING+

전치사구, 부사절, 접속사절 추가하기
→ 전달자가 말하는 시점이 과거이면 따옴표 안의 시제를 한 단계씩 과거로 바꾸기, *this* → *that*

더 확장된 다음 문장을 영어로 써 보세요.

1 She said, "I will go **before I am late for the class.**"

She said that she would go ______________________.

2 The man said, "I can do **without my friend's help.**"

The man said that he could do ______________________.

3 Amy said, "I must sleep **because I need to wake up early.**"

Amy said that she would have to sleep ______________________

______________________.

4 Jacob said, "I must buy **this, so I can show you.**"

Jacob said that he had to buy ______________________.

〈완성 문장 확장하기〉에서 정답을 확인하세요.

(문장 통으로.) 쓰기

WRITE IT OUT

이번에는 전체 문장을 통으로 써 보세요.

1 She said, "I will go **before I am late for the class.**"

그녀는 수업에 늦기 전에 가겠다고 말했어요.

2 The man said, "I can do **without my friend's help**."

그 남자는 자기 친구 도움 없이도 할 수 있다고 말했어요.

3 Amy said, "I must sleep **because I need to wake up early**."

Amy는 일찍 일어나야 하기 때문에 자야 한다고 말했어요.

4 Jacob said, "I must buy **this, so I can show you**."

Jacob은 나한테 보여줄 수 있게 그걸 사야 한다고 말했어요.

다음 페이지에서 정답을 확인하세요.

Check it out
완성 문장 **확인하기**

완성 문장을 확인하고 여러 번 쓰고 읽어 보세요. MP3 82-01

❶ She said, "**I will** go before **I am** late for the class."

그녀는 수업에 늦기 전에 가겠다고 말했어요.

▸ She said **that she would** go before **she was** late for the class.

❷ The man said, "**I can** do without **my** friend's help."

그 남자는 자기 친구 도움 없이도 할 수 있다고 말했어요.

▸ The man said **that he could** do without **his** friend's help.

❸ Amy said, "**I must** sleep because **I need to** wake up early."

Amy는 일찍 일어나야 하기 때문에 자야 한다고 말했어요.

▸ Amy said **that she would have to** sleep because **she needed to** wake up early.

❹ Jacob said, "**I must** buy **this**, so **I can** show **you.**"

Jacob은 나한테 보여줄 수 있게 그걸 사야 한다고 말했어요.

▸ Jacob said **that he had to** buy **that**, so **he could** show **me.**

AFTER WRITIN 이것도 알고 가기

직접화법을 간접화법으로 바꿀 때 조동사의 시제가 변하지 않는 것도 있습니다. might, used to, had better, should, ought to, could일 때는 조동사에 아무런 변화를 주지 않고 그대로 쓸 수 있습니다.

example

- 직접화법 He said, "I **had better** go **now**."
  간접화법 He said that he **had better** go **then**.

- 직접화법 He said, "I **ought to** go **now**."
  간접화법 He said that he **ought to** go **then**.

- 직접화법 He said, "it **might be** all right."
  간접화법 He said that it **might be** all right.

- 직접화법 He said, "I **used to** work **here**."
  간접화법 He said that he **used to** work **there**.

- 직접화법 He said, "I **should** see **this**."
  간접화법 He said that he **should** see **that**.

의문사 + to부정사

• 의문사 + to부정사

Ex. what to do 무엇을 할지

how to go 어떻게 갈지

which to see 어느 것을 볼지

• 동사의 목적어로 쓰이는 '의문사 + to부정사'

Ex. I know **what to do.** 나는 **무엇을 할지** 알아요.

• be동사의 보어는 쓰이는 '의문사 + to부정사'

Ex. This is **what to do.** 이것이 **해야 할 일**이야.

시작 시간 ______년 ______월 ______일 ______시 ______분

마친 시간 ______년 ______월 ______일 ______시 ______분 총 연습 시간 ________분

어구 시작하기

여러 가지 시제를 영어로 써 보세요.

*to*부정사 명사화시키기 ➡ 의문사 + *to* + 동사원형

자세히 살펴보다 ▸ 자세히 살펴보는 것 ▸ **무엇을 자세히 살펴볼지**

monitor ▸ ▸

만나다 ▸ 만나는 것 ▸ **누구를 만날지**

meet ▸ ▸

사다 ▸ 사는 것 ▸ **어느 것을 살지**

buy ▸ ▸

가다 ▸ 가는 것 ▸ **어디로 가는지**

go ▸ ▸

사용하다 ▸ 사용하는 것 ▸ **어떻게 사용하는지**

use ▸ ▸

시작하다 ▸ 시작하는 것 ▸ **언제 시작하는지**

start ▸ ▸

다음 페이지에서 정답을 확인하세요.

Check it out
완성 어구 확인하기

완성 어구를 확인하고 여러 번 쓰고 읽어 보세요. MP3 **83-01**

자세히 살펴보다 ▸ 자세히 살펴보는 것 ▸ 무엇을 자세히 살펴볼지

monitor ▸ to monitor ▸ what to monitor

만나다 ▸ 만나는 것 ▸ 누구를 만날지

meet ▸ to meet ▸ who(m) to meet

사다 ▸ 사는 것 ▸ 어느 것을 살지

buy ▸ to buy ▸ which one to buy

가다 ▸ 가는 것 ▸ 어디로 가는지

go ▸ to go ▸ where to go

사용하다 ▸ 사용하는 것 ▸ 어떻게 사용하는지

use ▸ to use ▸ how to use

시작하다 ▸ 시작하는 것 ▸ 언제 시작하는지

start ▸ to start ▸ when to start

ROUND

2 • START WRITING

(문장.) 시작하기 ①

'주어 + *be*동사'로 기본 문장 쓰기

오른쪽에 주어진 단어를 참고로 다음 문장을 영어로 써 보세요.

- *trouble*
- *problem*
- *question*
- *dilemma*
- *point*
- *difficulty*

1 (그) 요점은 ~이다.

(   ) ~.

2 (그) 의문점은 ~이다.

(   ) ~.

3 (그) 어려움은 ~이다.

(   ) ~.

4 (그) 문제가 ~이다.

(   ) ~.

5 (그) 곤란한 점은 ~이다.

(   ) ~.

6 (그) 딜레마는 ~이다.

(   ) ~.

다음 페이지에서 정답을 확인하세요.

문장 확장하기

EXPAND WRITING

*be*동사의 보어로 '의문사 + *to*부정사' 추가하기

확장된 다음 문장을 영어로 써 보세요.

• *who(m)*
• *when*
• *what*
• *where*
• *how*
• *which one*

1 (그) 요점은 무엇을 자세히 살펴보는가예요.

The point is ______________________________.

2 (그) 의문점은 누구를 만나야 하는가예요.

The question is ______________________________.

3 (그) 어려운 점은 어느 것을 사야 하는가예요.

The difficulty is ______________________________.

4 (그) 문제는 어디로 가야 하는가예요.

The problem is ______________________________.

5 (그) 곤란한 점은 어떻게 사용해야 하는가예요.

The trouble is ______________________________.

6 (그) 딜레마는 언제 시작해야 하는가예요.

The dilemma is ______________________________.

〈완성 문장 확인하기〉에서 정답을 확인하세요.

문장 통으로. 쓰기

WRITE IT OUT

이번에는 전체 문장을 통으로 써 보세요.

1 (그) 요점은 무엇을 자세히 살펴보는가예요.

2 (그) 의문점은 누구를 만나야 하는가예요.

3 (그) 어려운 점은 어느 것을 사야 하는가예요.

4 (그) 문제는 어디로 가야 하는가예요.

5 (그) 곤란한 점은 어떻게 사용해야 하는가예요.

6 (그) 딜레마는 언제 시작해야 하는가예요.

다음 페이지에서 정답을 확인하세요.

Check it out
완성 문장 확인하기

완성 문장을 확인하고 여러 번 쓰고 읽어 보세요. MP3 **83-02**

1 (그) 요점은 무엇을 자세히 살펴보는가예요.

The point is what to monitor.

시작································· 확장·······································

2 (그) 의문점은 누구를 만나야 하는가예요.

The question is who(m) to meet.

시작··· 확장·······································

3 (그) 어려운 점은 어느 것을 사야 하는가예요.

The difficulty is which one to buy.

시작··· 확장···

4 (그) 문제는 어디로 가야 하는가예요.

The problem is where to go.

시작··· 확장·······························

5 (그) 곤란한 점은 어떻게 사용해야 하는가예요.

The trouble is how to use.

시작····································· 확장·····························

6 (그) 딜레마는 언제 시작해야 하는가예요.

The dilemma is when to start.

시작··· 확장·······································

START WRITING

(문장.) 시작하기 ②

'주어 + 동사'로 기본 문장 쓰기

오른쪽에 주어진 단어를 참고로 다음 문장을 영어로 써 보세요.

- *show*
- *understand*
- *hear*
- *know*
- *point*
- *remember*

1 나는 알아요.

( )

2 나는 기억해요.

( )

3 그녀가 보여줘요.

( )

4 그녀가 가리켰어요.

( )

5 그는 이해했어요.

( )

6 우리는 들었어요.

( )

다음 페이지에서 정답을 확인하세요.

문장 확장하기

EXPAND WRITING

동사의 목적어로 '의문사 + *to*부정사' 추가하기

확장된 다음 문장을 영어로 써 보세요.

1 나는 무엇을 자세히 살펴볼지 알아요.

I know ______________________________.

2 나는 누구를 만날지 기억해요.

I remember ______________________________.

3 그녀는 어느 것을 살지 보여줘요.

She shows ______________________________.

4 그녀는 어디로 갈지 가리켰어요.

She pointed ______________________________.

5 그는 어떻게 사용하는지 이해했어요.

He understood ______________________________.

6 우리는 언제 시작하는지 들었어요.

We heard ______________________________.

〈완성 문장 확인하기〉에서 정답을 확인하세요.

(문장 통으로.) 쓰기 WRITE IT OUT

이번에는 전체 문장을 통으로 써 보세요.

1 나는 무엇을 자세히 살펴볼지 알아요.

2 나는 누구를 만나야 하는지 기억해요.

3 그녀는 어느 것을 살지 보여줘요.

4 그녀는 어디로 갈지 가리켰어요.

5 그는 어떻게 사용하는지 이해했어요.

6 우리는 언제 시작하는지 들었어요.

다음 페이지에서 정답을 확인하세요.

Check it out
완성 문장 **확인하기**

완성 문장을 확인하고 여러 번 쓰고 읽어 보세요. MP3 **83-03**

1 나는 무엇을 자세히 살펴봐야 하는지 알아요.

I know what to monitor.

시작················ 확장··

2 나는 누구를 만날지 기억해요.

I remember who(m) to meet.

시작································ 확장··

3 그녀는 어느 것을 살지 보여줘요.

She shows which one to buy.

시작······························ 확장··

4 그녀는 어디로 갈지 가리켰어요.

She pointed where to go.

시작································ 확장··································

5 그는 어떻게 사용하는지 이해했어요.

He understood how to use.

시작·· 확장······························

6 우리는 언제 시작하는지 들었어요.

We heard when to start.

시작························· 확장··

문장 응용하기 APPLY IT

'의문사 + *to*부정사'가 들어간 문장 응용하기

오른쪽에 주어진 단어를 활용하여 다음 문장을 영어로 써 보세요.

- *close*
- *see*
- *visit*
- *handle*
- *choose*
- *write*

1 나는 무엇을 써야 하는지 알아요.

2 나는 누구를 봐야 하는지 기억해요.

3 그녀는 어느 것을 선택할지 보여줘요.

4 그녀는 어디를 방문할지 가리켰어요.

5 그는 그것을 어떻게 처리할지 이해했어요.

6 우리는 언제 거래를 매듭지어야 하는지 들었어요.

다음 페이지에서 정답을 확인하세요.

문장 확장하기

EXPAND WRITING

전치사구 추가하여 문장을 더 풍부하게 만들기

확장된 다음 문장을 영어로 써 보세요.

- *him*
- *map*
- *office*
- *proper*
- *company*
- *support*
- *shop*
- *without*

1 나는 그에게 무엇을 써야 하는지 알아요.

I know what to write ______________.

2 나는 사무실에서 누구를 봐야 하는지 기억해요.

I remember who(m) to see ______________.

3 그녀는 그 가게에서 어느 것을 선택할지 보여줘요.

She shows which one to choose ______________.

4 그녀는 지도에서 어디를 방문할지 가리켰어요.

She pointed where to visit ______________.

5 그는 적절한 지원 없이 그것을 어떻게 처리할지 이해했어요.

He understood how to handle it ______________.

6 우리는 그 회사와 언제 거래를 매듭지어야 하는지 들었어요.

We heard when to close a deal ______________.

〈완성 문장 확인하기〉에서 정답을 확인하세요.

문장 통으로. 쓰기 WRITE IT OUT

이번에는 전체 문장을 통으로 써 보세요.

1 나는 그에게 무엇을 써야 하는지 알아요.

2 나는 사무실에서 누구를 봐야 하는지 기억해요.

3 그녀는 그 가게에서 어느 것을 선택할지 보여줘요.

4 그녀는 지도에서 어디를 방문할지 가리켰어요.

5 그는 적절한 지원 없이 그것을 어떻게 처리할지 이해했어요.

6 우리는 그 회사와 언제 거래를 매듭지어야 하는지 들었어요.

다음 페이지에서 정답을 확인하세요.

Check it out
완성 문장 **확인하기**

완성 문장을 확인하고 여러 번 쓰고 읽어 보세요. MP3 83-04

1 나는 그에게 무엇을 써야 하는지 알아요.

I know what to write to him.

시작 .... 확장 ....

2 나는 사무실에서 누구를 봐야 하는지 기억해요.

I remember who(m) to see in the office.

시작 .... 확장 ....

3 그녀는 그 가게에서 어느 것을 선택할지 보여줘요.

She shows which one to choose in the shop.

시작 .... 확장 ....

4 그녀는 지도에서 어디를 방문할지 가리켰어요.

She pointed where to visit in the map.

시작 .... 확장 ....

5 그는 적절한 지원 없이 그것을 어떻게 처리할지 이해했어요.

He understood how to handle it without proper support.

시작 .... 확장 ....

6 우리는 그 회사와 언제 거래를 매듭지어야 하는지 들었어요.

We heard when to close a deal with the company.

시작 .... 확장 ....

DAY 81~83 총정리

"Do you agree or disagree with the following statement?" -type

총정리 순서

- STEP 1 베이직 에세이 읽고 암기해서 말하기
- STEP 2 확장된 에세이 듣고 읽고 암기해서 말하기
- STEP 3 에세이 구조 분석하고 체득하기
- STEP 4 다른 주제로 셀프 에세이 써 보기

STEP 4에서 에세이를 쓰는 순서(Introduction → Body 1 → Body 2 → Conclusion)에 따라 써야 할 내용이 제시되어 있다 해도 다른 주제로 직접 에세이를 써 보는 것이 버겁다면, STEP 1~3까지 충분히 반복 훈련한 뒤에 도전해 보세요. 처음엔 힘들지만 여러 번 듣고, 읽고, 입으로 외우면서 에세이의 구조가 몸에 익으면 에세이에 대한 자신감이 붙은 자신을 발견할 거예요.

84

SCHEDULE

ESSAY Writing은 형식에 완전히 익숙해지기 전까지는 꽤 어려운 분야의 글쓰기이므로 하루 만에 다 소화하기 어려울 수도 있으니, 다 끝내지 못한 부분은 assignment로 하거나 시간이 날 때마다 짬짬이 다시 도전해 보세요! 아래 훈련기록란도 넉넉히 마련해 두었습니다.

1차 훈련기록

시작 시간 ______년 ______월 ______일 ______시 ______분

마친 시간 ______년 ______월 ______일 ______시 ______분

총 연습 시간 ________분

2차 훈련기록

시작 시간 ______년 ______월 ______일 ______시 ______분

마친 시간 ______년 ______월 ______일 ______시 ______분

총 연습 시간 ________분

3차 훈련기록

시작 시간 ______년 ______월 ______일 ______시 ______분

마친 시간 ______년 ______월 ______일 ______시 ______분

총 연습 시간 ________분

Basic Essay STEP 1

Day 81~83까지의 핵심 문법이 포함된 샘플 에세이를 반복 Reading
→ 암기해서 Speaking할 수 있을 때까지 훈련합니다.

START WRITING

베이직 (에세이.)

다음 에세이를 읽고 에세이 라이팅에 도전해 보세요.

다음 진술에 동의합니까 동의하지 않습니까?

자녀 교육에서 부모가 선생님보다 더 중요하다.

우리는 선생님과 부모 양쪽에 의지한다. 하지만 부모의 역할이 여전히 우세하다. 나는 두 가지 이유에서 그렇게 믿게 되었다. 그 이유는 부모는 자녀를 어떻게 다뤄야 할지 안다는 것과 자녀를 위해 기꺼이 희생하려 한다는 것 때문이다.

첫째, 선생님들은 수업시간에만 아이들과 함께 한다. 반면에, 아이들은 저녁 시간을 부모와 함께 보낸 다. **예를 들어,** 함께 저녁을 먹으면서 부모는 아이들이 무엇을 해야 할지 말해줄 수 있다. 이런 일은 선 생님들과는 일어나기 쉽지 않다.

둘째, 부모와 선생님의 차이는 부모는 결코 대가를 요구하지 않는다는 것이다. 교사들에게 금전적인 대 가가 없다면 그들은 불평할 것이다. 하지만 부모들은 불평하지 않는다. 그들은 "내가 해준 만큼 넌 갚아야 해."라고 말하지 않는다.

결론적으로 말하자면, 우리는 첫 번째 명단에 부모를 올려야 한다. 모든 조건이 동일하다면 부모가 아 이들의 인성에 더 직접적으론 영향을 미치는데, 자신들의 삶을 공유하기 때문이다. 나는 부모가 아이들 에게 중요한 결과를 남긴다고 굳게 믿는다.

Complete the ESSAY

에세이를 영어로 옮길 때 빈칸에 들어갈 알맞은 말을 써 보세요.

WORD COUNT 175

Topic

Do you agree or disagree with the following statement?
Parents are more important than teachers in educating their children.

We ______________________ teachers and parents. However, the role of parents still dominates. Two reasons lead me to believe; parents ______________________ their children and they are willing to sacrifice themselves.

Firstly, teachers only stay with the children during the school hour. On the contrary, children spend the evening time with their parents. **For example**, by having dinner together, parents can ______________________. This is unlikely happening with teachers.

Secondly, children grow at the sacrifice of their parents. ______________________ is that parents never ask to pay back. If there is no monetary consideration to the teachers, ______________________. However, parents do not complain. They do not say, "______________________ in return for what I have done."

Conclusively speaking, we ______________________ on the first list. All things being equal, parents can influence children's personality more directly because they ______________________.

다음 페이지에서 정답을 확인하세요.

Expand Writing STEP 2 확장된 구조의 에세이를 반복 Listening → Reading → 암기해서 Speaking할 수 있을 때까지 훈련합니다.

에세이 확장 익히기

84-01

다음 에세이를 여러 번 들어 보고 읽어 보세요.

Topic

Do you agree or disagree with the following statement? Parents are more important than teachers in educating their children.

We **depend on both** teachers and parents for our education. However, the role of parents still dominates on educating children. Two reasons lead me to believe parents' importance for the children; parents **know how to handle** their children and they are willing to sacrifice themselves for their children without remuneration.

Firstly, teachers only stay with the children during the school hour. When the teachers' duty is over for the day, they usually deal with things other than children's education. On the contrary, children spend the evening time with their parents. **For example**, they had dinner together and enjoy chatting with each other. The communication with parents can be more vivid and active at the table. Chidren might say that they hate school even if they don't. By having dinner together, parents can monitor their children in detail and **tell what to do to them**. This is unlikely happening with teachers. Parents are essential for the children's development because they are the source to build personal feelings and attachments.

Secondly, children grow at the sacrifice of their parents and teachers. The difference between parents and teachers is that parents never ask to pay back for the care of their children. That is why the best education is derived from the self-sacrifice of the parents. If there is no monetary consideration to the teachers, **for instance**, they may complain. However, parents do not complain or give up taking care of them for the same condition. They do not say, "You should pay in return for what I have done to you".

Conclusively speaking, we should put parents on the first list for the development of the children. All things being equal, parents can influence children's personality more directly than teachers can do because they live with them and are willing to share their life with their children. I strongly believe that how parents raise their children leaves significant effects to the children.

다음 진술에 동의합니까 동의하지 않습니까? 자녀 교육에서 부모가 선생님보다 더 중요하다.

우리는 교육에 선생님과 부모 양쪽에 의지한다. 하지만 자녀 교육에서 부모의 역할이 여전히 우세하다. 나는 두 가지 이유에서 자녀에게 부모가 중요하다고 믿게 되었다. 그 이유는 부모는 자녀를 어떻게 다뤄야 할지 알고 부모들이 자신들의 봉사에 대한 대가 없이 자녀를 위해 기꺼이 희생하려 하기 때문이다.

첫째, 선생님들은 수업시간에만 아이들과 함께 한다. 교사의 의무는 그 날이 지나면 끝나고, 대개는 아이들의 교육보다는 다른 일들을 처리한다. 반면에, 아이들은 저녁 시간을 부모와 함께 보낸다. 예를 들어, 함께 저녁을 먹고 서로 수다 떨기를 즐긴다. 부모와의 의사소통은 식사중에 더 활발하고 적극적이 될 수 있다. 아이들은 사실 그렇지도 않은데도 학교가 싫다고 말할지도 모른다. 함께 저녁을 먹으면서 부모는 아이들을 자세히 살펴보고 아이들이 할 일을 말해줄 수 있다. 이런 일은 선생님들과는 일어나기 쉽지 않다. 부모는 자녀의 성장에 매우 중요한데, 부모가 개인의 감정과 애착을 형성시키는 존재이기 때문이다.

둘째, 아이들은 부모와 선생님의 희생을 바탕으로 성장한다. 부모와 선생님의 차이는 부모는 결코 아이들을 돌봐준 대가를 요구하지 않는다는 것이다. 그게 바로 최고의 교육이 부모의 자기희생으로부터 비롯되는 이유이다. 예를 들어, 교사들에게 금전적인 대가가 없다면 그들은 불평할 것이다. 하지만 똑같은 조건에서 부모들은 불평하거나 자녀 돌보기를 포기하지 않는다. 그들은 "내가 너한테 해준 만큼 갚아야 해."라고 말하지 않는다.

결론적으로 말하자면, 우리는 아이들의 성장을 위해 부모를 최선으로 생각해야 한다. 모든 조건이 동일하다면 부모가 아이들의 인성에 선생님보다 직접 영향을 미 치는데, 아이들과 함께 살고 자신들의 삶을 자기 아이들과 기꺼이 함께하기 때문이다. 나는 부모가 자녀를 어떻게 키우는가가 아이들에게 중요한 결과를 남긴다고 굳게 믿는다.

- dominate 우세하다 • importance 중요성 • compete with ~와 경쟁하다
- in terms of ~면에서 • sacrifice 희생하다, 희생 • remuneration 보수
- school hour 수업시간 • attachment 애착, 믿음 • derive from ~에서 비롯되다
- monetary consideration 금전적 대가 • complain 불평하다 • in return 대가로, 보답으로
- personality 성격, 인성 • raise 양육하다

에세이 구조 파악하기

앞에 나온 에세이의 구조를 분석해 보면서 에세이 양식을 체득해 보세요.

Topic Do you agree or disagree with the following statement? Parents are more important than teachers in educating their children.

introduction

에세이의 시작에 쓸 내용

1. **주제에 대한 일반적인 생각이나 의견** (*General Statement*)
   We depend on both teachers and parents for our education.

2. **어떻게 쓸지 방향 결정** (*Attitude*)
   However, the role of parents still dominates on educating children.

3. **무엇에 대해서 쓸지 내용 결정** (*Thesis Statement*)
   Two reasons lead me to believe parents' importance for the children; parents know how to handle their children and they are willing to sacrifice themselves for their children without remuneration.

Body 1

에세이의 중간에 쓸 내용

1. **첫 번째 결정한 것에 대해서 쓰기** (*Topic Sentence*)
   Firstly, teachers only stay with the children during the school hour. When the teachers' duty is over for the day, they usually deal with things other than children's education. On the contrary, children spend the evening time with their parents.

2. **보기나 예제를 써주기** (*Example*)
   For example, they had dinner together and enjoy chatting with each other. The communication with parents can be more vivid and active at the table. Chidren might say that they hate school even if they don't. By having dinner together, parents can monitor their children in detail and tell what to do to them. This is unlikely happening with teachers.

❸ **마무리하기** (*Simple Conclusion*)

Parents are essential for the children's development because they are the source to build personal feelings and attachments.

Body 2

에세이의 중간에 쓸 내용

❶ **두 번째 결정한 것에 대해서 쓰기** (*Topic Sentence*)

Secondly, children grow at the sacrifice of their parents and teachers. The difference between parents and teachers is that parents never ask to pay back for the care of their children. That is why the best education is derived from the self-sacrifice of the parents.

❷ **보기나 예제를 써주기** (*Example*)

If there is no monetary consideration to the teachers, for instance, they may complain. However, parents do not complain or give up taking care of them for the same condition.

❸ **마무리하기** (*Simple Conclusion*)

They do not say, "You should pay in return for what I have done to you."

Conclusuion

에세이의 마지막에 쓸 내용

❶ **에세이가 어떤 주제에 대한 것인지 한두 줄로 요약** (*Brief Summary*)

Conclusively speaking, we should put parents on the first list for the development of the children.

❷ **Body 1, Body 2를 다른 말로 정리하기** (*Paraphrasing*)

All things being equal, parents can influence children's personality more directly than teachers can do because they live with them and are willing to share their life with their children.

❸ **최종 결론** (*Final Decision*)

I strongly believe that how parents raise their children leaves significant effects to the children.

다른 주제로 에세이 연습하기

STEP 2와 STEP 3를 참고하여, 나만의 에세이를 직접 써 보세요.

Topic Do you agree or disagree with the following statement? Home education is more important than regular schooling.

introduction

에세이의 시작에 쓸 내용

❶ 주제에 대한 일반적인 생각이나 의견 (*General Statement*)

❷ 어떻게 쓸지 방향 결정 (*Attitude*)

❸ 무엇에 대해서 쓸지 내용 결정 (*Thesis Statement*)

Body 1

에세이의 중간에 쓸 내용

❶ **첫 번째 결정한 것에 대해서 쓰기** (*Topic Sentence*)

❷ **보기나 예제를 써 주기** (*Example*)

❸ **마무리하기** (*Simple Conclusion*)

Body 2

에세이의 중간에 쓸 내용

❶ **두 번째 결정한 것에 대해서 쓰기** (*Topic Sentence*)

❷ **보기나 예제를 써 주기** (*Example*)

❸ **마무리하기** (*Simple Conclusion*)

Conclusuion

에세이의 마지막에 쓸 내용

❶ 에세이가 어떤 주제에 대한 것인지 한두 줄로 요약 (*Brief Summary*)

❷ Body 1, Body 2를 다른 말로 정리하기 (*Paraphrasing*)

❸ 최종 결론 (*Final Decision*)

관계대명사의 사용 1
(That-Replacement/ that을 재배치하는 방법)

• 반복되는 명사 중 뒤에 있는 것을 that으로 바꾼다.

Ex. I spent **the money**. You gave me **the money**.

나는 그 돈을 썼어. 네가 그 돈을 나에게 주었잖아.

Ex. I spent **the money**. You gave me **that**.

나는 그 돈을 썼어. 네가 그것을 나에게 주었잖아.

• 이 that을 포함하고 있는 문장을 반복되는 명사 뒤에 쓴다.

Ex. I spent the money **that** you gave me. 나는 네가 나에게 준 그 돈을 썼어.

시작 시간 ______년 ______월 ______일 ______시 ______분

마친 시간 ______년 ______월 ______일 ______시 ______분 총 연습 시간 ________분

ROUND
1 • START WRITING

(문장.) 시작하기 ①

that 재배치하기
➜ 두 번째 문장에서 반복되는 명사를 that으로 바꿈

다음 문장을 영어로 써 보세요.

1 나는 그 책을 읽었어. 그 책은 흥미로웠어.

I read (   ). (   ) was interesting.

나는 그 책을 읽었어. 그것은 흥미로웠어.

I read (   ). (   ) was interesting.

2 그들은 그 셔츠를 팔아요. 그 셔츠가 유행이에요.

They sell (   ). (   ) is fashionable.

그들은 그 셔츠를 팔아요. 그것이 유행이에요.

They sell (   ). (   ) is fashionable.

3 나는 그 건물을 기억해. 그 건물은 하늘을 찌를 듯이 높아.

I remember (   ). (   ) is sky-high.

나는 그 건물을 기억해. 그것은 하늘을 찌를 듯이 높아.

I remember (   ). (   ) is sky-high.

4 나는 그 소문을 들었어. 그 소문은 Cindy의 마음을 아프게 했어.

I heard ( ). ( ) hurt Cindy.

나는 그 소문을 들었어. 그것은 Cindy의 마음을 아프게 했어.

I heard ( ). ( ) hurt Cindy.

5 우리는 그 버스를 탈 필요가 있어. 그 버스가 다운타운으로 가.

We need to take ( ). ( ) goes to downtown.

우리는 그 버스를 탈 필요가 있어. 그것이 다운타운으로 가.

We need to take ( ). ( ) goes to downtown.

다음 페이지에서 정답을 확인하세요.

문장 확장하기

EXPAND WRITING

확장된 다음 문장을 영어로 써 보세요.

명사 뒤에 *that*이 사용된 문장 연결하기
→ '명사 + *that* + 동사 ~'

1 I read **the book**. + **That** was interesting.

나는 흥미로운 그 책을 읽었어.

▸ I read the book ______________________.

2 They sell **the shirt**. + **That** is fashionable.

그들은 유행하는 그 셔츠를 팔아요.

▸ They sell the shirt ______________________.

3 I remember **the building**. + **That** is sky-high.

나는 하늘 높이 치솟은 그 건물을 기억해요.

▸ I remember the building ______________________.

4 I heard **the rumor**. + **That** hurt Cindy.

나는 Cindy의 마음을 아프게 한 그 소문을 들었어.

▸ I heard the rumor ______________________.

5 We need to take the bus. + That goes to downtown.

우리는 다운타운으로 가는 그 버스를 탈 필요가 있어.

▸ We need to take the bus ______________________.

〈완성 문장 확인하기〉에서 정답을 확인하세요.

문장 통으로. 쓰기

WRITE IT OUT

이번에는 전체 문장을 통으로 써 보세요.

1 나는 흥미로운 그 책을 읽었어.

2 그들은 유행하는 그 셔츠를 팔아요.

3 나는 하늘 높이 치솟은 그 건물을 기억해요.

4 나는 Cindy의 마음을 아프게 한 그 소문을 들었어.

5 우리는 다운타운으로 가는 그 버스를 탈 필요가 있어.

다음 페이지에서 정답을 확인하세요.

Check it out
완성 문장 확인하기

완성 문장을 확인하고 여러 번 쓰고 읽어 보세요. MP3 85-01

❶ 나는 흥미로운 그 책을 읽었어.

I read the book that was interesting.

시작·································· 확장···

❷ 그들은 유행하는 그 셔츠를 팔아요.

They sell the shirt that is fashionable.

시작·· 확장··

❸ 나는 하늘 높이 치솟은 그 건물을 기억해요.

I remember the building that is sky-high.

시작··· 확장···

❹ 나는 Cindy의 마음을 아프게 한 그 소문을 들었어.

I heard the rumor that hurt Cindy.

시작··· 확장··

❺ 우리는 다운타운으로 가는 그 버스를 탈 필요가 있어.

We need to take the bus that goes to downtown.

시작··· 확장···

START WRITING

(문장.) 시작하기 ②

ROUND 2

다음 문장을 영어로 써 보세요.

that 재배치하기
➜ 두 번째 문장에서 반복되는 명사를 *that*으로 대신함

1 나는 그 책을 읽었어. 네가 그 책을 추천했잖아.

I read (   ). You recommended (   ).

나는 그 책을 읽었어. 네가 그것을 추천했잖아.

I read (   ). You recommended (   ).

2 그들은 그 셔츠를 팔아요. 나는 그 셔츠를 좋아해요.

They sell (   ). I like (   ).

그들은 그 셔츠를 팔아요. 나는 그것을 좋아해요.

They sell (   ). I like (   ).

3 나는 그 건물을 기억해. 나는 그 건물을 봤어.

I remember (   ). I saw (   ).

나는 그 건물을 기억해. 나는 그것을 봤어.

I remember (   ). I saw (   ).

4 나는 그 소문을 들었어. 사람들이 그 소문을 수군거리고 있는 중이었어.

I heard ( ). People were whispering ( ).

나는 그 소문을 들었어. 사람들이 그것을 수군거리고 있는 중이었어.

I heard ( ). People were whispering ( ).

5 우리는 그 버스를 탈 필요가 있어. 그가 그 버스를 탔어.

We need to take ( ). He took ( ).

우리는 그 버스를 탈 필요가 있어. 그가 그것을 탔어.

We need to take ( ). He took ( ).

다음 페이지에서 정답을 확인하세요.

문장 확장하기

EXPAND WRITING

확장된 다음 문장을 영어로 써 보세요.

관계대명사 *that*의 사용
→ 반복되는 명사(선행사) 바로 뒤에 *that* 써주기

1 나는 그 책을 읽었어 + 네가 그것을 추천했잖아.

▸ I read **the book**. + You recommended **that**.

나는 그 책을 읽었어 + 네가 추천한 그것.

▸ I read **the book** + **that** you recommended.

나는 네가 추천한 그 책을 읽었어.

▸ I read the book ______________________.

2 They sell **the shirt**. + I like **that**.

그들은 내가 좋아하는 그 셔츠를 팔아요.

▸ They sell the shirt ______________________.

3 I remember **the building**. + I saw **that**.

나는 내가 본 그 건물을 기억해.

▸ I remember the building ______________________.

4 I heard **the rumor**. + People were whispering **that**.

나는 사람들이 수군거리고 있는 그 소문을 들었어.

▸ I heard the rumor ______________________.

5 We need to take **the bus**. + He took **that**.

우리는 그가 탄 그 버스를 탈 필요가 있어.

▸ We need to take the bus ______________________.

<완성 문장 확인하기>에서 정답을 확인하세요.

(문장 통으로.) 쓰기

WRITE IT OUT

이번에는 전체 문장을 통으로 써 보세요.

1 나는 네가 추천한 그 책을 읽었어.

2 그들은 내가 좋아하는 그 셔츠를 팔아요.

3 나는 내가 본 그 건물을 기억해.

4 나는 사람들이 수군거리고 있는 그 소문을 들었어.

5 우리는 그가 탄 그 버스를 탈 필요가 있어.

다음 페이지에서 정답을 확인하세요.

Check it out
완성 문장 **확인하기**

완성 문장을 확인하고 여러 번 쓰고 읽어 보세요. MP3 85-02

❶ 나는 네가 추천한 그 책을 읽었어.

I read the book that you recommended.

시작 ············ 확장 ············

❷ 그들은 내가 좋아하는 그 셔츠를 팔아요.

They sell the shirt that I like.

시작 ············ 확장 ············

❸ 나는 내가 본 그 건물을 기억해.

I remember the building that I saw.

시작 ············ 확장 ············

❹ 나는 사람들이 수군거리고 있는 그 소문을 들었어.

I heard the rumor that people were whispering.

시작 ············ 확장 ············

❺ 우리는 그가 탄 그 버스를 탈 필요가 있어.

We need to take the bus that he took.

시작 ············ 확장 ············

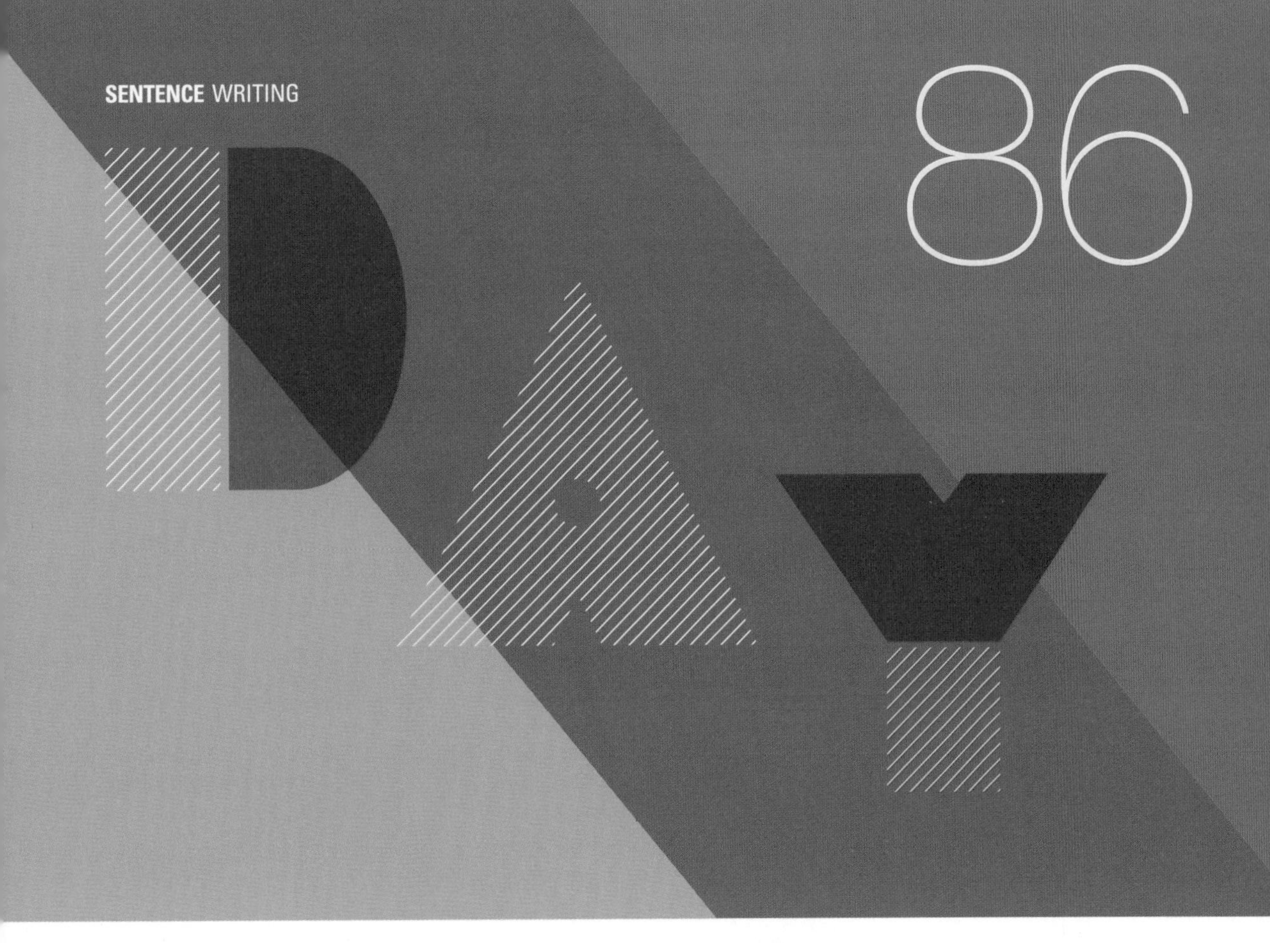

관계대명사의 사용 2

(That-Adjectivization: that을 문장 앞에 써서 전체 문장을 형용사화 하는 방법)

* Adjectivization은 단어를 형용사화하는 방법입니다.

• that을 문장 앞에 써서 전체 문장을 한 단어화(형용사화) 시키기

Ex. you mentioned the book 네가 그 책을 언급했어.

that you mentioned the book 네가 그 책을 언급했다는 **것**

• 이 that이 들어간 문장을 다른 명사에 연결하기

Ex. the book **that** you mentioned 네가 말한 그 책

I have the book **that** you mentioned. 나는 네가 말한 그 책을 갖고 있어.

시작 시간 ______년 ______월 ______일 ______시 ______분

마친 시간 ______년 ______월 ______일 ______시 ______분 총 연습 시간 ________분

ROUND 1 • START WRITING

(문장.) 시작하기 ①

'주어 + *be*동사 ~'의 기본 문장 쓰기

오른쪽에 주어진 단어를 참고로 다음 문장을 영어로 써 보세요.

1 그 열쇠가 필요해요.

( )

2 그 반지가 아름답고 사랑스러워요.

( )

3 그 사회가 매우 경쟁적이에요.

( )

4 그 정보는 신뢰할 수 있어요.

( )

5 그 티켓은 이것보다 더 싸요.

( )

- ***information***
- ***society***
- ***ticket***
- ***key***
- ***ring***
- ***trustworthy***
- ***beautiful***
- ***very***
- ***competitive***
- ***cheaper***
- ***necessary***
- ***lovely***

다음 페이지에서 정답을 확인하세요.

문장 확장하기

EXPAND WRITING

*that*을 문장 앞에 써서 문장 전체를 단어화(형용사화)시키기

확장된 다음 문장을 영어로 써 보세요.

1 그 열쇠가 필요하다는 것

_____________ the key is necessary

2 그 반지가 아름답고 사랑스럽다는 것

_____________ the ring is beautiful and lovely

3 그 사회가 매우 경쟁적이라는 것

_____________ the society is very competitive

4 그 정보는 신뢰할 수 있다는 것

_____________ the information is trustworthy

5 그 티켓이 이것보다 더 쌌다는 것

_____________ the ticket was cheaper than this

p.75에서 정답을 확인하세요.

START WRITING

(문장.) 시작하기 ②

‘주어 + *be*동사~’ 그리고 ‘주어 + 동사 + 목적어’의 기본 문장 쓰기

오른쪽에 주어진 단어를 참고로 다음 문장을 영어로 써 보세요.

1 이것이 그 열쇠예요.

( )

2 이것이 그 반지예요.

( )

3 우리는 그 사회 속에서 살아요.

( )

4 나는 그 정보를 가지고 있어요.

( )

5 나는 그 티켓을 구했어요.

( )

- ***information***
- ***live***
- ***ticket***
- ***key***
- ***ring***
- ***get***
- ***have***
- ***society***

다음 페이지에서 정답을 확인하세요.

문장 확장하기

EXPAND WRITING

확장된 다음 문장을 영어로 써 보세요.

*that*을 쓴 문장을 명사에 직접 연결하고 반복되는 명사 생략
→ *that*이 이끄는 문장이 명사를 꾸며주는 형용사 역할

1 *example* 이것이 그 열쇠예요 + 그 열쇠가 필요하다는 것

This is **the key** + **that** the key is necessary

This is **the key that** ~~the key~~ is necessary. → 반복되는 명사 삭제

____.

2 이것이 그 반지예요 + 그 반지가 아름답고 사랑스럽다는 것

This is **the ring** + **that** ~~the ring~~ is beautiful and lovely

____.

3 우리는 그 사회 속에서 살아요 + 그 사회가 매우 경쟁적이라는 것

We live in **the society** + **that** ~~the society~~ is very competitive

____.

4 나는 그 정보를 가지고 있어요 + 그 정보는 신뢰할 수 있다는 것

I have **the information** + **that** ~~the information~~ is trustworthy

____.

5 나는 그 티켓을 구했어요 + 그 티켓이 이것보다 더 쌌다는 것

I got **the ticket** + **that** ~~the ticket~~ was cheaper than this

____.

다음 페이지에서 정답을 확인하세요.

Check it out
완성 문장 확인하기

완성 문장을 확인하고 여러 번 쓰고 읽어 보세요. MP3 86-01

1 이것이 필요한 그 열쇠예요.

This is the key **that is necessary.**

시작··········· 확장···········

2 이것이 아름답고 사랑스러운 그 반지예요.

This is the ring **that is beautiful and lovely.**

시작··········· 확장···········

3 우리는 매우 경쟁적인 사회 속에서 살아요.

We live in the society **that is very competitive.**

시작··········· 확장···········

4 나는 신뢰할 수 있는 그 정보를 가지고 있어요.

I have the information **that is trustworthy.**

시작··········· 확장···········

5 나는 이것보다 더 싼 그 티켓을 구했어요.

I got the ticket **that was cheaper than this.**

시작··········· 확장···········

문장. 시작하기 ③

'주어 + 동사 + 목적어'의 기본 문장 쓰기

오른쪽에 주어진 단어를 참고로 다음 문장을 영어로 써 보세요.

1 당신은 그 열쇠가 필요해요.

( )

2 나는 그 반지를 잃어버렸어요.

( )

3 사람들은 경쟁적인 그 사회를 비난해요.

( )

4 당신은 그 정보를 찾고 있는 중이군요.

( )

5 그들은 그 티켓을 팔고 있는 중이었어요.

( )

- *ticket*
- *information*
- *blame*
- *key*
- *ring*
- *look for*
- *sell*
- *lose*
- *need*
- *society*

다음 페이지에서 정답을 확인하세요.

문장 확장하기

EXPAND WRITING

확장된 다음 문장을 영어로 써 보세요.

*that*을 문장 앞에 써서 문장 전체를 단어화(형용사화)시키기

1 당신이 그 열쇠가 필요하다는 것

__________ you need the key

2 내가 그 반지를 잃어버렸다는 것

__________ I lost the ring

3 사람들이 경쟁적인 그 사회를 비난한다는 것

__________ people blame the competitive society

4 당신이 그 정보를 찾고 있는 중이라는 것

__________ you are looking for the information

5 그들이 그 티켓을 팔고 있는 중이었다는 것

__________ they were selling the ticket

p.81에서 정답을 확인하세요.

START WRITING

(문장.) 시작하기 ④

'주어 + *be*동사~', '주어 + 동사 + 목적어'의 기본 문장 쓰기

오른쪽에 주어진 단어를 참고로 다음 문장을 영어로 써 보세요.

1 나는 그 열쇠를 갖고 있어요.

( )

2 이것이 그 반지예요.

( )

3 이것이 그 경쟁적인 사회예요.

( )

4 그가 그 정보를 찾았어요.

( )

5 나는 그 티켓을 샀어요.

( )

- *this*
- *ticket*
- *soicety*
- *information*
- *key*
- *ring*
- *competitive*
- *buy*
- *find*

다음 페이지에서 정답을 확인하세요.

문장 확장하기

EXPAND WRITING

that을 쓴 문장을 명사에 직접 연결하고 반복되는 명사 생략
→that이 이끄는 문장이 명사를 꾸며주는 형용사 역할

확장된 다음 문장을 영어로 써 보세요.

1 *example* 나는 그 열쇠를 갖고 있어요 + 당신이 그 열쇠가 필요하다는 것

I have **the key** + **that** you need the key

I have **the key that** you need ~~the key~~. ⋯→ 반복되는 명사 삭제

____.

2 이것이 그 반지예요 + 내가 그 반지를 잃어버렸다는 것

This is **the ring** + **that** I lost ~~the ring~~

____.

3 이것이 그 경쟁적인 사회예요 + 사람들이 그 경쟁적인 사회를 비난한다는 것

This is **the competitive society** + **that** people blame ~~the competitive society~~

____.

4 그가 그 정보를 찾았어요 + 당신이 그 정보를 찾고 있는 중이라는 것

He found **the information** + **that** you were looking for ~~the information~~

____.

5 나는 그 티켓을 샀어요 + 그들이 그 티켓을 팔고 있는 중이었다는 것

I bought **the ticket** + **that** they were selling ~~the ticket~~

____.

다음 페이지에서 정답을 확인하세요.

Check it out
완성 문장 **확인하기**

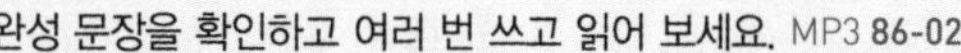
완성 문장을 확인하고 여러 번 쓰고 읽어 보세요. MP3 **86-02**

1. 나는 당신이 필요한 열쇠를 갖고 있어요.

   I have the key that you need.

   시작………… 확장…………

2. 이것이 내가 잃어버린 반지예요.

   This is the ring that I lost.

   시작………… 확장…………

3. 이것이 사람들이 비난하는 경쟁적인 사회예요.

   This is the competitive society that people blame.

   시작………… 확장…………

4. 그가 당신이 찾고 있는 정보를 찾았어요.

   He found the information that you were looking for.

   시작………… 확장…………

5. 나는 그들이 팔고 있는 티켓을 샀어요.

   I bought the ticket that they were selling.

   시작………… 확장…………

AFTER WRITING 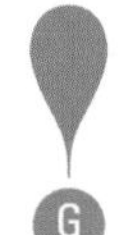 이것도 알고 가기

that 앞의 명사(선행사)가 사람일 때는 who, 사물일 때는 which로 바꿔 쓸 수 있다는 점도 기억해두세요. that과 which는 의미상 큰 차이가 없지만 that과 who는 차이가 많이 납니다. who에 비해서 that은 격을 낮춰서 가볍게 말하는 것이므로 특별히 낮춰서 말할 필요가 없다면 who를 쓰는 것이 안전합니다.

Ex.

We live in the society **that** is more complex than the past.
▸ We live in the society **which** is more complex than the past.

I bought the ticket **that** was cheaper than this.
▸ I bought the ticket **which** was cheaper than this.

This is the ring **that** I lost.
▸ This is the ring **which** I lost.

She is the woman **that** is beautiful and lovely.
▸ She is the woman **who** is beautiful and lovely.

I have a co-worker **that** is trustworthy.
▸ I have a co-worker **who** is trustworthy.

This is the man **that** you need.
▸ This is the man **who(m)** you need.

the thing that = what
(That-Replacement/ that을 재배치하는 방법)

• the thing that 만들기

Ex. I do **the thing**. You want **the thing**. 나는 **그 일**을 해. 너는 **그 일**을 원해.

I do **the thing**. You want **that.** 나는 **그 일**을 해. 너는 **그것**을 원해.

I do **the thing that** you want. 나는 네가 원하는 **그 일**을 해.

• the thing that을 what으로 고치기

Ex. I know **the thing that** you want. 나는 네가 원하는 **그 일**을 알아.

I know **what** you want. 나는 네가 원하는 **것**을 알아.

시작 시간 ______년 ______월 ______일 ______시 ______분

마친 시간 ______년 ______월 ______일 ______시 ______분 총 연습 시간 ________분

ROUND

1 START WRITING

(문장.) 시작하기 ①

다음 문장을 영어로 써 보세요.

반복되는 명사 중 하나를 대명사 *that*으로 바꾸기

example 나는 그것을 알아. 그것은 중요해.

→ I know **the thing**. **The thing** is important.

나는 그것을 알아. 그것은 중요해.

→ I know **the thing**. **That** is important.

1 그는 그것을 말해 주었어요. 그것이 어제 일어났어요.

He told ( ). ( ) happened yesterday.

그는 그것을 말해 주었어요. 그것이 어제 일어났어요.

He told ( ). ( ) happened yesterday.

2 이것이 그것입니다. 그것이 나를 행복하게 해요.

This is ( ). ( ) makes me happy.

이것이 그것입니다. 그것이 나를 행복하게 해요.

This is ( ). ( ) makes me happy.

3 그것을 말해 줘. 그것이 너를 여기에 오게 해.

Tell me ( ). ( ) brings you here.

그것을 말해 줘. 그것이 너를 여기에 오게 해.

Tell me ( ). ( ) brings you here.

다음 페이지에서 정답을 확인하세요.

문장 확장하기

EXPAND WRITING

확장된 다음 문장을 영어로 써 보세요.

the thing 뒤에 *that*을 쓴 문장 연결하기
→*that*이 이끄는 문장이 *the thing*을 꾸며주는 형용사 역할

example 나는 그것을 알아 + 그것은 중요해.

→ I know **the thing** + **That** is important.

나는 중요한 그것을 알아.

→ I know **the thing that is important.**

1 그는 그것을 말해 주었어요 + 그것이 어제 일어났어요.

He told **the thing.** + **That** happened yesterday.

그는 어제 일어난 그것을 말해 주었어요.

He told ______________________________.

2 이것이 그것입니다 + 그것이 나를 행복하게 만들어요.

This is **the thing.** + **That** makes me happy.

이것이 나를 행복하게 만드는 그것이에요.

This is ______________________________.

3 그것을 말해 줘. + 그것이 너를 여기에 오게 해.

Tell me **the thing.** + **That** brings you here.

너를 여기에 오게 하는 그것을 말해 줘.

Tell me ______________________________.

다음 페이지에서 정답을 확인하세요.

문장 응용하기 APPLY IT

다음 문장을 바꿔 써 보세요.

*the thing that*을 *what*으로 대신하기
→ *what*이 주어로 쓰이게 되는 경우

example 나는 중요한 그것을 알아.

→ I know **the thing that** is important.

나는 무엇이 중요한지 알아.

→ I know **what is important**.

1 그는 어제 일어난 그것을 말해 주었어요.

He told the thing that happened yesterday.

그는 어제 무슨 일이 일어났는지 말해 주었어요.

He told ________________________________.

2 이것이 나를 행복하게 만드는 그것이에요.

This is the thing that makes me happy.

이것이 나를 행복하게 만드는 것이에요.

This is ________________________________.

3 너를 여기에 오게 하는 그것을 말해 줘.

Tell me the thing that brings you here.

무엇이 너를 여기 오게 하는지 말해 줘.

Tell me ________________________________.

〈완성 문장 확인하기〉에서 정답을 확인하세요.

문장 통으로. 쓰기

WRITE IT OUT

이번에는 전체 문장을 통으로 써 보세요.

example 나는 무엇이 중요한지 알아.

1 그는 어제 무슨 일이 일어났는지 말해 주었어요.

He told

2 이것이 나를 행복하게 만드는 것이에요.

This is

3 무엇이 너를 여기 오게 하는지 말해 줘.

Tell me

다음 페이지에서 정답을 확인하세요.

Check it out
완성 문장 확인하기

완성 문장을 확인하고 여러 번 쓰고 읽어 보세요. MP3 **87-01**

example 나는 무엇이 중요한지 알아.

I know what is important.

1. 그는 어제 무슨 일이 일어났는지 말해 주었어요.

He told what happened yesterday.

2. 이것이 나를 행복하게 만드는 것이에요.

This is what makes me happy.

3. 무엇이 너를 여기 오게 하는지 말해 줘.

Tell me what brings you here.

(문장.) 시작하기 ②

다음 문장을 영어로 써 보세요.

반복되는 명사 중 하나를 대명사 *that*으로 바꾸기

example 나는 그것을 알아요. 당신이 그것을 원하는군요.

→ I know **the thing**. You want **the thing**.

→ I know **the thing**. You want **that**.

1 나는 그것을 봤어요. 당신은 그것을 봤어요.

I saw **the thing**. You saw **the thing**.

나는 그것을 봤어요. 당신은 그것을 봤어요.

I saw ( ). You saw ( ).

2 그는 그것을 물어봤어요. 당신은 그것을 했어요.

He asked **the thing**. You did **the thing**.

그는 그것을 물어봤어요. 당신은 그것을 했어요.

He asked ( ). You did ( ).

3 당신은 그것을 들었어요? 나는 그것을 들었어요.

Did you hear **the thing**? I heard **the thing**.

당신은 그것을 들었어요? 나는 그것을 들었어요.

Did you hear ( )? I heard ( ).

다음 페이지에서 정답을 확인하세요.

문장 확장하기

EXPAND WRITING

확장된 다음 문장을 영어로 써 보세요.

the thing 뒤에 *that*을 쓴 문장 연결하기
→ *that*이 이끄는 문장이 *the thing*을 꾸며주는 형용사 역할

example 나는 그것을 알아요. 당신이 그것을 원하는군요.

→ I know **the thing**. You want **that**.

→ I know **the thing** + **that you** want

나는 당신이 원하는 그것을 알아요.

→ I know **the thing that you want.**

1 나는 그것을 봤어요. 당신은 그것을 봤어요.

I saw the thing. You saw that.

I saw the thing + that you saw

나는 당신이 본 그것을 봤어요.

I saw ______________________________.

2 그는 그것을 물어봤어요. 당신은 그것을 했어요.

He asked the thing. You did that.

He asked the thing + that you did

그는 당신이 한 그것을 물어봤어요.

He asked ______________________________.

3 당신은 그것을 들었어요? 나는 그것을 들었어요.

Did you hear **the thing**? I heard **that**.

Did you hear **the thing**? + **that** I heard

당신은 내가 들은 그것을 들었어요?

Did you hear ______________________________?

〈완성 문장 확인하기〉에서 정답을 확인하세요.

문장 응용하기 APPLY IT

다음 문장을 바꿔 써 보세요.

*the thing that*을 *what*으로 대신하기
→ *what*이 '목적어'로 쓰이게 되는 경우

example 나는 당신이 원하는 그것을 알아요.
→ I know **the thing that** you want.
나는 당신이 무엇을 원하는지 알아요.
→ I know **what** you want.

1 나는 당신이 본 그것을 봤어요.

I saw **the thing that** you saw.

나는 당신이 본 것을 봤어요.

I saw ________________.

2 그는 당신이 한 그것을 물어봤어요.

He asked **the thing that** you did.

그는 당신이 무엇을 했는지 물어봤어요.

He asked ________________.

3 너 내가 들은 그것을 들었니?

Did you **hear the thing that** I heard?

너 내가 들은 것을 들었니?

Did you hear ________________?

〈완성 문장 확인하기〉에서 정답을 확인하세요.

문장 통으로. 쓰기

WRITE IT OUT

이번에는 전체 문장을 통으로 써 보세요.

example 나는 당신이 무엇을 원하는지 알아요.

1 나는 당신이 본 것을 봤어요.

2 그는 당신이 무엇을 했는지 물어봤어요.

3 너 내가 들은 것을 들었니?

다음 페이지에서 정답을 확인하세요.

Check it out
완성 문장 **확인하기**

완성 문장을 확인하고 여러 번 쓰고 읽어 보세요. MP3 87-02

example 나는 당신이 무엇을 원하는지 알아요.

I know **what you want.**

❶ 나는 당신이 본 것을 봤어요.

I saw **what you saw.**

❷ 그는 당신이 무엇을 했는지 물어봤어요.

He asked **what you did.**

❸ 너 내가 들은 것을 들었니?

Did you hear **what I heard?**

the thing that = what
(That-Adjectivization/ that을 문장 앞에 써서 전체 문장을 형용사화 하는 방법)

• the thing that 만들기

Ex. She noticed **the thing. The thing** was happening. 그녀는 **그것**을 눈치챘어요. **그것**은 일어나는 중이에요.

She noticed **the thing that** was happening. 그녀는 일어나는 중인 **그것**을 눈치챘어요.

• the thing that을 what으로

Ex. She noticed **the thing that** was happening. 그녀는 일어나는 중인 **그것**을 눈치챘어요.

She noticed **what** was happening. 그녀는 **무슨 일**이 일어나는지 눈치챘어요.

시작 시간 ______년 ______월 ______일 ______시 ______분

마친 시간 ______년 ______월 ______일 ______시 ______분　　총 연습 시간 ________분

ROUND 1 START WRITING

(문장.) 시작하기 ①

기본 문장 쓰기

오른쪽에 주어진 단어를 참고로 다음 문장을 영어로 써 보세요.

1 그것은 중요해.

( )

2 그것이 어제 일어났어요.

( )

3 그것이 나를 행복하게 만들어요.

( )

4 그것은 기술을 요구해요.

( )

5 그것은 중요한 역할을 해요.

( )

- *the thing*
- *important*
- *happy*
- *require*
- *role*
- *yesterday*
- *happen*
- *skills*
- *play*
- *make*

다음 페이지에서 정답을 확인하세요.

문장 확장하기

EXPAND WRITING

확장된 다음 문장을 영어로 써 보세요.

*that*을 문장 앞에 써서 문장 전체를 단어화(형용사화)하기

1 그것이 중요하다는 것

_________ the thing is important.

2 그것이 어제 일어났다는 것

_________ the thing happened yesterday.

3 그것이 나를 행복하게 만든다는 것

_________ the thing makes me happy.

4 그것이 기술을 요구한다는 것

_________ the thing requires skills.

5 그것이 중요한 역할을 한다는 것

_________ the thing plays an important role.

p.101에서 정답을 확인하세요.

START WRITING

(문장.) 시작하기 ②

'주어 + 동사 + 목적어', '주어 + *be*동사'의 기본 문장 쓰기

오른쪽에 주어진 단어를 참고로 다음 문장을 영어로 써 보세요.

1 나는 그것을 알아.

(　　　　　　　　　　　　　　　　　　　　)

2 그는 그것을 설명해주었어요.

(　　　　　　　　　　　　　　　　　　　　)

3 이것이 그 일입니다.

(　　　　　　　　　　　　　　　　　　　　)

4 그것이 바로 그것이에요.

(　　　　　　　　　　　　　　　　　　　　)

5 나는 그것을 배웠어요.

(　　　　　　　　　　　　　　　　　　　　)

- ***the thing***
- ***this***
- ***know***
- ***explain***
- ***just***
- ***learn***

다음 페이지에서 정답을 확인하세요.

문장 확장하기

EXPAND WRITING

확장된 다음 문장을 영어로 써 보세요.

the thing 뒤에 *that*을 쓴 문장을 연결하고,
문장 속에서 반복되는 명사 생략하기
→ *that*이 이끄는 문장이 *the thing*을 꾸며주는 형용사 역할

1 나는 그것을 알아 + 그것은 중요하다는 것

I know **the thing** + **that** ~~the thing~~ is important

2 그는 그것을 설명해주었어요 + 그것이 어제 일어났다는 것

He explained **the thing** + **that** ~~the thing~~ happened yesterday

3 이것이 그것입니다 + 그것이 나를 행복하게 만든다는 것

This is **the thing** + **that** ~~the thing~~ makes me happy

4 그것이 바로 그것이에요 + 그것이 기술을 요구한다는 것

It is just **the thing** + **that** ~~the thing~~ requires skills

5 나는 그것을 배웠어요 + 그것이 중요한 역할을 한다는 것

I learned **the thing** + **that** ~~the thing~~ plays an important role.

다음 페이지에서 정답을 확인하세요.

문장 응용하기 APPLY IT

다음 문장을 바꿔 써 보세요.

*the thing that*을 *what*으로 고쳐 쓰기
→ *what*이 주어로 쓰이는 경우

1 나는 중요한 그것을 알아.

I know the thing that is important.

I know ______________________________.

2 그는 어제 일어난 그것을 설명해 주었어요.

He explained the thing that happened yesterday.

He explained ______________________________.

3 이것이 나를 행복하게 만드는 그것입니다.

This is the thing that makes me happy.

This is ______________________________.

4 그것이 바로 기술을 요구하는 그것이에요.

It is the thing that requires skills.

It is ______________________________.

5 나는 중요한 역할을 하는 그것을 배웠어요.

I learned the thing that plays an important role.

I learned ______________________________.

다음 페이지에서 정답을 확인하세요.

Check it out
완성 문장 확인하기

완성 문장을 확인하고 여러 번 쓰고 읽어 보세요. MP3 **88-01**

1. 나는 중요한 그것을 알아.

I know the thing that is important.

I know what is important.

2. 그는 어제 일어난 그것을 설명해 주었어요.

He explained the thing that happened yesterday.

He explained what happened yesterday.

3. 이것이 나를 행복하게 만드는 그것입니다.

This is the thing that makes me happy.

This is what makes me happy.

4. 그것이 바로 기술을 요구하는 그것이에요.

It is just the thing that requires skills.

It is just what requires skills.

5. 나는 중요한 역할을 하는 그것을 배웠어요.

I learned the thing that plays an important role.

I learned what plays an important role.

START WRITING

문장. 시작하기 ③

'주어 + 동사 + 목적어(*the thing*)' 로 기본 문장 쓰기

오른쪽에 주어진 단어를 참고로 다음 문장을 영어로 써 보세요.

• ***see***
• ***tell***
• ***do***
• ***want***
• ***give up***

1 네가 그것을 원하는구나.

( )

2 너는 그것을 봤었어.

( )

3 너는 그것을 했었어.

( )

4 네가 그것을 포기했었어.

( )

5 네가 그것을 나에게 얘기해 주었었어.

( )

다음 페이지에서 정답을 확인하세요.

문장 확장하기

EXPAND WRITING

*that*을 문장 앞에 써서 문장 전체를 단어화(형용사화)하기

확장된 다음 문장을 영어로 써 보세요.

1 네가 그것을 원한다는 것

_________ you want the thing.

2 네가 그것을 봤었다는 것

_________ you had seen the thing.

3 네가 그것을 했었다는 것

_________ you had done the thing.

4 네가 그것을 포기했었다는 것

_________ you had given up the thing.

5 네가 그것을 나에게 얘기해 주었었다는 것

_________ you had told me the thing.

p.107에서 정답을 확인하세요.

START WRITING

(문장.) 시작하기 ④

the thing을 목적어로 기본 문장 쓰기

오른쪽에 주어진 단어를 참고로 다음 문장을 영어로 써 보세요.

1 나는 그것을 알아.

( )

2 나는 그것을 봤어.

( )

3 그는 그것을 물어봤어.

( )

4 나는 그것을 해결했어.

( )

5 나는 그것을 들었어.

( )

- ***ask***
- ***hear***
- ***see***
- ***solve***
- ***know***

다음 페이지에서 정답을 확인하세요.

문장 확장하기

EXPAND WRITING

확장된 다음 문장을 영어로 써 보세요.

the thing 뒤에 *that*을 쓴 문장을 연결하고,
반복되는 명사 생략하기
→ *that*이 이끄는 문장이 *the thing*을 꾸며주는 형용사 역할

1 나는 그것을 알아 + 네가 그것을 원한다는 것

I know **the thing** + **that** you want ~~the thing~~

---

2 나는 그것을 봤어 + 네가 그것을 봤었다는 것

I saw **the thing** + **that** you had seen ~~the thing~~

---

3 그는 그것을 물어봤어 + 네가 그것을 했었다는 것

He asked **the thing** + **that** you had done ~~the thing~~

---

4 나는 그것을 해결했어 + 네가 그것을 포기했었다는 것

I solved **the thing** + **that** you had given up ~~the thing~~

---

5 나는 그것을 들었어 + 네가 나에게 그것을 얘기해 주었었다는 것

I heard **the thing** + **that** you had told me ~~the thing~~

다음 페이지에서 정답을 확인하세요.

문장 응용하기 APPLY IT

the thing that을 what으로 고쳐 쓰기
→ what이 목적어로 쓰이는 경우

다음 문장을 바꿔 써 보세요.

1 나는 네가 원하는 그것을 알아.

I know the thing that you want.

I know ______________________________.

2 나는 네가 보았던 그것을 봤어.

I saw the thing that you had seen.

I saw ______________________________.

3 그는 네가 했던 그것을 물어봤어.

He asked the thing that you had done.

He asked ______________________________.

4 나는 네가 포기했던 그것을 해결했어.

I solved the thing that you had given up.

I solved ______________________________.

5 나는 네가 나에게 얘기해 줬던 그것을 들었어.

I heard the thing that you had told me.

I heard ______________________________.

다음 페이지에서 정답을 확인하세요.

Check it out
완성 문장 확인하기

완성 문장을 확인하고 여러 번 쓰고 읽어 보세요. MP3 88-02

1. 나는 네가 원하는 그것을 알아.

I know the thing that you want.

I know what you want.

2. 나는 네가 본 그것을 봤어.

I saw the thing that you had seen.

I saw what you had seen.

3. 그는 네가 했던 그것을 물어봤어.

He asked the thing that you had done.

He asked what you had done.

4. 나는 네가 포기했던 그것을 해결했어.

I solved the thing that you had given up.

I solved what you had given up.

5. 나는 네가 나에게 얘기해줬던 그것을 들었어.

I heard the thing that you had told me.

I heard what you had told me.

AFTER WRITING 이것도 알고 가기

'the thing that' 대신에 사용한 'what ~'은 문장에서 주어로도 쓸 수도 있습니다. What을 사용한 긴 주어가 자주 사용되지는 않지만 강조를 목적으로 한다면 필요한 표현입니다. 우선 what을 주어로 쓴 문장들을 여러 번 읽어두도록 하세요.

Ex.

What makes me happy is this book.

나를 행복하게 하는 것은 이 책이야.

What you want is the information.

네가 원하는 것은 그 정보잖아.

What you saw is the ring.

네가 본 것은 그 반지야.

What happened is interesting.

일어난 그 일이 흥미롭다.

What you did is great.

네가 한 일은 대단한 거야.

What we were talking is a secret.

우리가 얘기한 것은 비밀이에요.

What you want is also what I want.

네가 원하는 것이 내가 원하는 것이기도 해.

What you have eaten was mine.

네가 먹은 것이 내 것이었어.

What he just said shocked me.

그가 방금 말한 것이 나를 놀라게 했어요.

What comes next is still behind a veil.

무엇이 그 다음에 올지 여전히 베일에 가려져 있어요.

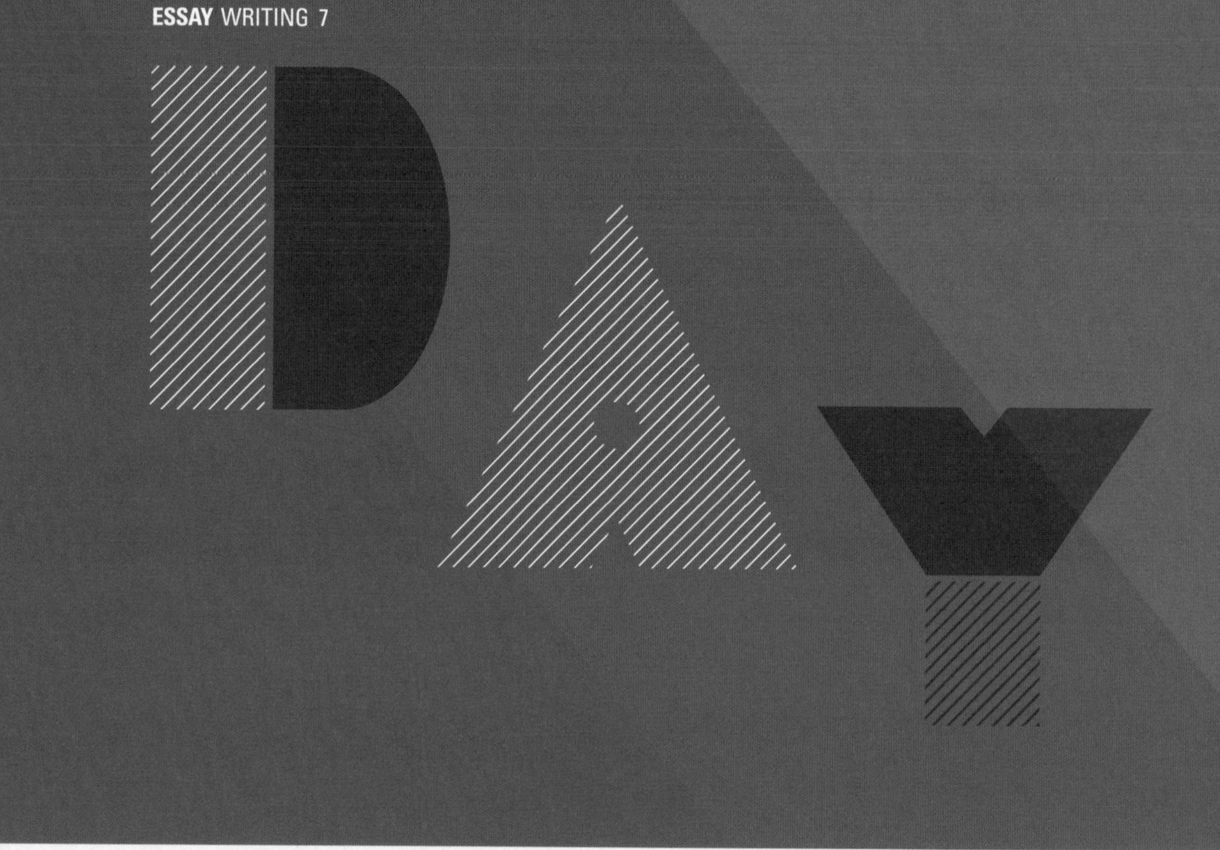

DAY 85~88 총정리

"What do you think is the best?" –type

총정리 순서

STEP 1 베이직 에세이 읽고 암기해서 말하기

STEP 2 확장된 에세이 듣고 읽고 암기해서 말하기

STEP 3 에세이 구조 분석하고 체득하기

STEP 4 다른 주제로 셀프 에세이 써 보기

STEP 4에서 에세이를 쓰는 순서(Introduction → Body 1 → Body 2 → Conclusion)에 따라 써야 할 내용이 제시되어 있다 해도 다른 주제로 직접 에세이를 써 보는 것이 버겁다면, STEP 1~3까지 충분히 반복 훈련한 뒤에 도전해 보세요. 처음엔 힘들지만 여러 번 듣고, 읽고, 입으로 외우면서 에세이의 구조가 몸에 익으면 에세이에 대한 자신감이 붙은 자신을 발견할 거예요.

SCHEDULE

ESSAY Writing은 형식에 완전히 익숙해지기 전까지는 꽤 어려운 분야의 글쓰기이므로 하루 만에 다 소화하기 어려울 수도 있으니, 다 끝내지 못한 부분은 assignment로 하거나 시간이 날 때마다 짬짬이 다시 도전해 보세요! 아래 훈련기록란도 넉넉히 마련해 두었습니다.

1차 훈련기록

시작 시간 ______년 ______월 ______일 ______시 ______분

마친 시간 ______년 ______월 ______일 ______시 ______분

총 연습 시간 ________분

2차 훈련기록

시작 시간 ______년 ______월 ______일 ______시 ______분

마친 시간 ______년 ______월 ______일 ______시 ______분

총 연습 시간 ________분

3차 훈련기록

시작 시간 ______년 ______월 ______일 ______시 ______분

마친 시간 ______년 ______월 ______일 ______시 ______분

총 연습 시간 ________분

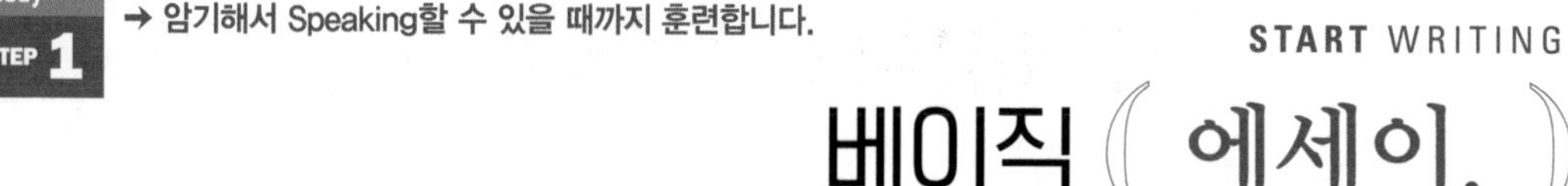

다음 에세이를 읽고 에세이 라이팅에 도전해 보세요.

직장을 구하는 데는 여러 가지 방법이 있다. 신문 광고, 인터넷 구인구직 검색 사이트, 개인적인 추천. 당신은 어떤 방법이 직장을 구하기 가장 좋다고 생각하는가?

우린 다양한 방법을 이용하는데 구직 활동을 원하는 직장을 구하려면 기술이 필요하기 때문이다. 나는 인터넷이 구직자들에게 가장 좋은 곳이라 생각한다.

첫째, 편리함은 인터넷의 장점이다. 인터넷은 떠돌아다니는 정보를 수집해서, 우린 그중에서 선택할 수 있다. **예를 들어,** 당신이 멀리 떨어진 곳에 일자리를 찾고 싶다면, 그곳에 찾아갈 필요가 없다. 인터넷이 그곳에 대해 당신이 필요한 정보를 알려준다.

둘째, 인터넷은 최선 정보를 제공한다. 더 좋은 정보를 가진 사람들이 더 좋은 기회를 갖는다는 것에 우리 모두 동의한다. 기업들뿐만 아니라 많은 개인들도 정보를 다른 사람들과 공유한다. 인터넷이 제공하는 것이 구직활동에 중요한 영향을 미치는 한, 우리는 그 점을 간과해서는 안 된다.

결론적으로, 우리는 정보 시대에 살고 있다. 요즘엔 거의 모든 사람들이 컴퓨터를 갖고 있으며 인터넷은 어디에나 있다. 우리는 인터넷에서 원하는 여러 일자리를 찾을 수 있다. 직장을 구할 때, 우리는 인터넷의 이런 장점들을 이용해야 한다.

the ESSAY

에세이를 영어로 옮길 때 빈칸에 들어갈 알맞은 말을 써 보세요.

WORD COUNT 181

Topic

There are many ways to find a job: newspaper advertisements, Internet job search websites, and personal recommendations. What do you think is the best way to find a job?

We use various methods because finding a job ________________. I believe the Internet is the best place ____________________________.

First, convenience is the merit of the Internet. Since the Internet gathers information ____________________, we can choose from them. **For example,** when you want a job away from your hometown, you don't ______________________. The Internet provides ________________ ________ about the place in detail.

Second, the Internet gives the latest information. We all agree that someone with the better information can have ____________________. Not only companies ______________________ share information with others. As long as ________________________ plays an important role, we ________________ it.

In conclusion, we live in the information age. Almost everyone has a computer and the Internet is everywhere. We can find ______________________________ in the Internet. When looking for a job, we should use these merits of the Internet.

다음 페이지에서 정답을 확인하세요.

Expand Writing STEP 2

확장된 구조의 에세이를 반복 Listening → Reading → 암기해서 Speaking할 수 있을 때까지 훈련합니다.

에세이 확장 익히기

89-01

다음 에세이를 여러 번 들어 보고 읽어 보세요.

Topic

There are many ways to find a job: newspaper advertisements, Internet job search websites, and personal recommendations. What do you think is the best way to find a job?

We can obtain satisfaction from our jobs. We use various methods in our job searching because finding a job we want **requires skills.** I believe the Internet that has convenience and updates news is the best place **for the job seekers.**

First, convenience is the merit of the Internet we use every day. Since the Internet gathers hundreds of thousands of information **that floats around,** we can choose what we want from them without the limitation of place and time. **For example,** when you want a job away from your hometown where you are living now, you don't **have to visit the place.** The Internet provides **information that you need** about the place and the company that you want to go in detail. Just one click solves the problem you have.

Second, the Internet gives the latest information to us. We all agree that someone with the better information that others do not have can have **the better opportunity** in this competitive society we live in. We can, **for example,** see companies' latest advertisement looking for people in the Internet. Not only companies **but also many individuals** who want jobs share up-to-date information with others. As long as **what the Internet provides** plays an important role in a job searching, we **should not ignore** its significance.

In conclusion, we live in the information age that changes from hour to hour. Almost everyone has a computer these days and the Internet is everywhere within our reach. We can find **many jobs we want** in the Internet with its convenience and frequent updating that save time for the users. When looking for a job, we should use these merits of the Internet that set deep in our life. This is what the Internet is for.

직장을 구하는 데는 여러 가지 방법이 있다. 신문 광고, 인터넷 구인구직 검색 사이트, 개인적인 추천. 당신은 어떤 방법이 직장을 구하기 가장 좋다고 생각하는가?
우리는 직업에서 만족을 얻을 수 있다. 우린 구직 활동을 할 때 다양한 수단을 이용하는데 원하는 직장을 구하려면 기술이 필요하기 때문이다. 나는 편리하고 소식을 업데이트해주는 인터넷이 구직자들에게 가장 좋은 곳이라 생각한다.
첫째, 편리함은 우리가 매일 이용하는 인터넷의 장점이다. 인터넷은 세상에 떠돌아다니는 엄청나게 많은 정보를 수집해서, 우린 때와 장소의 제약 없이 그중에서 우리가 원하는 것을 선택할 수 있다. 예를 들어, 당신이 지금 살고 있는 고향에서 멀리 떨어진 곳에 일자리를 찾고 싶다면, 그곳에 찾아갈 필요가 없다. 인터넷이 그곳과 당신이 가고 싶은 회사에 대한 정보를 자세히 알려준다. 클릭 한 번만 하면 당신의 문제가 해결된다.
둘째, 인터넷은 최선 정보를 우리에게 제공한다. 우리가 살고 있는 이 경쟁 사회에서 남에게는 없는 더 좋은 정보를 가진 몇몇 사람들이 더 좋은 기회를 갖는다는 것에 우리 모두 동의한다. 예를 들어, 우리는 인터넷에서 기업들의 최신 구인광고를 볼 수 있다. 기업들뿐만 아니라 일자리를 원하는 개인들도 최신 정보를 다른 사람들과 공유한다. 인터넷이 제공하는 것이 구직활동에 중요한 영향을 미치는 한, 우리는 그 중요성을 간과해서는 안 된다.
결론적으로, 우리는 한 시간 단위로 변하는 정보 시대에 살고 있다. 요즘엔 거의 모든 사람들이 컴퓨터를 갖고 있으며 손이 닿는 어디에나 인터넷이 있다. 우리는 인터넷의 편리함과 사용자들의 시간을 절약해주는 잦은 업데이트 덕분에 인터넷에서 원하는 여러 일자리를 찾을 수 있다. 직장을 구할 때, 우리는 우리 삶 깊숙이 자리잡은 인터넷의 이런 장점들을 이용해야 한다. 이게 인터넷이 있는 목적이다.

• **satisfaction** 만족, 만족감 • **merit** 장점 • **convenience** 편리함
• **float around** 떠돌아다니다 • **limitation** 제한 • **in detail** 자세하게 • **opportunity** 기회
• **competitive** 경쟁이 심한 • **advertisement** 광고 • **ignore** 간과하다
• **significance** 중요성 • **within one's reach** 손이 닿는 곳에 • **up-to-date** 최신의
• **frequent** 잦은

에세이 구조 파악하기

앞에 나온 에세이의 구조를 분석해 보면서 에세이 양식을 체득해 보세요.

Topic There are many ways to find a job: newspaper advertisements, Internet job search web sites, and personal recommendations. What do you think is the best way to find a job?

introduction

에세이의 시작에 쓸 내용

1 주제에 대한 일반적인 생각이나 의견 (*General Statement*)

We can obtain satisfaction from our jobs.

2 어떻게 쓸지 방향 결정 (*Attitude*)

We use various methods in our job searching because finding a job we want requires skills.

3 무엇에 대해서 쓸지 내용 결정 (*Thesis Statement*)

I believe the Internet that has convenience and updates news is the best place for the job seekers.

Body 1

에세이의 중간에 쓸 내용

1 첫 번째 결정한 것에 대해서 쓰기 (*Topic Sentence*)

First, convenience is the merit of Internet we use every day. Since the Internet gathers hundreds of thousands of information that floats around, we can choose what we want from them without the limitation of place and time.

2 보기나 예제를 써주기 (*Example*)

For example, when you want a job away from your hometown where you are living now, you don't have to visit the place. The Internet provides information that you need about the place and the company that you want to go in detail.

❸ 마무리하기 (*Simple Conclusion*)

Just one click solves the problem you have.

Body 2

에세이의 중간에 쓸 내용

❶ 두 번째 결정한 것에 대해서 쓰기 (*Topic Sentence*)

Second, the Internet gives the latest information to us. We all agree that someone with the better information that others do not have can have the better opportunity in this competitive society we live in.

❷ 보기나 예제를 써주기 (*Example*)

We can, for example, see companies' latest advertisement looking for people in the Internet. Not only companies but also many individuals who want jobs share up-to-date information with others.

❸ 마무리하기 (*Simple Conclusion*)

As long as what the Internet provides plays an important role in a job searching, we should not ignore its significance.

Conclusuion

에세이의 마지막에 쓸 내용

❶ 에세이가 어떤 주제에 대한 것인지 한두 줄로 요약 (*Brief Summary*)

In conclusion, we live in the information age that changes from hour to hour. Almost everyone has a computer these days and the Internet is everywhere within our reach.

❷ Body 1, Body 2를 다른 말로 정리하기 (*Paraphrasing*)

We can find many jobs we want in the Internet with its convenience and frequent updating that save time for the users.

❸ 최종 결론 (*Final Decision*)

When looking for a job, we should use these merits of the Internet that set deep in our life. This is what the Internet is for.

다른 주제로 에세이 연습하기

STEP 2와 STEP 3를 참고하여, 나만의 에세이를 직접 써 보세요.

Topic **There are many ways to buy household items: a personal visit to a shop, an Internet shopping mall, and a mail-order catalog. What do you think is the best way to buy household items?**

introduction

에세이의 시작에 쓸 내용

❶ 주제에 대한 일반적인 생각이나 의견 (*General Statement*)

____

____

____

____

❷ 어떻게 쓸지 방향 결정 (*Attitude*)

____

____

____

____

❸ 무엇에 대해서 쓸지 내용 결정 (*Thesis Statement*)

____

____

____

____

Body 1

에세이의 중간에 쓸 내용

❶ **첫 번째 결정한 것에 대해서 쓰기** (*Topic Sentence*)

❷ **보기나 예제를 써 주기** (*Example*)

❸ **마무리하기** (*Simple Conclusion*)

Body 2

에세이의 중간에 쓸 내용

❶ 두 번째 결정한 것에 대해서 쓰기 (*Topic Sentence*)

❷ 보기나 예제를 써 주기 (*Example*)

❸ 마무리하기 (*Simple Conclusion*)

Conclusuion

에세이의 마지막에 쓸 내용

❶ **에세이가 어떤 주제에 대한 것인지 한두 줄로 요약** (*Brief Summary*)

❷ **Body 1, Body 2를 다른 말로 정리하기** (*Paraphrasing*)

❸ **최종 결론** (*Final Decision*)

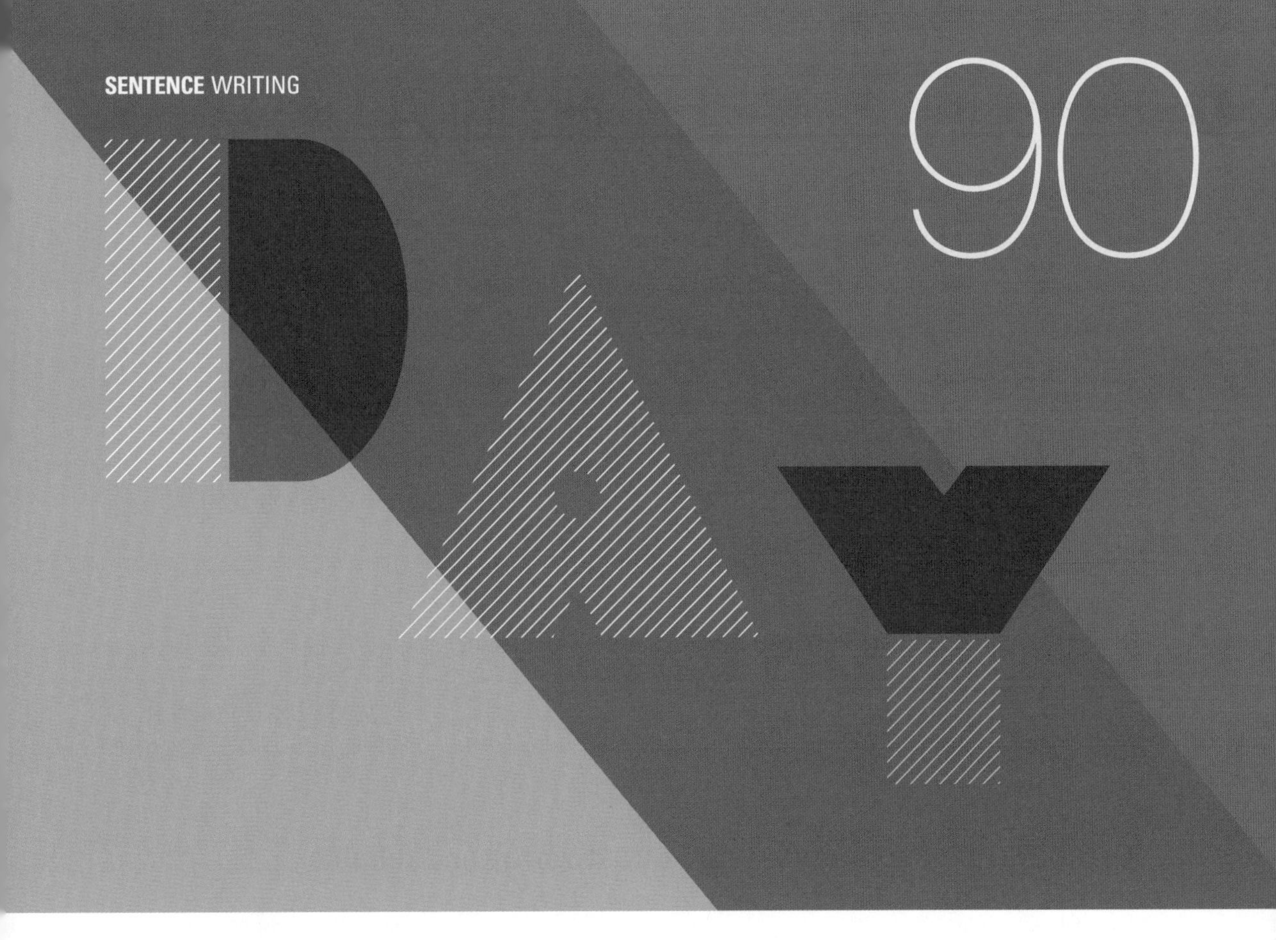

형용사절을 형용사구로 바꾸기

• 관계대명사와 be동사를 생략한다.

Ex. I saw a man **(who was)** running down the street.

나는 길 아래로 **뛰어 내려가는 중인** 사람을 보았어요.

I saw a man **running** down the street.

나는 길 아래로 **뛰어 내려가는 중인** 사람을 보았어요.

• 관계대명사를 생략하고 일반동사의 원형에 -ing를 붙인다.

Ex. I saw a man **(who ran)** down the street.

나는 길 아래로 **뛰어 내려간** 사람을 보았어요.

I saw a man **running** down the street.

나는 길 아래로 **뛰어 내려간** 사람을 보았어요.

시작 시간 ______년 ______월 ______일 ______시 ______분

마친 시간 ______년 ______월 ______일 ______시 ______분　　총 연습 시간 ________분

ROUND

1 INTERPRET WRITING

(문장.) 해석하기

다음 문장의 우리말 해석을 써 보세요.

영어에서 자주 사용되는 형용사절의 의미와 쓰임 익히기

1 I memorized the poem **that was impressive to me.**

나는 (   ) 그 시를 외웠어요.

2 I remember the temple **that is eye-catching.**

나는 (   ) 그 사원을 기억해요.

3 I have the information **that is trustworthy and reliable.**

나는 (   ) 정보를 가지고 있어요.

4 I bought the ticket **that is cheaper than this** in the Internet.

나는 (   ) 티켓을 인터넷에서 샀어요.

5 The woman **who is waving at me** is my girlfriend.

(   ) 그 여자는 나의 여자친구예요.

6 This man **who is sending this long text message** is my ex-boyfriend.

(   ) 이 남자는 나의 옛날 남자친구예요.

다음 페이지에서 정답을 확인하세요.

문장 응용하기 APPLY IT

① 관계 대명사 생략 ② *be*동사 생략 ➜ 명사 뒤에 형용사만 남아서 선언/공표(*declaration*)하는 글이 됨

다음 문장의 모양을 바꿔 보세요 .

1 나는 나에게 감동적인 그 시를 외웠어요.

I memorized the poem that was impressive to me.

I memorized ______________________________.

2 나는 시선을 사로잡는 그 사원을 기억해요.

I remember the temple that is eye-catching.

I remember ______________________________.

3 나는 신뢰할 만하고 믿을 만한 정보를 가지고 있어요.

I have the information that is trustworthy and reliable.

I have ______________________________.

4 나는 이것보다 더 싼 티켓을 인터넷에서 샀어요.

I bought the ticket that was cheaper than this in the Internet.

I bought ______________________________.

5 나에게 손을 흔들고 있는 그 여자는 나의 여자친구예요.

The woman who is waving at me is my girlfriend.

____ is my girlfriend.

6 이 긴 문자를 보내고 있는 이 남자는 나의 옛날 남자친구예요.

This man who is sending this long text message is my ex-boyfriend.

____ is my ex-boyfriend.

〈완성 문장 확인하기〉에서 정답을 확인하세요.

(문장 통으로.) 쓰기

WRITE IT OUT

이번에는 전체 문장을 통으로 써 보세요.

1 나는 나에게 감동적인 그 시를 외웠어요.

2 나는 시선을 사로잡는 그 사원을 기억해요.

3 나는 신뢰할 만하고 믿을 만한 정보를 가지고 있어요.

4 나는 이것보다 더 싼 티켓을 인터넷에서 샀어요.

5 나에게 손을 흔들고 있는 그 여자는 나의 여자친구예요.

6 이 긴 문자를 보내고 있는 이 남자는 나의 옛날 남자친구예요.

다음 페이지에서 정답을 확인하세요.

Check it out
완성 문장 **확인하기**

완성 문장을 확인하고 여러 번 쓰고 읽어 보세요. MP3 **90-01**

❶ 나는 나에게 감동적인 그 시를 외웠어요.

I memorized the poem **impressive to me.**

❷ 나는 시선을 사로잡은 그 사원을 기억해요.

I remember the temple **eye-catching.**

❸ 나는 신뢰할 만하고 믿을 만한 정보를 가지고 있어요.

I have the information **trustworthy and reliable.**

❹ 나는 이것보다 더 싼 티켓을 인터넷에서 샀어요.

I bought the ticket **cheaper than this** in the Internet.

❺ 나에게 손을 흔들고 있는 그 여자는 나의 여자친구예요.

The woman **waving at me** is my girlfriend.

❻ 이 긴 문자를 보내고 있는 이 남자는 나의 옛날 남자친구예요.

This man **sending this long text message** is my ex-boyfriend.

(문장.) 해석하기

INTERPRET WRITING

다음 문장의 우리말 해석을 써 보세요.

형용사절에 유의하여 해석해 보기

1 It detects symptoms **that cause trouble.**

이것은 (　　　　　　　　　　) 증상들을 찾아내요.

2 I heard the rumor **that hurt Cindy and her friends.**

나는 (　　　　　　　　　　) 그 소문을 들었어요.

3 I read the article **that touched me deeply.**

나는 (　　　　　　　　　　) 그 기사를 읽었어요.

4 I remember the building **that has become famous in the city.**

나는 (　　　　　　　　　　) 그 건물을 기억해요.

5 We are waiting for the festival **that comes once a year.**

우리는 (　　　　　　　　　　) 그 페스티벌을 기다리고 있는 중이에요.

6 Did you hear the news **that surprised the whole nation?**

너는 ( ) 그 뉴스를 들었니?

7 Is there anyone **who knows what to do?**

( ) 사람 있어요?

8 The woman **who helped me at that time** was my girlfriend.

( ) 그 여자는 나의 여자친구였어요.

9 The man **who saves a seat in the library for me** is my boyfriend.

( ) 그 남자는 내 남자친구예요.

〈문장 통으로 쓰기〉에서 정답을 확인하세요.

문장 응용하기 APPLY IT

① 관계 대명사 생략 ② 일반동사의 원형에 *-ing*를 붙이기 ➜ 행동(*Action*)이 두드러지는 글

다음 문장의 모양을 바꾸어 보세요.

1 It detects symptoms that cause trouble.

It detects symptoms ______________________________.

2 I heard the rumor that hurt Cindy and her friends.

I heard the rumor ______________________________.

3 I read the article that touched me deeply.

I read the article ______________________________.

4 I remember the building that has become famous in the city.

I remember the building ______________________________.

5 We are waiting for the festival that comes once a year.

We are waiting for the festival ______________________________.

6 Did you hear the news that surprised the whole nation?

Did you hear the news ______________________________?

7 Is there anyone who knows what to do?

Is there anyone ______________________________?

8 The woman who helped me at that time was my girlfriend.

The woman ______________________________ was my girlfriend.

9 The man who saves a seat in the library for me is my boyfriend.

The man ______________________________ is my boyfriend.

〈완성 문장 확인하기〉에서 정답을 확인하세요.

문장 통으로. 쓰기

WRITE IT OUT

이번에는 전체 문장을 통으로 써 보세요.

1 그것은 문제를 일으키는 증상들을 찾아내요.

2 나는 Cindy와 그녀의 친구들을 아프게 한 그 소문을 들었어요.

3 나는 나에게 깊은 감동을 준 그 기사를 읽었어요.

4 나는 그 도시에서 유명해진 그 건물을 기억해요.

5 우리는 일 년에 한 번씩 오는 그 페스티벌을 기다리고 있는 중이에요.

6 너는 온 나라를 놀라게 한 그 뉴스를 들었니?

7 무엇을 해야 하는지 아는 사람 있어요?

8 그때 나를 도와준 그 여자는 나의 여자친구였어요.

9 도서관에서 나를 위해 자리를 잡아주는 그 남자는 내 남자친구예요.

다음 페이지에서 정답을 확인하세요.

Check it out
완성 문장 **확인하기**

완성 문장을 확인하고 여러 번 쓰고 읽어 보세요. MP3 **90-02**

1 그것은 문제를 일으키는 증상들을 찾아내요.

It detects symptoms **causing trouble.**

2 나는 Cindy와 그녀의 친구들을 아프게 한 그 소문을 들었어요.

I heard the rumor **hurting Cindy and her friends.**

3 나는 나에게 깊은 감동을 준 그 기사를 읽었어요.

I read the article **touching me deeply.**

4 나는 그 도시에서 유명해진 그 건물을 기억해요.

I remember the building **having become famous in the city.**

5 우리는 일 년에 한 번씩 오는 그 페스티벌을 기다리고 있는 중이에요.

We are waiting for the festival **coming once a year.**

6 너는 온 나라를 놀라게 한 그 뉴스를 들었니?

Did you hear the news surprising the whole nation?

7 무엇을 해야 하는지 아는 사람 있어요?

Is there anyone knowing what to do?

8 그때 나를 도와준 그 여자는 나의 여자친구였어요.

The woman helping me at that time was my girlfriend.

9 도서관에서 나를 위해 자리를 잡아주는 그 남자는 내 남자친구예요.

The man saving a seat in the library for me is my boyfriend.

AFTER WRITING 이것도 알고 가기

다음의 문장들은 같은 내용을 전달하기 위해서 다양한 문장을 쓸 수 있다는 것을 보여 주는 자료입니다. 한 번씩 꼭 읽고 해석해 보면서 문장을 보는 시야를 넓혀 두세요.

I remember the building that is sky-high and eye-catching.

▸ I remember the building sky-high and eye-catching.

▸ I remember the sky-high and eye-catching building.

▸ I remember the sky-high building that is eye-catching.

I have the information that is trustworthy and reliable.

▸ I have the information trustworthy and reliable.

▸ I have the trustworthy and reliable information.

▸ I have the reliable information that is trustworthy.

I bought the ticket that was cheaper than this in the Internet.

▸ I bought the ticket cheaper than this in the Internet.

▸ I bought the cheaper ticket in the Internet.

▸ In the Internet I bought the ticket cheaper than this.

The woman who is waving at me is my girlfriend.

- The woman waving at me is my girlfriend.
- The woman is my girlfriend who is waving at me.
- The woman is my girlfriend waving at me.

We are waiting for the festival that comes once a year.

- We are waiting for the festival coming once a year.
- We are waiting for the coming festival.

관계대명사의 계속적 용법, 제한적 용법

제한적 용법 콤마가 없는 문장

Ex. The cookies **which I ate** were very delicious.

내가 먹은 그 과자들은 맛있었어요. (여러 과자 중 내가 먹은 것이 맛있었음. 다른 과자는 어떤지 모름)

계속적 용법 콤마가 있는 문장

Ex. The cookies, **which I ate**, were very delicious.

내가 먹은 그 과자들은 맛있었어요. (모든 과자가 맛있음)

시작 시간 ______년 ______월 ______일 ______시 ______분

마친 시간 ______년 ______월 ______일 ______시 ______분　　총 연습 시간 ________분

(문장.) 해석하기

다음의 문장을 해석하세요. 그리고 그 뉘앙스를 추측해서 써 보도록 하세요.

example I bought seven books.
→나는 책 일곱 권을 샀어요.

The books **which I read** were awesome.
→ 내가 읽은 그 책들은 기막히게 좋았어요.
뉘앙스 → 일곱 권의 책 중에 몇 권을 골라서 읽었고 그 골라 읽은 책이 좋았다.

The books**, which I read,** were awesome.
→ 내가 읽은 그 책들은 기막히게 좋았어요.
뉘앙스 → 일곱 권의 책을 모두 읽었고 모두 좋았다.

1 We had some food.

( )

We liked the food which we had.

( )

뉘앙스 ( )

We liked the food, which we had.

뉘앙스 ( )

2 Nancy suggested several ideas.

( )

Some of the ideas which Nancy suggested are brilliant.

( )

뉘앙스 ( )

The ideas, which Nancy suggested, are brilliant.

( )

뉘앙스 ( )

3 There were many people.

( )

People who saw the accident were shocked.

( )

뉘앙스 ( )

People, who saw the accident, were shocked.

( )

뉘앙스 ( )

다음 페이지에서 정답을 확인하세요.

Check it out
해석 확인하기

완성 문장을 확인하고 여러 번 쓰고 읽어 보세요.

❶ **We had some food.**

▸ 우리는 몇몇 음식을 먹었어요.

We liked the food **which we had.**

▸ 우리는 우리가 먹은 그 음식을 좋아했어요.

뉘앙스 ▸ 몇몇 음식 중 특별히 우리가 선택해서 먹은 것이 있고 그 음식들이 좋았다.

We liked the food, **which we had.**

▸ 우리는 우리가 먹은 그 음식을 좋아했어요.

뉘앙스 ▸ 우리가 먹은 모든 음식이 좋았다.

❷ **Nancy suggested several ideas.**

▸ Nancy는 몇 개의 아이디어를 제안했다.

Some of the ideas **which Nancy suggested** are brilliant.

▸ Nancy가 제안한 것 중 몇 개는 아주 우수하다.

뉘앙스 ▸ Nancy가 제안한 것 전부가 아니라 그 중에 몇 개가 우수하다.

The ideas, **which Nancy suggested,** are brilliant.

▸ Nancy가 제안한 아이디어는 우수하다.

뉘앙스 ▸ Nancy가 제안한 아이디어 전부 우수하다.

❸ **There were many people.**

▸ 많은 사람들이 있었다.

People who saw the accident were shocked.

▸ 그 사고를 본 사람들은 충격을 받았다.

뉘앙스 ▸ 그 사람들 중에 사고를 본 사람만 충격을 받았다.

People, who saw the accident, were shocked.

▸ 그 사고를 본 사람들은 충격을 받았다.

뉘앙스 ▸ 거기 있는 사람들이 모두 그 사고를 보았고 모두 충격을 받았다.

문장 응용하기 APPLY IT

관계대명사의 제한적 용법과 계속적 용법의 뉘앙스 구분하기

오른쪽에 주어진 단어를 활용하여 다음 문장을 영어로 써 보세요.

• *have*
• *download*
• *watch*
• *delicious*
• *good*

1 나는 5편의 영화를 다운로드했어요.

__________ five movies.

내가 본 그 영화들은 좋았어요. (몇몇 영화)

The movies __________ were ______.

내가 본 그 영화들은 좋았어요. (전부)

The movies __________ were ______.

2 나는 과자를 좀 먹었어요.

__________ some cookies.

내가 먹은 과자는 맛있었어요.

The cookies __________ were ______. (몇몇 과자)

내가 먹은 과자는 맛있었어요.

The cookies __________ were ______. (과자 전부)

3 Bob은 몇 개의 이야기를 우리에게 말해 주었어요.

__________ several stories to us.

Bob이 말해 준 몇몇 이야기는 사실이었어요. (몇 개의 이야기)

Some of the stories __________ were ______.

Bob이 말해 준 이야기들은 사실이었어요. (이야기 전부)

The stories __________ were ______.

• bus
• accident
• tell
• see
• surprised
• true
• there

4 버스 안에는 많은 승객들이 있었어요.

__________ many passengers __________.

그 사고를 본 승객들은 놀랐어요. (사고를 본 몇몇 승객)

The passengers __________ were ______.

그 사고를 본 승객들은 놀랐어요. (승객 전부)

The passengers __________ were ______.

〈완성 문장 확인하기〉에서 정답을 확인하세요.

문장 통으로. 쓰기

WRITE IT OUT

이번에는 전체 문장을 통으로 써 보세요.

1 나는 5편의 영화를 다운로드했어요.

내가 본 그 영화들은 좋았어요. (몇몇 영화)

내가 본 그 영화들은 좋았어요. (전부)

2 나는 과자를 좀 먹었어요.

내가 먹은 과자는 맛있었어요. (몇몇 과자)

내가 먹은 과자는 맛있었어요. (과자 전부)

3 Bob은 몇 개의 이야기를 우리에게 얘기해 주었어요.

Bob이 얘기해 준 몇몇 이야기는 사실이었어요. (몇 개의 이야기들)

Bob이 얘기해 준 이야기들은 사실이었어요. (이야기들 전부)

4 버스 안에는 많은 승객들이 있었어요.

그 사고를 본 승객들은 놀랐어요. (사고를 본 몇몇 승객)

그 사고를 본 승객들은 놀랐어요. (승객 전부)

다음 페이지에서 정답을 확인하세요.

Check it out
완성 문장 **확인하기**

완성 문장을 확인하고 여러 번 쓰고 읽어 보세요. MP3 **91-01**

1 나는 5편의 영화를 다운로드했어요.

I downloaded five movies.

내가 본 그 영화들은 좋았어요. (몇몇 영화)

The movies which I watched were good.

내가 본 그 영화들은 좋았어요. (전부)

The movies, which I watched, were good.

2 나는 과자를 좀 먹었어요.

I had some cookies.

내가 먹은 과자는 맛있었어요.

The cookies which I had were delicious. (몇몇 과자)

내가 먹은 과자는 맛있었어요.

The cookies, which I had, were delicious. (과자 전부)

❸ Bob은 몇 개의 이야기를 우리에게 말해주었어요.

Bob told several stories to us.

Bob이 말해준 몇몇 이야기는 사실이었어요. (몇 개의 이야기들)

Some of the stories which Bob told were true.

Bob이 말해준 이야기들 사실이었어요. (이야기들 전부)

The stories, which Bob told, were true.

❹ 버스 안에는 많은 승객들이 있었어요.

There were many passengers in the bus.

그 사고를 본 승객들은 놀랐어요. (사고를 본 몇몇 승객)

The passengers who saw the accident were surprised.

그 사고를 본 승객들은 놀랐어요. (승객 전부)

The passengers, who saw the accident, were surprised.

DAY 90~91 총정리

"Some ~, Others ~. What do you think?" –type

총정리 순서

- STEP 1 베이직 에세이 읽고 암기해서 말하기
- STEP 2 확장된 에세이 듣고 읽고 암기해서 말하기
- STEP 3 에세이 구조 분석하고 체득하기
- STEP 4 다른 주제로 셀프 에세이 써 보기

STEP 4에서 에세이를 쓰는 순서(Introduction → Body 1 → Body 2 → Conclusion)에 따라 써야 할 내용이 제시되어 있다 해도 다른 주제로 직접 에세이를 써 보는 것이 버겁다면, STEP 1~3까지 충분히 반복 훈련한 뒤에 도전해 보세요. 처음엔 힘들지만 여러 번 듣고, 읽고, 입으로 외우면서 에세이의 구조가 몸에 익으면 에세이에 대한 자신감이 붙은 자신을 발견할 거예요.

SCHEDULE

ESSAY Writing은 형식에 완전히 익숙해지기 전까지는 꽤 어려운 분야의 글쓰기이므로 하루 만에 다 소화하기 어려울 수도 있으니, 다 끝내지 못한 부분은 assignment로 하거나 시간이 날 때마다 짬짬이 다시 도전해 보세요! 아래 훈련기록란도 넉넉히 마련해 두었습니다.

1차 훈련기록

시작 시간 _____년 _____월 _____일 _____시 _____분

마친 시간 _____년 _____월 _____일 _____시 _____분

총 연습 시간 _______분

2차 훈련기록

시작 시간 _____년 _____월 _____일 _____시 _____분

마친 시간 _____년 _____월 _____일 _____시 _____분

총 연습 시간 _______분

3차 훈련기록

시작 시간 _____년 _____월 _____일 _____시 _____분

마친 시간 _____년 _____월 _____일 _____시 _____분

총 연습 시간 _______분

Day 90~91까지의 핵심 문법이 포함된 샘플 에세이를 반복 Reading
→ 암기해서 Speaking할 수 있을 때까지 훈련합니다.

START WRITING

베이직 (에세이.)

다음 에세이를 읽고 에세이 라이팅에 도전해 보세요.

어떤 이들은 기술 발달이 우리에게 좋다고 하지만, 다른 이들은 꼭 그렇진 않다고 생각한다. 당신은 어떻게 생각하는가?

어떤 사람들은 기술이 많은 문제들을 해결해주었다고 한다. 내가 보아왔던 것을 생각해볼 때, 기술은 우리에게 더 나은 삶을 주고 있다.

첫째, 거의 모든 사람들이 적어도 휴대전화 하나씩은 있다. 현재를 살고 있는 사람들에게, 휴대전화 없는 삶을 상상하기는 불가능하다. 예를 들어 우리는 아침에 일어나자마자 전화기에 저장된 일정을 확인할 수 있다. 더구나, 전화기는 동영상과 대용량 문서를 해외에 있는 사람들에게 보낼 수 있다. 이 모든 기술이 있기 전에는 사람들은 편지 한 통을 보내려고 먼 길을 걸어야 했다.

둘째, 나는 로봇 알약이 질병의 징후를 탐지할 수 있다는 얘길 들은 적이 있다. 과거에는 사람들이 종종 가벼운 감기로 죽었다. 요즘에는 기대 수명이 훨씬 길다. 현대 기술은 수많은 사람들을 치료해준다. **예를 들어,** 과거에는 암에 걸린 사람들이 알아채지 못했었다. 하지만 이제는 CT(컴퓨터 단층 촬영), MRI(자기 공명 영상법), 엑스레이 기계가 있다.

요약하자면, 우리의 삶은 기술에 의존하고 있다. 기술은 발전해왔다. 우리는 간편하게 의사소통을 할 수 있고 최근의 의료 장비들은 수명을 연장시킨다. 이런 기술은 분명 우리에게 도움이 되고 있다.

에세이를 영어로 옮길 때 빈칸에 들어갈 알맞은 말을 써 보세요.

WORD COUNT
197

Topic

Some people say that technological developments are good for us, but others think it is not necessary. What do you think?

Some people say that technology has solved many problems. Thinking about ______________________, technology gives us a better life.

First, almost everyone has at least one cellular phone. For people ______________________, it is impossible to imagine the life ______________________. For example, as soon as we wake up in the morning, we check ____________________ in the cell phone. Furthermore, phones can send video clips to the people abroad. Before this modern technology, people had to walk a long distance ___________________.

Second, I once heard that a robot pill can detect symptoms of an illness. In the past, people often ______________________. Nowadays life expectancy is _____________. Modern technology cures countless people. **For instance,** in the past, people ______________________ did not notice it. However, we now have CT, MRI, and X-ray.

To summarize, our life depends on technology. Technology has been developed; we can communicate easily and recent medical instruments extend the life span. These technologies __________________________.

다음 페이지에서 정답을 확인하세요.

Expand Writing STEP 2

확장된 구조의 에세이를 반복 Listening → Reading → 암기해서 Speaking할 수 있을 때까지 훈련합니다.

에세이 확장 익히기

92-01

다음 에세이를 여러 번 들어 보고 읽어 보세요.

Topic

Some people say that technological developments are good for us, but others think it is not necessary. What do you think?

Some people say that technology has solved many problems while others argue that technology has created trouble and made the world worse. Thinking about **what I have seen** and experienced so far, technology gives us a better life in terms of communication and healthcare.

First, almost everyone has at least one cellular phone. Cellular phones are the fruit of technology. No one would disagree that these phones are used in order to communicate every day. For people **living in present time**, it is impossible to imagine the life **with no cellular phones**. **For example,** as soon as we wake up in the morning, we check **the** time and **schedule saved** in the cell phone. We exchange messages and information through the phone. Furthermore, phones with technological support can send video clips and a large quantity of documents to the people abroad. Before this modern technology, people had to walk a long distance just **to send one letter** and face many types of difficulties. Technology saves not only time and money but also people's efforts.

Second, I once heard that a robot pill can travel inside of the human body and detect symptoms of an illness. Patients just swallow the pill and wait for the result. In the past, people often **died from a slight cold**. Nowadays life expectancy is **much longer** than in the past. Modern technology in a medical treatment cures countless people who might have died from an illness. **For instance,** in the past, people **having cancer** did not notice it until it becomes serious. However, we now have CT, MRI, and X-ray machines locating the cancer in an early stage and saving the life of the patients. Twenty years ago, the average life span was sixty. Now we are looking at ninety. It is the benefit of the technological development.

To summarize, our life largely depends on technology. Technology has been developed to make our life comfortable not to harm; we can communicate easily and safely with a cellular phone and recent medical instruments extend the life span. Besides, batteries storing solar energy, GPS navigation, and fax machines are all for us. These technologies **are definitely helping us.**

• **healthcare** 보건, 의료 • **cellular phone** 휴대전화 • **technological** 기술적인, 기술상의
• **video clip** 동영상 • **quantity** 양 • **detect** 찾아내다 • **symptom** 징후, 증상
• **life expectancy** 기대 수명 • **medical treatment** 의료 • **countless** 수많은
• **benefit** 혜택 • **largely** 대체로 • **comfortable** 편안한 • **medical instrument** 의료장비
• **extend** 늘리다, 연장하다 • **life span** 수명 • **definitely** 분명히

어떤 이들은 기술 발달이 우리에게 좋다고 하지만, 다른 이들은 꼭 그렇진 않다고 생각한다. 당신은 어떻게 생각하는가?
어떤 사람들은 기술이 많은 문제를 해결해 주었다고 말하는 반면, 다른 이들은 기술이 문제를 야기해왔으며 세상을 더 나쁘게 만들었다고 주장한다. 내가 지금까지 보고 겪었던 것을 생각해볼 때, 기술은 우리에게 소통과 의료 면에서 더 나은 삶을 주고 있다.
첫째, 거의 모든 사람들이 적어도 휴대전화 하나씩은 있다. 휴대전화는 기술의 산물이다. 휴대전화가 의사소통을 위해 매일 사용된다는 것에는 누구나 동의한다. 현재를 살고 있는 사람들에게, 휴대전화 없는 삶을 상상하기는 불가능하다. 매일 아침 눈을 뜨자마자, 우리는 휴대전화에 저장된 시간과 스케줄을 확인한다. 우리는 휴대전화를 통해 문자와 정보를 주고받는다. 더구나, 기술이 뒷받침된 전화기는 동영상과 대용량 문서를 해외에 있는 사람들에게 보낼 수 있다. 이 모든 기술이 있기 전에는 사람들은 겨우 편지 한 통을 보내려고 먼 길을 걸어야 했고 여러 가지 어려움에 부딪혀야 했다. 기술은 시간과 돈을 절약해줄 뿐만 아니라 사람들의 수고도 덜어준다.
둘째, 나는 로봇 알약이 인체 안을 돌아다니며 질병의 징후를 탐지한다는 얘길 들은 적이 있다. 환자들은 알약을 삼키고 결과를 기다리기만 하면 된다. 과거에는 사람들이 가벼운 감기로 죽는 일이 많았다. 요즘에는 기대 수명이 옛날보다 훨씬 길다. 의료 분야에서 현대 기술은 질병으로 죽을 수도 있었을 수많은 사람들을 치료해준다. 예를 들어, 과거에는 암에 걸린 사람들이 심각해질 때까지 알아채지 못했었다. 하지만 이제는 CT(컴퓨터 단층 촬영), MRI(자기 공명 영상법), 엑스레이 기계가 있어서 조기에 암을 찾아내고 환자들의 생명을 구해준다. 20년 전에는 평균 수명이 60살이었다. 이제는 90세가 기대된다. 그건 기술 발달의 혜택이다.
요약하자면, 우리의 삶은 주로 기술에 의존하고 있다. 기술은 발전하여 우리 삶을 편하게 만들었지 해를 끼친 게 아니다. 우리는 휴대전화로 간편하고 안전하게 의사소통하며 최근의 의료 장비들은 수명을 연장시키고 있다. 게다가, 태양 에너지를 저장하는 배터리, GPS 위치 추적 장치, 팩스 기계가 모두 우리를 위한 것이다. 이런 기술은 분명 우리에게 도움이 되고 있다.

에세이 구조 파악하기

앞에 나온 에세이의 구조를 분석해 보면서 에세이 양식을 체득해 보세요.

Topic **Some people say that technological developments are good for us, but other think it is not necessary. What do you think?**

introduction

에세이의 시작에 쓸 내용

❶ **주제에 대한 일반적인 생각이나 의견** (*General Statement*)

Some people say that technology has solved many problems while others argue that technology has created trouble and made the world worse.

❷ **어떻게 쓸지 방향 결정** (*Attitude*)

Thinking about what I have seen and experienced so far;

❸ **무엇에 대해서 쓸지 내용 결정** (*Thesis Statement*)

technology gives us a better life in terms of communication and healthcare.

Body 1

에세이의 중간에 쓸 내용

❶ **첫 번째 결정한 것에 대해서 쓰기** (*Topic Sentence*)

First, almost everyone has at least one cellular phone. Cellular phones are the fruit of technology. No one would disagree that these phones are used every day in order to communicate. For people living in present time, it is impossible to imagine the life with no cellular phones.

❷ **보기나 예제를 써주기** (*Example*)

For example, as soon as we wake up in the morning, we check the time and schedule saved in the cell phone. We exchange messages and information through the phone. Furthermore, phones with technological support can send video clips and a large quantity of documents to the people abroad.

❸ 마무리하기 (*Simple Conclusion*)

Before this modern technology, people had to walk a long distance just to send one letter and face many types of difficulties. Technology saves not only time and money but also people's efforts.

Body 2

에세이의 중간에 쓸 내용

❶ 두 번째 결정한 것에 대해서 쓰기 (*Topic Sentence*)

Second, I once heard that a robot pill can travel inside of the human body and detect symptoms of an illness. Patients just swallow the pill and wait for the result. In the past, people often died from a slight cold. Nowadays life expectancy is much longer than in the past. Modern technology in a medical treatment cures countless people who might have died from an illness.

❷ 보기나 예제를 써주기 (*Example*)

For instance, in the past, people having cancer did not notice it until it becomes serious. However, we now have CT, MRI, and X-ray machines locating the cancer in an early stage and saving the life of the patients.

❸ 마무리하기 (*Simple Conclusion*)

Twenty years ago, the average life span was sixty. Now we are looking at ninety. It is the benefit of the technological development.

Conclusuion

에세이의 마지막에 쓸 내용

❶ 에세이가 어떤 주제에 대한 것인지 한두 줄로 요약 (*Brief Summary*)

To summarize, our life largely depends on technology. Technology has been developed to make our life comfortable not to harm;

❷ Body 1, Body 2를 다른 말로 정리하기 (*Paraphrasing*)

we can communicate easily and safely with a cellular phone and recent medical instruments extend the life span. Besides, batteries storing solar energy, GPS navigation, and fax machines are all for us.

❸ 최종 결론 (*Final Decision*)

These technologies are definitely helping us.

다른 주제로 에세이 연습하기

STEP 2와 STEP 3를 참고하여, 나만의 에세이를 직접 써 보세요.

Topic **Some people say that developing natural resources is good for us, but others think it is not necessary. What do you think?**

introduction

에세이의 시작에 쓸 내용

1 주제에 대한 일반적인 생각이나 의견 (*General Statement*)

2 어떻게 쓸지 방향 결정 (*Attitude*)

3 무엇에 대해서 쓸지 내용 결정 (*Thesis Statement*)

Body 1

에세이의 중간에 쓸 내용

❶ 첫 번째 결정한 것에 대해서 쓰기 (*Topic Sentence*)

❷ 보기나 예제를 써 주기 (*Example*)

❸ 마무리하기 (*Simple Conclusion*)

Body 2

에세이의 중간에 쓸 내용

❶ **두 번째 결정한 것에 대해서 쓰기** (*Topic Sentence*)

❷ **보기나 예제를 써 주기** (*Example*)

❸ **마무리하기** (*Simple Conclusion*)

Conclusuion

에세이의 마지막에 쓸 내용

1. 에세이가 어떤 주제에 대한 것인지 한두 줄로 요약 (*Brief Summary*)

2. Body 1, Body 2를 다른 말로 정리하기 (*Paraphrasing*)

3. 최종 결론 (*Final Decision*)

such ~ that 쓰기

• such가 들어간 문장 쓰기

Ex. It was **such** a great idea. 그것은 **대단한** 아이디어였어요.

• that을 문장 앞에 그 문장을 형용사화 시키기

Ex. **that** everybody liked 모두가 좋아했다**는 것**

• such와 that을 합치기

Ex. It was **such** a great idea **that** everybody liked.

그것은 **대단한** 아이디어였어요 **그래서** 모두가 좋아했어요.

시작 시간 _______년 _______월 _______일 _______시 _______분

마친 시간 _______년 _______월 _______일 _______시 _______분 총 연습 시간 _________분

ROUND 1 • START WRITING

어구 시작하기

오른쪽에 주어진 단어를 활용하여 다음 어구를 영어로 써 보세요.

'형용사 + 명사' 쓰기

(한) 쉬운 일

an (   )

(한) 중요한 과제

an (   )

(한) 긴 줄

a (   )

(한) 대단한 성과

a (   )

(한) 바쁜 날

a (   )

- *task*
- *long*
- *great*
- *easy*
- *result*
- *important*
- *day*
- *line*
- *assignment*
- *busy*

다음 페이지에서 정답을 확인하세요.

어구 확장하기

EXPAND WRITING

확장된 다음 어구를 영어로 써 보세요.

such(아주, 대단히)를 앞에 써서 내용 강조
➜ *such* + 관사 + 형용사 + 명사

아주 쉬운 일

________ an easy task

아주 중요한 과제

________ an important assignment

아주 긴 줄

________ a long line

아주 대단한 성과

________ a great result

아주 바쁜 날

________ a busy day

다음 페이지에서 정답을 확인하세요.

START WRITING

문장. 시작하기 ①

'주어 + *be*동사', '주어 + 일반동사'를 써서 문장 만들기

다음 문장을 영어로 써 보세요.

1 그것은 아주 쉬운 일이었어요.

( ) such an easy task.

2 그것은 아주 중요한 과제예요.

( ) such an important assignment.

3 그것은 아주 긴 줄이었어요.

( ) such a long line.

4 이건 아주 대단한 성과예요.

( ) such a great result.

5 아주 바쁜 날이었어요.

( ) such a busy day.

6 그는 아주 쉬운 일을 주었어요.

( ) such an easy task.

7 나는 아주 중요한 과제를 가지고 있어요.

( ) such an important assignment.

8 사람들이 아주 긴 줄을 만들었어요.

( ) such a long line.

9 그들은 아주 대단한 성과를 거뒀어요.

( ) such a great result.

10 그녀는 아주 바쁜 하루를 보냈어요.

( ) such a busy day.

〈완성 문장 확인하기〉에서 정답을 확인하세요.

(문장 통으로.) 쓰기 WRITE IT OUT

이번에는 전체 문장을 통으로 써 보세요.

1 그것은 아주 쉬운 일이었어요.

2 그것은 아주 중요한 과제예요.

3 그것은 아주 긴 줄이었어요.

4 이건 아주 대단한 성과예요.

5 아주 바쁜 날이었어요.

6 그는 아주 쉬운 일을 주었어요.

7 나는 아주 중요한 과제를 가지고 있어요.

8 사람들이 아주 긴 줄을 만들었어요.

9 그들은 아주 대단한 성과를 거뒀어요.

10 그녀는 아주 바쁜 하루를 보냈어요.

다음 페이지에서 정답을 확인하세요.

Check it out
완성 문장 확인하기

완성 문상을 확인하고 여러 번 쓰고 읽어 보세요. MP3 93-01

❶ 그것은 아주 쉬운 일이었어요.

It was such an easy task.

더 확장·········· 확장·········· 시작··································

❷ 그것은 아주 중요한 과제예요.

It is such an important assignment.

더 확장··· 확장·········· 시작··

❸ 그것은 아주 긴 줄이었어요.

It was such a long line.

더 확장·········· 확장············ 시작····························

❹ 이건 아주 대단한 성과예요.

This is such a great result.

더 확장··········· 확장·········· 시작······································

❺ 아주 바쁜 날이었어요.

It was such a busy day.

더 확장··········· 확장·········· 시작····························

6 그는 아주 쉬운 일을 주었어요.

He gave **such an easy task.**

더 확장·················· 확장·········· 시작··································

7 나는 아주 중요한 과제를 가지고 있어요.

I have **such an important assignment.**

더 확장·········· 확장·········· 시작··

8 사람들이 아주 긴 줄을 만들었어요.

People made **such a long line.**

더 확장································· 확장·········· 시작··························

9 그들은 아주 대단한 성과를 거뒀어요.

They achieved **such a great result.**

더 확장··································· 확장·········· 시작·····································

10 그녀는 아주 바쁜 하루를 보냈어요.

She had **such a busy day.**

더 확장················· 확장·········· 시작·····························

ROUND 2 START WRITING

(문장.) 시작하기 ②

*such*가 들어간 문장 뒤에 쓸 기본 문장 만들기

다음 문장을 영어로 써 보세요.

1 나는 할 수 있었어요. ···→ 조동사 could 사용

( )

2 나는 끝내야만 해요. ···→ 조동사 must 사용

( )

3 우리는 30분 동안 기다려야 했어요. ···→ 조동사 had to 사용

( )

4 그들의 노력은 보상받아야 해요. ···→ 조동사 should 사용

( )

5 그녀는 점심을 먹을 수 없었어요. ···→ 조동사 could 사용

( )

다음 페이지에서 정답을 확인하세요.

문장 확장하기

EXPAND WRITING

such ~ *that* ~ 형태 만들기 ➜ 문장 앞에 *that*을 써서 문장을 단어화(=형용사화)시킨 뒤, *such*가 들어간 문장과 *that*이 들어간 문장을 합치기(*that*은 주로 '그래서'로 해석)

확장된 다음 문장을 영어로 써 보세요.

1 그것은 아주 쉬운 일이었어요 그래서 나는 할 수 있었어요.

It was ______ an easy task ______ I could do.

2 그것은 아주 중요한 과제예요 그래서 나는 끝내야만 해요.

It is ______ an important assignment ______ I must finish.

3 그것은 아주 긴 줄이었어요 그래서 우리는 30분 동안 기다려야 했어요

It was ______ a long line ______ we had to wait for 30 minutes.

4 이것은 아주 대단한 성과예요 그래서 그들의 노력은 보상받아야 해요.

This is ______ a great result ______ their efforts should be rewarded.

5 아주 바쁜 날이었어요 그래서 그녀는 점심을 먹을 수 없었어요.

It was ______ a busy day ______ she could not eat lunch.

6 그는 아주 쉬운 일을 주었어요 그래서 나는 할 수 있었어요.

________________ an easy task _______ I could do.

7 나는 아주 중요한 과제를 가지고 있어요 그래서 나는 끝내야만 해요.

________________ an important assignment _______ I must finish.

8 사람들이 아주 긴 줄을 만들었어요 그래서 우리는 30분 동안 기다려야 했어요.

________________ a long line _______ we had to wait for 30 minutes.

9 그들은 아주 대단한 성과를 거뒀어요 그래서 그들의 노력은 보상받아야 해요.

________________ a great result _______ their efforts should be rewarded.

10 그녀는 아주 바쁜 날을 보냈어요 그래서 그녀는 점심을 먹을 수 없었어요.

________________ a busy day _______ she could not eat lunch.

〈완성 문장 확인하기〉에서 정답을 확인하세요.

문장 통으로. 쓰기

WRITE IT OUT

이번에는 전체 문장을 통으로 써 보세요.

1 그것은 아주 쉬운 일이었어요 그래서 나는 할 수 있었어요.

2 그것은 아주 중요한 과제예요 그래서 나는 끝내야만 해요.

3 그것은 아주 긴 줄이었어요 그래서 우리는 30분 동안 기다려야 했어요.

4 이것은 아주 대단한 성과예요 그래서 그들의 노력은 보상받아야 해요.

5 아주 바쁜 날이었어요 그래서 그녀는 점심을 먹을 수 없었어요.

6 그는 아주 쉬운 일을 주었어요 그래서 나는 할 수 있었어요.

7 나는 아주 중요한 과제를 가지고 있어요. 그래서 나는 끝내야만 해요.

8 사람들이 아주 긴 줄을 만들었어요. 그래서 우리는 30분 동안 기다려야 했어요.

9 그들은 아주 대단한 성과를 거뒀어요 그래서 그들의 노력은 보상받아야 해요.

10 그녀는 아주 바쁜 날을 보냈어요. 그래서 그녀는 점심을 먹을 수 없었어요.

다음 페이지에서 정답을 확인하세요.

Check it out
완성 문장 확인하기

완성 문장을 확인하고 여러 번 쓰고 읽어 보세요. MP3 93-02

1 그것은 아주 쉬운 일이었어요 그래서 나는 할 수 있었어요.

It was such an easy task that I could do.

시작………………………… 확장…………………………

2 그것은 아주 중요한 과제예요 그래서 나는 끝내야만 해요.

It is such an important assignment that I must finish.

시작………………………… 확장…………………………

3 그것은 아주 긴 줄이었어요 그래서 우리는 30분 동안 기다려야 했어요.

It was such a long line that we had to wait for 30 minutes.

시작………………………… 확장…………………………

4 이것은 아주 대단한 성과예요 그래서 그들의 노력은 보상받아야 해요.

This is such a great result that their efforts should be rewarded.

시작………………………… 확장…………………………

5 아주 바쁜 날이었어요 그래서 그녀는 점심을 먹을 수 없었어요.

It was such a busy day that she could not eat lunch.

시작………………………… 확장…………………………

6 그는 아주 쉬운 일을 주었어요 그래서 나는 할 수 있었어요.

He gave **such** an easy task **that** I could do.

시작 확장

7 나는 아주 중요한 과제를 가지고 있어요. 그래서 나는 끝내야만 해요.

I have **such** an important assignment **that** I must finish.

시작 확장

8 사람들이 아주 긴 줄을 만들었어요. 그래서 우리는 30분 동안 기다려야 했어요.

People made **such** a long line **that** we had to wait for 30 minutes.

시작 확장

9 그들은 아주 대단한 성과를 거뒀어요 그래서 그들의 노력은 보상받아야 해요.

They achieved **such** a great result **that** their efforts should be rewarded.

시작 확장

10 그녀는 아주 바쁜 날을 보냈어요 그래서 그녀는 점심을 먹을 수 없었어요.

She had **such** a busy day **that** she could not eat lunch.

시작 확장

문장 응용하기 APPLY IT

ROUND 2

Transition words를 끼워 넣어서 두 문장 연결하기

다음 문장을 영어로 써 보세요.

1 그것은 아주 쉬운 일이었어요. 마침내, 나는 끝낼 수 있었어요.

It was ______________________. ______________, I could finish.

2 그것은 아주 중요한 과제예요. 다시 말해서, 나는 끝내야만 해요.

It is ______________________. __________________, I must finish.

3 그것은 아주 긴 줄이었어요. 그로 인해, 우리는 30분 동안 기다려야 했어요.

It was ______________________. ______________, we had to wait for 30 minutes.

4 그건 그렇고, 그는 아주 쉬운 일을 주었어요 그래서 내가 할 수 있었어요.

______________, he gave __________________ that I could do.

5 무엇보다도 먼저, 나는 아주 중요한 과제를 가지고 있어요. 그래서 나는 끝내야만 해요.

__________________, I have ____________________________ that I must finish.

6 간단히 말해서, 사람들이 아주 긴 줄을 만들었어요. 그래서 우리는 30분 동안 기다려야 했어요.

__________________, people made ____________________________ that we had to wait for 30 minutes.

7 그들은 아주 대단한 성과를 거뒀어요. 달리 말하자면, 그들의 노력은 보상받아야 해요.

They achieved ____________________________. __________________, their efforts should be rewarded.

8 아주 바쁜 날이었어요. 더욱이, 그녀는 점심을 먹을 수 없었어요.

It was __________________. _________, she could not eat lunch.

다음 페이지에서 정답을 확인하세요.

Check it out
완성 문장 **확인하기**

완성 문장을 확인하고 여러 번 쓰고 읽어 보세요. MP3 93-03

1. 그것은 아주 쉬운 일이었어요. 마침내, 나는 끝낼 수 있었어요.
   It was such an easy task. Finally, I could finish.

2. 그것은 아주 중요한 과제에요. 다시 말해서, 나는 끝내야만 해요.
   It is such an important assignment. In other words, I must finish.

3. 그것은 아주 긴 줄이었어요. 그로 인해, 우리는 30분 동안 기다려야 했어요.
   It was such a long line. As a result, we had to wait for 30 minutes.

4. 그건 그렇고, 그는 아주 쉬운 일을 주었어요 그래서 내가 할 수 있었어요.
   By the way, he gave such an easy task that I could do.

5. 무엇보다도 먼저, 나는 아주 중요한 과제를 가지고 있어요. 그래서 나는 끝내야만 해요.
   First of all, I have such an important assignment that I must finish.

6 간단히 말해서, 사람들이 아주 긴 줄을 만들었어요. 그래서 우리는 30분 동안 기다려야 했어요.

In short, people made such a long line that we had to wait for 30 minutes.

7 그들은 아주 대단한 성과를 거뒀어요. 달리 말하자면, 그들의 노력은 보상받아야 해요.

They achieved such a great result. To put it differently, their efforts should be rewarded.

8 아주 바쁜 날이었어요. 더욱이, 그녀는 점심을 먹을 수 없었어요.

It was such a busy day. Moreover, she could not eat lunch.

so ~ that 쓰기

• so가 들어간 문장 만들기

Ex. The weather was **so** hot. 날씨가 **매우** 뜨거웠어요.

• that을 문장 앞에 그 문장을 형용사화 시키기:

Ex. **that** we didn't go out 우리가 외출하지 않았다는 **것**

• so와 that을 합치기

Ex. The weather was **so** hot **that** we didn't go out.

날씨가 **매우** 뜨거웠어요 **그래서** 우리는 외출하지 않았어요.

시작 시간 ______년 ______월 ______일 ______시 ______분

마친 시간 ______년 ______월 ______일 ______시 ______분 총 연습 시간 ________분

ROUND

1 **START** WRITING

어구 시작하기

오른쪽에 주어진 단어를 활용하여 다음 어구를 영어로 써 보세요.

'강조의 *so*(아주/매우) + 형용사' 쓰기

아주 간단한

(   )

아주 매서운

(   )

아주 조용한

(   )

아주 대단한

(   )

아주 바쁜

(   )

- ***severe***
- ***quiet***
- ***busy***
- ***great***
- ***simple***

다음 페이지에서 정답을 확인하세요.

START WRITING

(문장.) 시작하기 ①

'주어 + *be*동사'를 *so* 앞에 써서 문장 만들기

오른쪽에 주어진 단어를 참고해
다음 문장을 영어로 써 보세요.

- *it*
- *ice storm*
- *result*
- *day*
- *class*

1 그것은 아주 간단했어요.

( ) so simple.

2 눈보라가 아주 매서워요.

( ) so severe.

3 교실이 아주 조용해요.

( ) so quiet.

4 그 성과는 아주 대단해요.

( ) so great.

5 그날은 아주 바빴어요.

( ) so busy.

다음 페이지에서 정답을 확인하세요.

Check it out
완성 문장 확인하기

완성 문장을 확인하고 여러 번 쓰고 읽어 보세요. MP3 94-01

1. 그것은 아주 간단했어요.

It was so simple.

2. 눈보라가 아주 매서워요.

The ice storm is so severe.

3. 교실이 아주 조용해요.

The class is so quiet.

4. 그 줄은 아주 길었어요.

The line was so long.

5. 그 성과는 아주 대단해요.

The result is so great.

6. 그날은 아주 바빴어요.

The day was so busy.

START WRITING

(문장.) 시작하기 ②

기본 문장 만들기

오른쪽에 주어진 단어를 참고해 다음 문장을 영어로 써 보세요.

1 누구나 할 수 있었어요. ⋯→ 조동사 could 사용

( )

2 당신은 방한복을 입어야만 해요. ⋯→ 조동사 should 사용

( )

3 우리는 공부에 집중할 수 있어요. ⋯→ 조동사 can 사용

( )

4 우리는 더위 속에서 기다려야 했어요. ⋯→ 조동사 had to 사용

( )

5 극소수의 사람들만이 이룰 수 있어요. ⋯→ 조동사 can 사용

( )

6 그녀는 오후 세 시까지 점심을 먹지 못했어요. ⋯→ 조동사 could 사용

( )

- *accomplish*
- *till*
- *concentrate on*
- *anybody*
- *studying*
- *in the heat*
- *winter jacket*
- *only a few*

다음 페이지에서 정답을 확인하세요.

문장 확장하기

EXPAND WRITING

so ~ that ~ 형태 만들기 → 문장 앞에 that을 써서 문장을 단어화(=형용사화)시킨 뒤, so가 들어간 문장과 that이 들어간 문장 합치기(that은 주로 '그래서'로 해석)

확장된 다음 문장을 영어로 써 보세요.

1 그것은 아주 간단했어요 그래서 누구나 할 수 있었어요.

It was _______ simple _______ anybody could do it.

2 눈보라가 아주 매서워요 그래서 당신은 방한복을 입어야만 해요.

The ice storm is _______ severe _______ you should wear a winter jacket.

3 반이 아주 조용해요 그래서 우리는 공부에 집중할 수 있어요.

The class is _______ quiet _______ we can concentrate on studying.

4 그 줄은 아주 길었어요 그래서 우리는 더위 속에서 기다려야 했어요.

The line was _______ long _______ we had to wait in the heat.

5 그 성과는 아주 대단해요 그래서 극소수의 사람들만이 이룰 수 있어요.

The result is _________ great _______ only a few people can accomplish.

5 그날은 아주 바빴어요 그래서 그녀는 오후 세 시까지 점심을 먹지 못했어요.

The day was _________ busy _______ she could not eat lunch till 3 pm.

〈완성 문장확인하기〉에서 정답을 확인하세요.

(문장 통으로.) 쓰기

WRITE IT OUT

이번에는 전체 문장을 통으로 써 보세요.

1 그것은 아주 간단했어요 그래서 누구나 할 수 있었어요.

2 눈보라가 아주 매서워요 그래서 당신은 방한복을 입어야만 해요.

3 교실이 아주 조용해요. 그래서 우리는 공부에 집중할 수 있어요.

4 그 줄은 아주 길었어요 그래서 우리는 더위 속에서 기다려야 했어요.

5 그 성과는 아주 대단해요 그래서 극소수의 사람들만이 이룰 수 있어요.

6 그날은 아주 바빴어요 그래서 그녀는 오후 세 시까지 점심을 먹지 못했어요.

다음 페이지에서 정답을 확인하세요.

Check it out
완성 문장 **확인하기**

완성 문장을 확인하고 여러 번 쓰고 읽어 보세요. MP3 94-02

1 그것은 아주 간단했어요 그래서 누구나 할 수 있었어요.

It was so simple that anybody could do it.

시작 .... 확장 ....

2 눈보라가 아주 매서워요 그래서 당신은 방한복을 입어야만 해요.

The ice storm is so severe that you should wear a winter jacket.

시작 .... 확장 ....

3 반이 아주 조용해요. 그래서 우리는 공부에 집중할 수 있어요.

The class is so quiet that we can concentrate on studying.

시작 .... 확장 ....

4 그 줄은 아주 길었어요 그래서 우리는 더위 속에서 기다려야 했어요.

The line was so long that we had to wait in the heat.

시작 .... 확장 ....

5 그 성과는 아주 대단해요 그래서 극소수의 사람들만이 이룰 수 있어요.

The result is so great that only a few people can accomplish.

시작 .... 확장 ....

6 그날은 아주 바빴어요 그래서 그녀는 오후 세 시까지 점심을 먹지 못했어요.

The day was so busy that she could not eat lunch till 3 pm.

시작 .... 확장 ....

문장 응용하기 APPLY IT

다음 문장을 영어로 써 보세요.

'*such*' 가 들어간 문장을 '*so*'가 들어간 문장으로 전환 가능
두 문장의 유사점과 차이점

example 그것은 아주 끝내주는 경험이었어요 그래서 나는 절대 잊지 않을 거예요.

It was **such** a great experience **that** I would never forget.

→ 그 경험은 아주 끝내줬어요 그래서 나는 절대 잊지 않을 거예요.

→ The experience was **so** great **that** I would never forget.

1 아주 좋은 날씨예요. 그래서 우리는 외출할 수 있어요.

It is such a nice weather that we can go out.

날씨가 아주 좋아요 그래서 우리는 외출할 수 있어요.

---

2 그것은 아주 비싼 옷이었어요. 그래서 나는 많은 돈을 지불해야만 했어요.

It was such an expensive dress that I had to pay a lot of money.

그 옷은 아주 비쌌어요 그래서 나는 많은 돈을 지불해야만 했어요.

---

3 그녀는 아주 친설한 상담원이에요 그래서 모든 학생들이 그녀를 존경해요.

She is such a kind advisor that all students respect her.

그 상담원은 아주 친절해요 그래서 모든 학생들이 그녀를 존경해요.

---

4 그는 아주 유명한 사람입니다 그래서 모두가 알아요.

He is such a famous man that everybody knows.

그 남자는 아주 유명해요 그래서 모두가 알아요.

---

5 그것은 아주 독특한 스타일이에요 그래서 사람들의 관심을 끌어요.

It is such a unique style that it draws people's attention.

그 스타일은 아주 독특해요. 그래서 사람들의 관심을 끌어요.

다음 페이지에서 정답을 확인하세요.

Check it out
완성 문장 **확인하기**

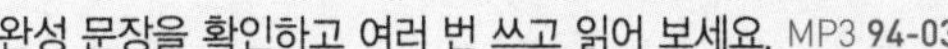
완성 문장을 확인하고 여러 번 쓰고 읽어 보세요. MP3 94-03

❶ 날씨가 아주 좋아요 그래서 우리는 외출할 수 있어요.

The weather is so nice that we can go out.

시작.. 확장..

❷ 그 옷은 아주 비쌌어요 그래서 나는 많은 돈을 지불해야만 했어요.

The dress was so expensive that I had to pay a lot of money.

시작.. 확장..

❸ 그 상담원은 아주 친절해요 그래서 모든 학생들이 그녀를 존경해요.

The advisor is so kind that all students respect her.

시작.. 확장..

❹ 그 남자는 아주 유명해요 그래서 모두가 알아요.

The man is so famous that everybody knows.

시작.. 확장..

❺ 그 스타일은 아주 독특해요 그래서 사람들의 관심을 끌어요.

The style is so unique that it draws people's attention.

시작.. 확장..

관계부사 where, when, why, how

• 관계부사 where가 들어간 문장 쓰기

Ex. This is **where** I proposed to her. 여기가 내가 그녀에게 청혼한 **곳**이에요.

• 관계부사 when이 들어간 문장 쓰기

Ex. I know **when** I have to leave. 나는 내가 **언제** 떠나야 하는지 알아요.

• 관계부사 why가 들어간 문장 쓰기

Ex. Do you know **why** they are laughing? 그들이 **왜** 웃는지 너는 아니?

• 관계부사 how가 들어간 문장 쓰기

Ex. I teach **how** students should write in English.

나는 학생들이 **어떻게** 영어로 써야 하는지 가르칩니다.

시작 시간 ______년 ______월 ______일 ______시 ______분

마친 시간 ______년 ______월 ______일 ______시 ______분　　총 연습 시간 ________분

INTERPRET WRITING

(문장.) 해석하기

다음 문장을 우리말로 해석해 보세요.

두 문장을 하나로 이어주는 관계대명사와 전치사

1 This is my house. I live in the house.

(　　　　　　　　　　　　　　　　　　　　　　　　)

This is my house which I live in.

(　　　　　　　　　　　　　　　　　　　　　　　　)

2 I remember the time. We met at the time.

(　　　　　　　　　　　　　　　　　　　　　　　　)

I remember the time which we met at.

(　　　　　　　　　　　　　　　　　　　　　　　　)

3 That is the reason. I do this for the reason.

( )

That is the reason which I do this for.

( )

4 I learned the way. The machine works in the way.

( )

I learned the way which the machine works in.

( )

다음 페이지에서 정답을 확인하세요.

문장 변형하기 ①

TRANSFORM WRITING

전치사를 *which* 앞으로 이동시키기
➜ '전치사 + 명사 = 전치사구' 만들기

변형된 다음 문장을 영어로 써 보세요.

1 이것이 내가 사는 나의 집이에요.

This is my house which I live in.

This is my house ______________ I live.

2 나는 우리가 만났던 그 시간을 기억해요.

I remember the time which we met at.

I remember the time ______________ we met.

3 그것이 내가 이것을 하는 이유입니다.

That is the reason which I do this for.

That is the reason ______________ I do this.

4 나는 그 기계가 작동하는 방법을 배웠어요.

I learned the way which the machine works in.

I learned the way ______________ the machine works.

다음 페이지에서 정답을 확인하세요.

문장 변형하기 ②

TRANSFORM WRITING

*'전치사 + which'*를 관계부사 *where/when/why/how*로 바꾸기

변형된 다음 문장을 영어로 써 보세요.

1 이것이 내가 살고 있는 나의 집이에요.

This is my house **in which** I live.

이것이 내가 살고 있는 장소인 나의 집이에요.

This is my house ______________ I live.

2 우리가 만났던 그 시간을 기억해요.

I remember the time **at which** we met.

나는 우리가 만났던 때가 언제인지 그 시간을 기억해요.

I remember the time ______________ we met.

3 그것이 내가 이것을 하는 이유입니다.

That is the reason **for which** I do this.

그것이 왜 내가 이것을 하는가 하는 이유입니다.

That is the reason ______________ I do this.

4 그 기계가 작동하는 방법을 배웠어요.

I learned the way **in which** the machine works.

나는 그 기계가 어떻게 작동하는지 배웠어요.

I learned the way ______________ the machine works.

〈완성 문장확하기〉에서 정답을 확인하세요.

(문장 통으로.) 쓰기

WRITE IT OUT

이번에는 전체 문장을 통으로 써 보세요.

1 이것이 내가 살고 있는 나의 집이에요.

이것이 내가 살고 있는 장소인 나의 집이에요.

2 나는 우리가 만났던 그 시간을 기억해요.

나는 우리가 만났던 때가 언제인지 그 시간을 기억해요.

3 그것이 내가 이것을 하는 이유입니다.

그것이 왜 내가 이것을 하는가 하는 이유입니다.

4 나는 그 기계가 작동하는 방법을 배웠어요.

나는 그 기계가 어떻게 작동하는지 배웠어요.

다음 페이지에서 정답을 확인하세요.

Check it out
완성 문장 **확인하기**

완성 문장을 확인하고 여러 번 쓰고 읽어 보세요. MP3 **95-01**

❶ 이것이 내가 살고 있는 나의 집이에요.

This is my house in which I live.

이것이 내가 살고 있는 장소인 나의 집이에요.

This is my house where I live.

❷ 나는 우리가 만났던 그 시간을 기억해요.

I remember the time at which we met.

나는 우리가 만났던 때가 언제인지 그 시간을 기억해요.

I remember the time when we met.

❸ 그것이 내가 이것을 하는 이유입니다.

That is the reason for which I do this.

그것이 왜 내가 이것을 하는가 하는 이유입니다.

That is the reason why I do this.

❹ 나는 그 기계가 작동하는 방법을 배웠어요.

I learned the way in which the machine works.

나는 그 기계가 어떻게 작동하는지 배웠어요.

I learned the way how the machine works.

AFTER WRITING  이것도 알고 가기

1. 두 개의 문장을 하나로 만드는 데 다음의 3가지 방법이 있습니다. 하나씩 익혀두세요.

이것이 나의 방이야. 나는 그 방에서 자.

This is my room. I sleep **in** the room.

- This is my room **which** I sleep **in**.
- This is my room **in which** I sleep.
- **This is my room where I sleep.** 관계부사를 사용해서 한 단어로 쓰기

그것이 그 이유입니다. 나는 그 이유 때문에 이것을 살 필요가 있어요.

That is the reason. I need to buy this **for** that reason.

- That is the reason **which** I need to buy this **for**.
- That is the reason **for which** I need to buy this.
- **That is the reason why I need to buy this.** 관계부사를 사용해서 한 단어로 쓰기

2. why와 how 앞에 쓰이는 the reason과 the way는 생략할 수 있습니다. 이유는 the reason(이유)과 why(~한 이유), 그리고 the way(방법)와 how(어떤 방법으로~)가 동일한 사전적인 의미를 가지고 있으므로 반복을 피하기 위함이라고 보면 됩니다.

This is (the reason) why I do this.

▸ This is **why** I do this.

That is (the reason) why I need to buy this.

▸ That is **why** I need to buy this.

I learned (the way) how the machine works.

▸ I learned **how** the machine works.

We didn't know (the way) how we could activate it.

▸ We didn't know **how** we could activate it.

THIS IS THE PLACE WHERE I LIVE. ···▸ THIS IS WHERE I LIVE.

(☞ why와 how에서 일어나는 생략의 습관이 영향을 준 것이라고 볼 수 있습니다. 유사한 형태의 문장에서 일어나는 변화가 전의/남용/과장되었다고 보면 되는데, Speaking에서는 괜찮지만 Writing에서는 자제하는 편이 좋습니다.

복합관계부사, 복합관계대명사, no matter ~

복합관계부사의 종류 wherever, whenever, however

복합관계대명사의 종류 whoever, whichever, whatever

no matter ~가 들어간 표현들 No matter who, No matter which, No matter what, No matter where, No matter when, No matter how

시작 시간 ______ 년 ______ 월 ______ 일 ______ 시 ______ 분

마친 시간 ______ 년 ______ 월 ______ 일 ______ 시 ______ 분

총 연습 시간 ________ 분

ROUND

1 • START WRITING

(문장.) 시작하기

'주어 + 동사'의 어순으로 기본 문장 만들기

오른쪽에 주어진 단어를 참고로 다음 문장을 영어로 써 보세요.

- ***choose***
- ***go***
- ***try***
- ***work***
- ***do***
- ***see***

1 당신이 보았어요.

( )

2 당신이 골라요.

( )

3 당신이 합니다.

( )

4 당신이 가요.

( )

5 나는 일해요.

( )

6 나는 시도해요.

( )

다음 페이지에서 정답을 확인하세요.

문장 확장하기

EXPAND WRITING

확장된 다음 문장을 영어로 써 보세요.

*whatever/ whoever/ whichever/ whenever/ wherever/ however*를 문장 앞에 붙이기

1 당신이 누구를 보았든

_____________ you saw

2 당신이 어느 것을 고르든

_____________ you choose

3 당신이 무엇을 하든

_____________ you do

4 당신이 어디를 가더라도

_____________ you go

5 내가 일할 때는 언제든지

_____________ I work

6 내가 아무리 시도해도

_____________ I try

- *whoever*
- *whenever*
- *whatever*
- *whichever*
- *wherever*
- *however*

다음 페이지에서 정답을 확인하세요.

문장 더 확장하기 EXPAND WRITING+

문장을 해석해 보면서 *-ever*가 들어간 문장이
어떤 식으로 사용되는지 확인하기

더 확장된 다음 문장을 해석해 보세요.

1 Whoever you saw, it was not me.

2 Whichever you choose, you should pay money.

3 Whatever you do, you should follow the rule.

4 Wherever you go, you need this.

5 Whenever I work, I listen to music.

6 However I try, this umbrella doesn't open it.

다음 페이지에서 정답을 확인하세요.

(문장 통으로.) 쓰기

WRITE IT OUT

이번에는 전체 문장을 통으로 써 보세요.

1 당신이 누구를 보았든, 그건 제가 아니었어요.

2 당신이 어느 것을 고르든, 돈을 지불해야 해요.

3 당신이 무엇을 하든, 그 규칙을 따라야 돼요.

4 당신이 어디를 가더라도, 당신에게는 이것이 필요해요.

5 내가 일할 때는 언제든지, 나는 음악을 들어.

6 내가 아무리 시도해도, 이 우산이 안 펴져.

왼쪽 페이지에서 정답을 확인하세요.

문장 변형하기

TRANSFORM WRITING

변형된 다음 문장을 영어로 써 보세요.

-ever를 No matter what/ No matter who/ No matter which/ No matter when/ No matter where/ No matter how로 바꾸기(강조의 어감이 실림)

1 Whoever you saw, it was not me.

_______________ you saw, it was not me.

2 Whichever you choose, you should pay money.

_______________ you choose, you should pay money.

3 Whatever you do, you should follow the rule.

_______________ you do, you should follow the rule.

4 Wherever you go, you need this.

_______________ you go, you need this.

5 Whenever I work, I listen to music.

_______________ I work, I listen to music.

6 However I try, this umbrella doesn't open it.

_______________ I try, this umbrella doesn't open it.

다음 페이지에서 정답을 확인하세요.

문장 확장하기

EXPAND WRITING

no matter ~를 쓴 문장에 '전치사 + 명사' 추가

확장된 다음 문장을 영어로 써 보세요.

• this
• them
• country
• elevator
• at night
• catalog
• like

1 당신이 엘리베이터 안에서 누구를 보았든, 그건 제가 아니었어요.

No matter who you saw ___________, it was not me.

2 당신이 카탈로그에서 어느 것을 고르든, 돈을 지불해야 해.

No matter which you choose ____________________, you should pay money.

3 당신이 그들과 무엇을 하든, 그 규칙을 따라야 돼요.

No matter what you do ___________, you should follow the rule.

4 당신이 이 나라에서 어디를 가더라도, 당신에게는 이것이 필요해요.

No matter where you go ___________, you need this.

5 내가 밤에 일할 때는 언제든지, 나는 음악을 들어.

No matter when I work ___________, I listen to music.

6 내가 이렇게 아무리 시도해도, 이 우산이 안 펴져.

No matter how I try ___________, this umbrella doesn't open it.

〈완성 문장 확인하기〉에서 정답을 확인하세요.

문장 통으로. 쓰기

WRITE IT OUT

이번에는 전체 문장을 통으로 써 보세요.

1 당신이 엘리베이터 안에서 누구를 보았든, 그건 제가 아니었어요.

2 당신이 카탈로그에서 어느 것을 고르든, 돈을 지불해야 해.

3 당신이 그들과 무엇을 하든, 그 규칙을 따라야 돼요.

4 당신이 이 나라에서 어디를 가더라도, 당신에게는 이것이 필요해요.

5 내가 밤에 일할 때는 언제든지, 나는 음악을 들어.

6 내가 이렇게 아무리 시도해도, 이 우산이 안 펴져.

다음 페이지에서 정답을 확인하세요.

Check it out

완성 문장 확인하기

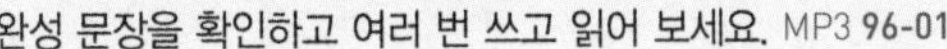
완성 문장을 확인하고 여러 번 쓰고 읽어 보세요. MP3 96-01

1 당신이 엘리베이터 안에서 누구를 보았든, 그건 제가 아니었어요.

No matter who you saw in the elevator, it was not me.

확장 시작 더 확장 확장

2 당신이 카탈로그에서 어느 것을 고르든, 돈을 지불해야 해.

No matter which you choose in the catalog, you should pay money.

확장 시작 더 확장 확장

3 당신이 그들과 무엇을 하든, 그 규칙을 따라야 돼요.

No matter what you do with them, you should follow the rule.

확장 시작 더 확장 확장

4 당신이 이 나라에서 어디를 가더라도, 당신에게는 이것이 필요해요.

No matter where you go in this country, you need this.

확장 시작 더 확장 확장

5 내가 밤에 일할 때는 언제든지, 나는 음악을 들어.

No matter when I work at night, I listen to music.

확장 시작 더 확장 확장

6 내가 이렇게 아무리 시도해도, 이 우산이 안 펴져.

No matter how I try like this, this umbrella doesn't open it.

확장 시작 더 확장 확장

ESSAY WRITING 9

DAY 93~96 총정리

Making suggestion about a situation –type

총정리 순서

STEP 1 베이직 에세이 읽고 암기해서 말하기

STEP 2 확장된 에세이 듣고 읽고 암기해서 말하기

STEP 3 에세이 구조 분석하고 체득하기

STEP 4 다른 주제로 셀프 에세이 써 보기

STEP 4에서 에세이를 쓰는 순서(Introduction ➔ Body 1 ➔ Body 2 ➔ Conclusion)에 따라 써야 할 내용이 제시되어 있다 해도 다른 주제로 직접 에세이를 써 보는 것이 버겁다면, STEP 1~3까지 충분히 반복 훈련한 뒤에 도전해 보세요. 처음엔 힘들지만 여러 번 듣고, 읽고, 입으로 외우면서 에세이의 구조가 몸에 익으면 에세이에 대한 자신감이 붙은 자신을 발견할 거예요.

SCHEDULE

ESSAY Writing은 형식에 완전히 익숙해지기 전까지는 꽤 어려운 분야의 글쓰기이므로 하루 만에 다 소화하기 어려울 수도 있으니, 다 끝내지 못한 부분은 assignment로 하거나 시간이 날 때마다 짬짬이 다시 도전해 보세요! 아래 훈련기록란도 넉넉히 마련해 두었습니다.

1차 훈련기록

시작 시간 ______년 ______월 ______일 ______시 ______분

마친 시간 ______년 ______월 ______일 ______시 ______분

총 연습 시간 ________분

2차 훈련기록

시작 시간 ______년 ______월 ______일 ______시 ______분

마친 시간 ______년 ______월 ______일 ______시 ______분

총 연습 시간 ________분

3차 훈련기록

시작 시간 ______년 ______월 ______일 ______시 ______분

마친 시간 ______년 ______월 ______일 ______시 ______분

총 연습 시간 ________분

Day 93~96까지의 핵심 문법이 포함된 샘플 에세이를 반복 Reading
→ 암기해서 Speaking할 수 있을 때까지 훈련합니다.

START WRITING

베이직 (에세이.)

다음 에세이를 읽고 에세이 라이팅에 도전해 보세요.

외국인 관광객이 당신 나라에서 보낼 시간이 하루밖에 없다면 이 관광객은 그날 어디를 가야 할까?

한국에서 보낼 시간이 단 하루밖에 없는 이들에게 난 재래 시장을 가보라고 제안하고 싶다.

우선, 지방마다 다른 물건을 판다. 예를 들어, 난 베트남 하노이에 간 적이 있다. 난 재래시장에 들러보기로 했다. 내가 찾은 재래시장은 살아 있는 박물관이었다. 그건 너무도 멋진 경험이어서 결코 잊지 못할 것이다. 외국인 관광객은 똑같은 경험을 할 수 있다.

둘째, 외국 관광객들이 재래시장을 가면, 몇 가지 유용한 표현들을 들을 것이다. 시장을 찾는 사람들은 그런 표현들을 연습해볼 기회를 가질 수 있다. **일례로,** 나는 '감사합니다'를 베트남어로 어떻게 말하는지 아직도 기억하고 있다. 내가 무엇을 사든, 이 말을 들었다. 시장 분위기는 정말 활기 넘쳐서 나는 적절한 예절을 배울 수 있었다.

요약하자면, 하루는 너무 짧아 보인다. 하지만 적당한 곳을 고른다면, 하루에 굉장히 즐거운 시간을 보낼 수 있다. 적당한 곳이 재래시장이다. 재래시장은 생생한 관광 명소가 될 것이다.

Complete the ESSAY

에세이를 영어로 옮길 때 빈칸에 들어갈 알맞은 말을 써 보세요.

WORD COUNT
191

Topic

A foreign visitor has only one day to spend in your country. Where should this visitor go on that day?

I would like to suggest visiting a local market for those ____________________ ______________________________ in Korea.

First of all, different countries sell different items. As an example, I once visited Hanoi. I decided to visit a local market. The local market ______________________ was a live museum. It was ______________________________ that I will never forget. A foreign visitor can have the same experience.

Second, if foreign visitors visit a local market, they will hear some useful expressions. Visitors in the market can ________________________________ these expressions. **As an illustration,** I still remember how to say "Thank you" in Vietnamese. ______________________________________, I heard this. The atmosphere in the market was ____________________ I could learn the proper manner.

In summary, one day seems to be too short. However, if you choose the right one, you can have a great time. The right place is a local market. The local market will be the live _________________________.

다음 페이지에서 정답을 확인하세요.

Expand Writing STEP 2 확장된 구조의 에세이를 반복 Listening → Reading → 암기해서 Speaking할 수 있을 때까지 훈련합니다.

에세이 확장 익히기

97-01

다음 에세이를 여러 번 들어 보고 읽어 보세요.

Topic

A foreign visitor has only one day to spend in your country. Where should this visitor go on that day?

It is easy to see foreigners around us. They are here for business, pleasure, or a stopover. Most of them stay for many days, but there are some people who don't have enough time to stay long. I would like to suggest visiting a local market for those **who have only one day to spend** in Korea. They can see the unique style of Korean local market. In addition, they can hear and learn some Korean words there.

First of all, different countries sell different items, foods, and souvenirs. If foreigners go to the Korean market, they will find goods different from their country. Such an experience can be very exciting. **As an example,** I once visited Hanoi in Vietnam and had only a few hours to stay there. I decided to visit a local market before I headed for my next destination. I was surprised by the variety of fruits they were selling. It was my first experience to see tropical fruits displayed in the local market. Foods were also made and sold by the local people. I was excited about trying such exotic foods with them. The local market **where I visited** was a live museum for me. It was **such a great experience** that I will never forget. A foreign visitor can have the same experience I had in Hanoi in the Korean local market.

Second, if foreign visitors visit a local market and walk around, they will hear some useful expressions such as "Thank you", "Your welcome", and "How much". Visitors in the market can **have a chance to practice** these expressions with the local people they meet in shops and restaurants. **As an illustration,** I still remember how to say "Thank you" in Vietnamese because I learned this expression while I was buying some fruits in the local market. **No matter which I bought,** I heard this. The atmosphere in the market was **so vivid that** I could learn the proper manner quickly. I was in their real life and it sped up my learning of new words. Memories about the local market and words I learned with them are more meaningful than small items I bought there. For this reason, I would not hesitate to recommend foreign visitors to visit a local market.

외국인 관광객이 당신 나라에서 보낼 시간이 하루밖에 없다면 이 관광객은 그날 어디를 가야 할까?
우리 주변에서 외국인들은 쉽게 볼 수 있다. 그들은 사업차, 재미로, 혹은 단기 체류를 위해 이곳에 와 있다. 그들 대부분은 여러 날 머물지만 오래 머무를 만한 시간이 충분하지 않은 이들도 있다. 한국에서 하루밖에 보낼 시간이 없는 이들에게 난 재래 시장을 가보라고 제안하고 싶다. 그들은 독특한 형태의 한국 재래시장을 볼 수 있다. 뿐만 아니라, 그곳에서 한국말을 듣고 배울 수도 있다.
우선, 나라마다 다른 물건, 음식, 기념품을 판다. 외국인들이 한국의 시장에 가본다면 물건들이 자기 나라와는 다르다는 것을 발견할 것이다. 그런 경험은 아주 흥미진진할 수 있다. 예를 들어, 난 베트남 하노이에 간 적이 있는데 거기서 보낼 시간이 몇 시간뿐이었다. 난 다음 목적지로 향하기 전에 재래시장에 들러보기로 했다. 나는 그곳에서 팔고 있는 다양한 과일을 보고 놀랐다. 재래시장에 열대과일이 진열된 것을 보는 첫 경험이었다. 음식도 그 지방 사람들이 만들어 팔았다. 나는 그런 이국적인 음식을 그 사람들과 먹어보는 것이 신이 났다. 내가 가보았던 재래시장은 살아있는 박물관이나 마찬가지였다. 너무도 멋진 경험이어서 결코 잊지 못할 것이다. 외국인 관광객이 내가 하노이에서 했던 것과 똑같은 경험을 한국의 재래시장에서 할 수 있다.
둘째, 외국 관광객들이 재래시장을 찾아 돌아다닌다면, '감사합니다', '천만에요', '얼마죠?' 같이 몇 가지 유용한 표현들을 들을 것이다. 시장을 찾는 사람들은 상점과 식당에서 만나게 되는 그곳 사람들과 이런 표현들을 연습해볼 기회를 가질 수 있다. 일례로, 나는 '감사합니다'를 베트남어로 어떻게 말하는지 아직도 기억하고 있는데, 재래시장에서 과일을 살 때 이 말을 배웠기 때문이다. 내가 무엇을 사든 이 말을 들었다. 시장 분위기는 정말 생기 넘쳐서 적절한 매너를 빨리 배울 수 있었다. 난 그들의 실제 삶 속에 있었고 그게 내가 새로운 단어를 배우는

● **foreigner** 외국인 ● **stopover** 단기체류 ● **unique** 독특한 ● **souvenir** 기념품
● **head for** ~로 향하다 ● **destination** 목적지 ● **variety** 다양함 ● **tropical** 열대지방의
● **exotic** 이국적인 ● **display** 진열하다 ● **Vietnamese** 베트남어 ● **practice** 연습하다
● **atmosphere** 분위기 ● **recommend** 추천하다 ● **antique** 골동품
● **brand new** 새로 나온 ● **routinely** 일상적으로

In summary, one day seems to be too short to enjoy many attractive places in Korea. However, if you choose the right one, you can have a great time in a day. The right place is a local market. You can see goods from antiques to brand new ones. As you shop around, you can learn some words used routinely. The local market will be the live and active **tourist attraction** for foreign visitors even though the visitor spend only one day there.

속도를 높였다. 재래시장에 대한 기억과 내가 그들에게서 배웠던 단어들은 그곳에서 산 사소한 물건들보다 의미가 깊다. 이런 이유로, 나는 외국 관광객들에게 재래시장을 가 보라고 권하는 걸 망설이지 않겠다.

요약하자면, 하루는 한국의 여러 매력적인 곳을 둘러보기에는 너무 짧아 보인다. 하지만 적당한 곳을 고른다면, 하루에 굉장히 즐거운 시간을 보낼 수 있다. 적당한 곳이 재래시장이다. 골동품에서부터 신상품까지 볼 수 있다. 구경 다니면서 일상적으로 사용되는 단어 몇 개도 배울 수 있다. 재래시장은 그곳에서 단 하루만 보내더라도 외국인들에게 생생하고 활발한 관광 명소가 될 것이다.

에세이 구조 파악하기

앞에 나온 에세이의 구조를 분석해 보면서 에세이 양식을 체득해 보세요.

Topic A foreign visitor has only one day to spend in your country. Where should this visitor go on that day?

introduction

에세이의 시작에 쓸 내용

1 주제에 대한 일반적인 생각이나 의견 (*General Statement*)

It is easy to see foreigners around us. They are here for business, pleasure, or a stopover.

2 어떻게 쓸지 방향 결정 (*Attitude*)

Most of them stay for many days, but there are some people who don't have enough time to stay long. I would like to suggest visiting a local market for those who have only one day to spend in Korea.

3 무엇에 대해서 쓸지 내용 결정 (*Thesis Statement*)

They can see the unique style of Korean local market. In addition, they can hear and learn some Korean words there.

Body 1

에세이의 중간에 쓸 내용

1 첫 번째 결정한 것에 대해서 쓰기 (*Topic Sentence*)

First of all, different countries sell different items, foods, and souvenirs. If foreigners go to the Korean market, they will find goods different from their country. Such an experience can be very exciting.

❷ 보기나 예제를 써주기 (*Example*)

As an example, I once visited Hanoi in Vietnam and had only a few hours to stay there. I decided to visit a local market before I headed for my next destination. I was surprised by the variety of fruits they were selling. It was my first experience to see tropical fruits displayed in the local market. Foods were also made and sold by the local people. I was excited about trying such exotic foods with them.

❸ 마무리하기 (*Simple Conclusion*)

The local market where I visited was a live museum for me. It was such a great experience that I will never forget. A foreign visitor can have the same experience I had in Hanoi in the Korean local market.

Body 2

에세이의 중간에 쓸 내용

❶ 두 번째 결정한 것에 대해서 쓰기 (*Topic Sentence*)

Second, if foreign visitors visit a local market and walk around, they will hear some useful expressions such as "Thank you", "Your welcome", and "How much". Visitors in the market can have a chance to practice these expressions with the local people they meet in shops and restaurants.

❷ 보기나 예제를 써주기 (*Example*)

As an illustration, I still remember how to say "Thank you" in Vietnamese because I learned this expression while I was buying some fruits in the local market. No matter which I bought, I heard this. The atmosphere in the market was so vivid that I could learn the proper manner quickly. I was in their real life and it sped up my learning of new words.

❸ 마무리하기 (*Simple Conclusion*)

Memories about the local market and words I learned with them are more meaningful than small items I bought there. For this reason, I would not hesitate to recommend foreign visitors to visit a local market.

Conclusuion

에세이의 마지막에 쓸 내용

❶ **에세이가 어떤 주제에 대한 것인지 한두 줄로 요약** (*Brief Summary*)

In summary, one day seems to be too short to enjoy many attractive places in Korea. However, if you choose the right one, you can have a great time in a day.

❷ **Body 1, Body 2를 다른 말로 정리하기** (*Paraphrasing*)

The right place is a local market. You can see goods from antiques to brand new ones. As you shop around, you can learn some words used routinely.

❸ **최종 결론** (*Final Decision*)

The local market will be the live and active tourist attraction for foreign visitors even though the visitor spend only one day there.

다른 주제로 에세이 연습하기

STEP 2와 STEP 3를 참고하여, 나만의 에세이를 직접 써 보세요.

Topic Your friend has only one day to spend in your town. Where should your friend go on that day?

introduction

에세이의 시작에 쓸 내용

❶ **주제에 대한 일반적인 생각이나 의견** (*General Statement*)

---

❷ **어떻게 쓸지 방향 결정** (*Attitude*)

---

❸ **무엇에 대해서 쓸지 내용 결정** (*Thesis Statement*)

Body 1

에세이의 중간에 쓸 내용

❶ **첫 번째 결정한 것에 대해서 쓰기** (*Topic Sentence*)

❷ **보기나 예제를 써 주기** (*Example*)

❸ **마무리하기** (*Simple Conclusion*)

Body 2

에세이의 중간에 쓸 내용

❶ 두 번째 결정한 것에 대해서 쓰기 (*Topic Sentence*)

❷ 보기나 예제를 써 주기 (*Example*)

❸ 마무리하기 (*Simple Conclusion*)

Conclusuion

에세이의 마지막에 쓸 내용

❶ **에세이가 어떤 주제에 대한 것인지 한두 줄로 요약** (*Brief Summary*)

❷ **Body 1, Body 2를 다른 말로 정리하기** (*Paraphrasing*)

❸ **최종 결론** (*Final Decision*)

동사구 1
(대명사를 동사구 사이에 끼워 넣을 수 있는 것)

동사구 특정 동사가 특정 전치사와 함께 쓰인 것

Ex. I **tried** it **on**. 나는 그것을 입어 보았어요.

• 동사구 사이에 대명사 쓰기

Ex. **pay** him **back** 그에게 갚다

let him **in** 그를 들어오게 하다

leave it **out** 그것을 빼놓다

take them **out** 그것들을 밖으로 가지고 나가다

시작 시간 ______년 ______월 ______일 ______시 ______분

마친 시간 ______년 ______월 ______일 ______시 ______분　　총 연습 시간 ________분

어구 시작하기

다음 동사들에 전치사와 부사가 붙어 확장된 의미를 써 보세요.

동사구 만들기 ➜ 동사 + *out/ away/ back/ on/ in/ over/ down/ off/ up/ out*

clear 치우다 + out 밖으로

= ***clear out***

get 이르다, 도달하다 + over 넘어

= ***get over***

throw 던지다 + away 멀리

= ***throw away***

break 깨어지다, 부수다 + down 아래로

= ***break down***

draw 끌어당기다 + back 뒤로

= ***draw back***

cut 자르다 + off 떨어져서

= ***cut off***

carry 가지고 다니다 + on 계속하여

= ***carry on***

blow 불다, 날려보내다 + up 위로, 위쪽으로

= ***blow up***

hand 건네주다, 넘겨주다 + in 안에

= ***hand in***

〈문장 확장하기〉에서 정답을 확인하세요.

START WRITING

(문장.) 시작하기

'주어 + 동사구'로 기본 문장 만들기

오른쪽에 주어진 단어를 참고로 다음 문장을 영어로 써 보세요.

1 나는 청소했어요.

( )

2 우리는 버립니다.

( )

3 그는 뒤로 젖혔어요.

( )

4 나는 계속했어요.

( )

5 나는 제출했어요.

( )

6 그들은 극복했어요.

( )

7 그녀는 부수었어요.

( )

8 나는 잘라냈어요.

( )

9 그 아이가 터트렸어요.

( )

- *clear out*
- *throw away*
- *draw back*
- *carry on*
- *hand in*
- *get over*
- *break down*
- *cut off*
- *blow up*

다음 페이지에서 정답을 확인하세요.

문장 확장하기

EXPAND WRITING

동사구 뒤에 목적어 추가하기

확장된 다음 문장을 영어로 써 보세요.

- *leftover*
- *curtain*
- *paper*
- *difficulty*
- *room*
- *project*

1 나는 내 방을 청소했어요.

I cleared out ____________________.

2 우리는 남은 음식들을 버립니다.

We throw away ____________________.

3 그는 그 커튼들을 뒤로 젖혔어요.

He drew back ____________________.

4 나는 그 프로젝트를 계속했어요.

I carried on ____________________.

5 나는 그 보고서를 제출했어요.

I handed in ____________________.

6 그들은 그 어려움을 극복했어요.

They got over ____________________.

7 그녀는 그녀의 저금통을 부수었어요.

She broke down ______________________.

- *line*
- *balloon*
- *piggy bank*

8 나는 그 줄을 잘라냈어요.

I cut off ______________________.

9 그 아이가 그 풍선들을 터트렸어요.

The kid blew up ______________________.

어구 시작하기 정답

- **clear out** 청소하다, 제거하다 • **draw back** 뒤로 젖히다, 물러나다 • **hand in** 제출하다
- **break down** 부수다 • **blow up** 터뜨리다 • **throw away** 버리다 • **carry on** 계속하다
- **get over** 극복하다 • **cut off** 잘라내다

〈완성 문장 확인하기〉에서 정답을 확인하세요.

문장 통으로. 쓰기

WRITE IT OUT

이번에는 전체 문장을 통으로 써 보세요.

1 나는 내 방을 청소했어요.

2 우리는 남은 음식들을 버립니다.

3 그는 그 커튼들을 뒤로 젖혔어요.

4 나는 그 프로젝트를 계속했어요.

5 나는 그 보고서를 제출했어요.

6 그들은 그 어려움을 극복했어요.

7 그녀는 그녀의 저금통을 부수었어요.

8 나는 그 줄을 잘라냈어요.

9 그 아이가 그 풍선들을 터트렸어요.

다음 페이지에서 정답을 확인하세요.

Check it out
완성 문장 **확인하기**

완성 문장을 확인하고 여러 번 쓰고 읽어 보세요. MP3 **98-01**

1 나는 내 방을 청소했어요.

I cleared out my room.

2 우리는 남은 음식들을 버립니다.

We **throw away** leftovers.

3 그는 그 커튼들을 뒤로 젖혔어요.

He **drew back** the curtains.

4 나는 그 프로젝트를 계속했어요.

I **carried on** the project.

5 나는 그 보고서를 제출했어요.

I **handed in** the paper.

❻ 그들은 그 어려움을 극복했어요.

They got over the difficulty.

❼ 그녀는 그녀의 저금통을 부수었어요.

She broke down her piggy bank.

❽ 나는 그 줄을 잘라냈어요.

I cut off the line.

❾ 그 아이가 그 풍선들을 터트렸어요.

The kid blew up the balloons.

ROUND 2

문장 변형하기

TRANSFORM WRITING

변형된 다음 문장을 영어로 써 보세요.

명사를 대명사로 바꾼 다음 동사 구 '사이'에 쓰기

1 my room = it

나는 그것을 청소했어요.

______________________.

2 leftovers = them

우리는 그것들을 버립니다.

______________________.

3 the curtains = them

그는 그것들을 뒤로 젖혔어요.

______________________.

4 the project = it

나는 그것을 계속했어요.

______________________.

5 the paper = it

나는 그것을 제출했어요.

______________________.

6 the difficulty = it

그들은 그것을 극복했어요.

______________________.

7 her piggy bank = it

그녀는 그것을 부수었어요.

______________________.

8 the line = it

나는 그것을 잘라냈어요.

______________________.

9 the balloons = them

그 아이가 그것들을 터트렸어요.

______________________.

다음 페이지에서 정답을 확인하세요.

Check it out
완성 문장 확인하기

완성 문장을 확인하고 여러 번 쓰고 읽어 보세요. MP3 98-02

1 나는 그것을 청소했어요.

I cleared it out.

2 우리는 그것들을 버립니다.

We throw them away.

3 그는 그것들을 뒤로 젖혔어요.

He drew them back.

4 나는 그것을 계속했어요.

I carried it on.

5 나는 그것을 제출했어요.

I handed it in.

6 그들은 그것을 극복했어요.

They got it over.

7 그녀는 그것을 부수었어요.

She broke it down.

8 나는 그것을 잘라냈어요.

I cut it off.

9 그 아이가 그것들을 터트렸어요.

The kid blew them up.

AFTER WRITING 이것도 알고 가기

다음의 동사 구들은 대명사(me/ you/ her/ him/ them/ it)를 가운데 끼워 넣을 수 있는 것들입니다. 자주 읽어서 외워두도록 하세요.

put **aside** ~을 제쳐놓다

clear **away** ~을 제거하다
give **away** ~을 그냥 주다

get **back** 돌려주다
pay **back** ~ 빚을 갚다
take **back** ~을 도로 가져다 놓다, 철회하다

burn **down** ~이 타버리다, ~을 태워버리다
cut **down** ~을 베어 넘어 뜨리다
let **down** ~를 실망시키다
pull **down** ~을 끌어내리다
put **down** ~을 아래에 내려놓다
settle **down** ~을 정착하다
shut **down** ~을 닫다
take **down** ~을 내려놓다, 무너뜨리다
turn **down** ~을 거절하다

drop **in** ~에 잠깐 들리다
fill **in** ~을 메우다
let **in** ~을 들여보내다
move **in** ~을 안으로 옮기다
send **in** 을 제출하다

turn **into** ~로 변하다

call **off** ~을 중단하다
leave **off** ~을 빠뜨리다
pull **off** ~을 급하게 벗다
see **off** 배웅하다
sell **off** ~을 헐값에 팔아버리다
set **off** ~을 작동시키다
show **off** ~을 자랑해 보이다
take **off** ~을 벗다, 떼어내다
turn **off** ~을 끄다
wear **off** ~을 닳아 없어지게 하다

hold **on** ~에 꽉 달라붙다
keep **on** ~을 계속하다
put **on** ~을 입다.
try **on** ~을 입어 보다, 신어 보다
turn **on** ~을 틀다, 켜다

carry **out** ~을 실행하다
cut **out** ~을 제거하다
drop **out** ~을 그만두다, ~에서 빠지다
find **out** ~을 발견하다, 알아내다
hand **out** ~을 나누어 주다
keep **out** ~을 못 들어오게 하다
knock **out** ~를 기절시키다, ~를 깜짝 놀라게 하다
lay **out** ~을 펼치다
leave **out** ~을 제외하다
look **out** ~을 주의하다, 찾아보다
move **out** ~ 밖으로 꺼내다
pick **out** ~을 고르다
point **out** ~을 가리키다
sell **out** ~을 모두 팔아버리다
take **out** ~을 가지고 밖으로 나가다
try **out** ~을 시도해 보다
watch **out** ~을 조심하다
wear **out** ~을 낡게 하다
wipe **out** ~을 모조리 닦다

hand **over** ~을 넘겨주다
look **over** ~을 일일이 조사하다
Pull **over** ~을 뽑다, 길가에 붙이다
run **over** ~을 차로 치다
take **over** ~을 인계하다, 떠맡다
talk **over** ~에 대해 논의하다
think **over** ~을 심사 숙고하다

bring **up** ~을 키우다, ~을 꺼내다
clean **up** ~을 청소하다
close **up** ~을 폐쇄하다
fill **up** ~을 가득 채우다
fix **up** ~을 고치다, 고정시키다
give **up** ~을 포기하다
hold **up** ~을 지키다, ~을 치켜들다, 지지하다
join **up** ~와 동맹을 맺다, 가입하다
keep **up** ~을 유지하다/지속하다
lay **up** ~을 사용하지 않고 모아두다
look **up** ~을 (사전에서) 찾아보다
make **up** ~을 보충하다
mix **up** ~을 섞다
pick **up** ~을 줍다
set **up** ~을 세우다
settle **up** ~을 해결하다
throw **up** 토하다
wipe **up** ~을 걸레질하다

get **through** ~을 통과하다, 극복하다

동사구 2
(대명사를 동사구 사이에 끼워 넣을 수 없는 것)

동사구 특정 동사가 특정 전치사와 함께 쓰인 것

Ex. He **looks after** me. 그가 나를 **돌봐요.**

• 동사구 사이에 대명사를 쓸 수 없는 것 알아두기

Ex. **stay with** you 너와 **함께 머물다**

live on him 그들 **의지해서 살다**

stand by her 그녀 **옆에 서다**

시작 시간 ______년 ______월 ______일 ______시 ______분

마친 시간 ______년 ______월 ______일 ______시 ______분   총 연습 시간 __________분

어구 시작하기

다음 동사들에 전치사와 부사가 붙어 확장된 의미를 써 보세요.

동사구 만들기 ➜ 동사에 *after/ on/ down/ back/ away/ for/ up/ out* 덧붙이기

look 보다 + after ~ 뒤에, 후에

= ***look after***

run 달리다 + away from ~로부터 멀리

= ***run away from***

live 살다 + on ~ 위에

= ***live on***

account 간주하다, 여기다 + for ~에 대해

= ***account for***

go 가다 + down 아래에

= ***go down***

look 바라보다 + up to ~ 위로

= ***look up to***

get 도착하다 + back to ~로 다시

= ***get back to***

move 움직이다 + out of ~의 밖으로

= ***move out of***

〈문장 확장하기〉에서 정답을 확인하세요.

(문장.) 시작하기

START WRITING

'주어 + 동사구'로 기본 문장 만들기

다음 문장을 영어로 써 보세요.

1 저는 돌보았습니다.

( )

2 그녀는 의지해서 살았어요.

( )

3 그는 내려갔어요.

( )

4 그는 돌아왔어요.

( )

5 사람들이 ~로부터 멀리 달아났어요.

( )

6 그것이 설명합니다.

( )

7 저는 존경합니다.

( )

8 그녀는 ~에서 이사 나갔어요.

( )

다음 페이지에서 정답을 확인하세요.

문장 확장하기

EXPAND WRITING

동사구 뒤에 목적어 추가하기

확장된 다음 문장을 영어로 써 보세요.

• *children*
• *stairs*
• *building*
• *girlfriend*
• *husband*

1 저는 그 아이들을 돌보았습니다.

I looked after ______________________.

2 그녀는 그녀의 남편에 의지해서 살았어요.

She lived on ______________________.

3 그는 그 계단을 내려갔어요.

He went down ______________________.

4 그는 그의 여자친구에게로 돌아왔어요.

He got back to ______________________.

5 사람들이 그 건물로부터 멀리 달아났어요.

People ran away from ______________________.

6 그것이 그 사고를 설명합니다.

It accounts for ________________________.

- *parents*
- *accident*
- *house*

7 저는 제 부모님을 존경합니다.

I look up to ________________________.

8 그녀는 그녀의 집에서 이사 나갔어요.

She moved out of ________________________.

어구 시작하기 정답

- **look after** ~를 돌보다
- **go down** ~을 내려가다
- **run away from** ~로부터 멀리 달아나다
- **look up to** ~를 존경하다
- **live on** ~에 의지해서 살다
- **get back to** ~로 돌아오다
- **account for** ~을 설명하다
- **mount out of** ~에서 이사 나가다

〈완성 문장 확인하기〉에서 정답을 확인하세요.

(문장 통으로.) 쓰기 WRITE IT OUT

이번에는 전체 문장을 통으로 써 보세요.

1 저는 그 아이들을 돌보았습니다.

2 그녀는 그녀의 남편에 의지해서 살았어요.

3 그는 그 계단을 내려갔어요.

4 그는 그의 여자친구에게로 되돌아 왔어요.

5 사람들이 그 건물로부터 멀리 달아났어요.

6 그것이 그 사고를 설명합니다.

7 저는 제 부모님을 존경합니다.

8 그녀는 그녀의 집에서 이사 나갔어요.

다음 페이지에서 정답을 확인하세요.

Check it out
완성 문장 **확인하기**

완성 문장을 확인하고 여러 번 쓰고 읽어 보세요. MP3 99-01

❶ 저는 그 아이들을 돌보았습니다.

I looked after the children.

❷ 그녀는 그녀의 남편에 의지해서 살았어요.

She lived on her husband.

❸ 그는 그 계단을 내려갔어요.

He went down the stairs.

❹ 그는 그의 여자친구에게로 되돌아 왔어요.

He got back to his girlfriend.

❺ 사람들이 그 건물로부터 멀리 달아났어요.

People ran away from the building.

❻ 그것이 그 사고를 설명합니다.

It accounts for the accident.

❼ 저는 제 부모님을 존경합니다.

I look up to my parents.

❽ 그녀는 그녀의 집에서 이사 나갔어요.

She moved out of her house.

ROUND

2 문장 변형하기

TRANSFORM WRITING

명사를 대명사로 바꾼 다음 동사 구 '사이'에 쓰기

변형된 다음 문장을 영어로 써 보세요.

1 the children = them

저는 그들을 돌보았습니다.

______________________.

2 her husband = him

그녀는 그에게 의지해서 살았어요.

______________________.

3 the stairs = them

그는 그것을 내려갔어요.

______________________.

4 his girlfriend = her

그는 그녀에게 돌아왔어요.

______________________.

5 the building = it

사람들이 그것으로부터 멀리 달아났어요.

______________________.

6 the accident = it

그것이 그것을 설명합니다.

______________________.

7 my parents = them

저는 그들을 존경합니다.

______________________.

8 her house = it

그녀는 그곳에서 이사 나갔어요.

______________________.

다음 페이지에서 정답을 확인하세요.

Check it out
완성 문장 확인하기

완성 문장을 확인하고 여러 번 쓰고 읽어 보세요. MP3 99-02

1. 저는 그들을 돌보았습니다.
   I looked after them.

2. 그녀는 그에게 의지해서 살았어요.
   She lived on him.

3. 그는 그것을 내려갔어요.
   He went down them.

4. 그는 그녀에게 돌아왔어요.
   He got back to her.

5. 사람들이 그것으로부터 멀리 달아났어요.
   People ran away from it.

6. 그것이 그것을 설명합니다.
   It accounts for it.

7. 저는 그들을 존경합니다.
   I look up to them.

8. 그녀는 그곳에서 이사 나갔어요.
   She moved out of it.

ROUND 3 INTERPRET WRITING

(문장.) 해석하기

다음 문장을 해석해 보세요.

형용사절과 함께 쓰인 동사 구

1 I looked after the children. The children were playing in the room.

I looked after the children who were playing in the room.

(   )

2 She lived on her husband. He was hard-working.

She lived on her husband who was hard-working.

(   )

3 He went down the stairs. The stairs were steep and narrow

He went down the stairs which were steep and narrow.

(   )

4 He got back to his girlfriend. His girlfriend was waiting for him.

He got back to his girlfriend who was waiting for him.

(   )

5 People ran away from the building. The building was shaking.

People ran away from the building which was shaking.

( )

6 It accounts for the accident. The accident has just happened.

It accounts for the accident which has just happened.

( )

7 I look up to my parents. They have saved many lives.

I look up to my parents who have saved many lives.

( )

8 She moved out of her house. Her house was small and crowded.

She moved out of her house which was small and crowded.

( )

다음 페이지에서 정답을 확인하세요.

Check it out
해석 확인하기

해석을 확인하고 여러 번 쓰고 읽어보세요.

❶ **I looked after the children who were playing in the room.**
저는 방에서 놀고 있는 그 아이들을 돌보았습니다.

❷ **She lived on her husband who was hard-working.**
그녀는 열심히 일하는 그녀의 남편에 의지해서 살았어요.

❸ **He went down the stairs which were steep and narrow.**
그는 가파르고 좁은 계단을 내려갔어요.

❹ **He got back to his girlfriend who was waiting for him.**
그는 그를 기다리고 있는 그의 여자친구에게로 되돌아 왔어요.

❺ **People ran away from the building which was shaking.**
사람들이 흔들리고 있는 그 건물로부터 멀리 달아났어요.

❻ **It accounts for the accident which has just happened.**
그것이 방금 일어난 그 사고를 설명합니다.

❼ **I look up to my parents who have saved many lives.**
저는 많은 생명을 구한 제 부모님을 존경합니다.

❽ **She moved out of her house which was small and crowded.**
그녀는 작고 복잡했던 그녀의 집에서 이사 나갔어요.

AFTER WRITING  이것도 알고 가기

다음의 동사 구들은 대명사(me/ you/ her/ him/ them/ it)를 가운데 끼워 넣을 수 없으며 항상 동사 구 뒤에 써야 합니다. 자주 읽어서 외워두도록 하세요.

come **across** 우연히 만나다
come **along** ~을 따라가다
hang **around** with ~ 어울리다, 드나들다
run **after** ~의 뒤를 쫓아가다
look **at** ~을 신경 써서 바라보다
get **away** from ~에서 떠나다, 도망가다
die **away** ~이 차츰 약해지다
fade **away** ~가 (희미하게) 사라지다
go **away** ~을 떠나다
run **away** from ~로부터 멀리 달아나다

fall **back** 후퇴하다, 물러나다
look **back** ~을 회고하다
sit **back** ~에 깊숙이 앉다
fall **behind** 뒤쳐지다
stand **by** ~의 옆에 서다

look **down** on ~을 낮추어보다

ask **for** ~을 요구하다/청하다
go **for** ~을 위해서 가다
care **for** ~을 돌보다
look **for** ~을 찾다
stand **for** ~을 대표하다

Look **forward to** ~을 학수고대하다

live **in** ~에 살다
move **in** 이사 들어가다
run **into** ~으로 달려들어가다, 우연히 만나다
wait **on** ~을 계속해서 기다리다

get **out** of ~에서 밖으로 나가다
go **out** 외출하다, ~ 밖으로 나가다
grow **out** of ~에서 생기다
stand **out** 돌출하다, 튀어나오다
turn **out** ~으로 밝혀지다
walk **out** 걸어나가다
work **out** 일이 잘 풀리다

break **up** with ~와 헤어지다
catch **up** with ~을 따라잡다
come **up** with ~(계획을) 세우다
grow **up** 성장하다, 어른이 되다
run **up** against ~와 부딪히다, 충돌하다
sit **up** 똑바로 앉다
stay **up** 안자고 깨어있다, (밤을) 세우다

go **through** ~을 통과하다

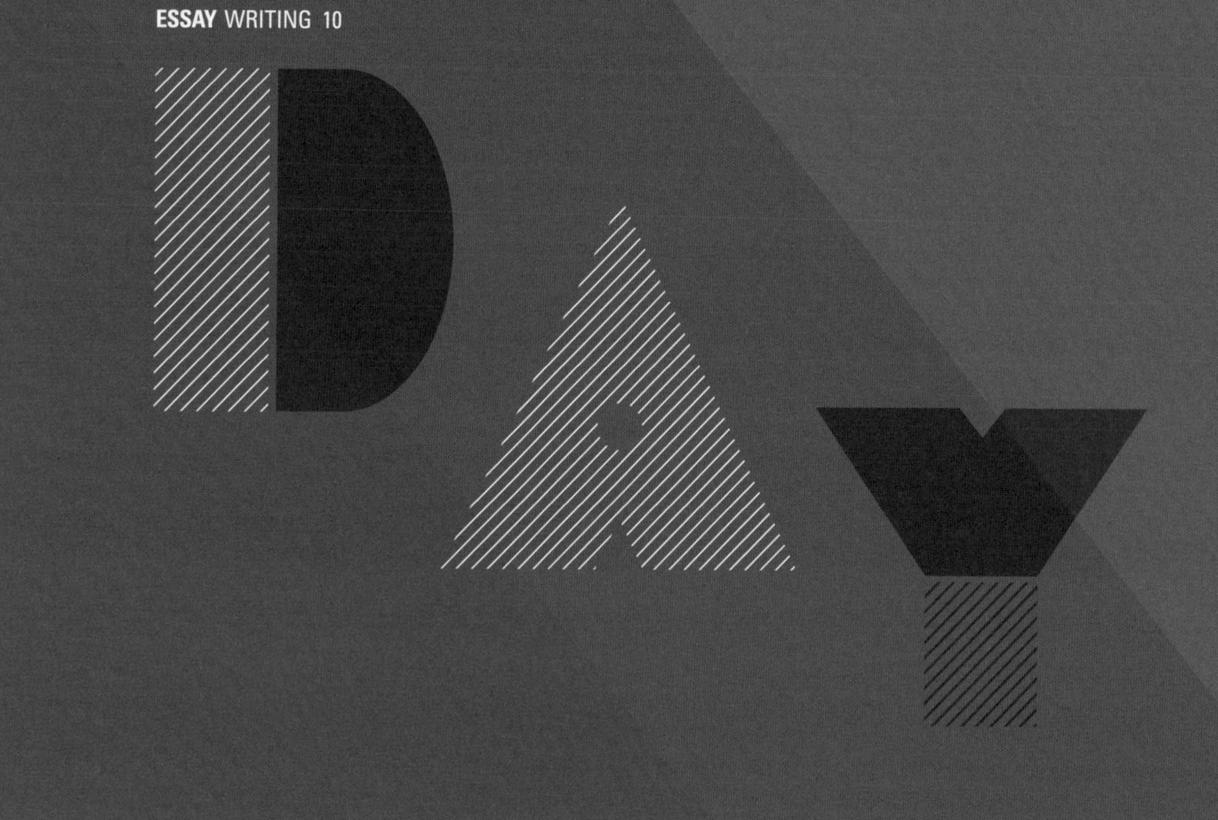

DAY 98~99 총정리

"Prepare for your presentation ~" –type

총정리 순서

STEP 1 베이직 에세이 읽고 암기해서 말하기

STEP 2 확장된 에세이 듣고 읽고 암기해서 말하기

STEP 3 에세이 구조 분석하고 체득하기

STEP 4 다른 주제로 셀프 에세이 써 보기

STEP 4에서 에세이를 쓰는 순서(Introduction → Body 1 → Body 2 → Conclusion)에 따라 써야 할 내용이 제시되어 있다 해도 다른 주제로 직접 에세이를 써 보는 것이 버겁다면, STEP 1~3까지 충분히 반복 훈련한 뒤에 도전해 보세요. 처음엔 힘들지만 여러 번 듣고, 읽고, 입으로 외우면서 에세이의 구조가 몸에 익으면 에세이에 대한 자신감이 붙은 자신을 발견할 거예요.

SCHEDULE

ESSAY Writing은 형식에 완전히 익숙해지기 전까지는 꽤 어려운 분야의 글쓰기이므로 하루 만에 다 소화하기 어려울 수도 있으니, 다 끝내지 못한 부분은 assignment로 하거나 시간이 날 때마다 짬짬이 다시 도전해 보세요! 아래 훈련기록란도 넉넉히 마련해 두었습니다.

1차 훈련기록

시작 시간 ______년 ______월 ______일 ______시 ______분

마친 시간 ______년 ______월 ______일 ______시 ______분

총 연습 시간 ________분

2차 훈련기록

시작 시간 ______년 ______월 ______일 ______시 ______분

마친 시간 ______년 ______월 ______일 ______시 ______분

총 연습 시간 ________분

3차 훈련기록

시작 시간 ______년 ______월 ______일 ______시 ______분

마친 시간 ______년 ______월 ______일 ______시 ______분

총 연습 시간 ________분

Day 98~99까지의 핵심 문법이 포함된 샘플 에세이를 반복 Reading
→ 암기해서 Speaking할 수 있을 때까지 훈련합니다.

START WRITING

베이직 (에세이.)

다음 에세이를 읽고 에세이 라이팅에 도전해 보세요.

당신은 미국의 다양한 인종집단에 관한 발표를 해야 한다. 5분짜리 발표를 준비해 보시오.

미국에는 많은 인종이 있다. 나는 이 도표를 나누어 이 분포에 대해 설명하겠다.

우선, 유럽인들이 다른 인종 집단보다 수가 많다. 아메리카 인디언들은 자연을 보존했다. 하지만 유럽인들은 자연이 주는 혜택을 계속해서 추구했다. **예를 들어,** 그들은 댐을 건설했다. 결국, 대도시가 건설되었다.

두 번째 다수 집단은 멕시코 사람들이다. 멕시코는 미국과 국경을 공유한다. 그래서, 그들은 계속 오고 있다.

다음으로, 세 소수집단은 13%를 차지한다. 아시아인들은 처음에 일을 찾아 미국에 왔다. 그들은 정착하자 가족을 불렀다. 아직도 더 많은 아시아인들이 미국에 오고 있다.

미국 흑인들은 강제로 미국에 왔다. 그들은 갇혀 지내서 노예 상태에서 벗어날 수 없었다. 오랫동안 노력한 끝에 그들은 자유를 되찾았다. 어떤 이들은 고향으로 돌아갔지만 대부분은 남았다.

아메리카 인디언들은 특정 지역에서 살고 있다. 그들은 대도시로 이주할 수도 있지만 그대로 머무는 것을 선호한다. 이것이 그들이 인구의 1%밖에 차지하지 않는 이유이다.

요약하자면, 이 도표는 미국의 인종 집단 분포를 보여준다. 사실, 각 인종 집단의 비율은 계속 바뀌고 있다.

Complete
the ESSAY

에세이를 영어로 옮길 때 빈칸에 들어갈 알맞은 말을 써 보세요.

WORD COUNT
198

Topic

You have a presentation about different racial groups in America. Prepare for your 5 minutes of presentation.

There are many races in America. I will divide this chart and explain this distribution.

African Americans 3%
Mexicans 19%
Native Americans 1%
Europeans 68%
Asians 9%

To begin with, _______________ other racial groups. Native Americans preserved nature. However, Europeans _______________ benefits from nature. **For example,** they _______________.

After all, big towns were built.

The second majority is Mexican people. Mexico _______________ with America. Therefore, they keep coming.

Next, three _______________. Asian people first came to America to find work. As they _______________, they called their families. Still, more Asian people are visiting America.

African Americans were brought into America forcibly. They were locked, so they could not _______________ the slavery condition. After years of efforts, they had their freedom back. Some people went back home, but _______________.

Native Americans are living in certain areas. They can move to a large city, but they prefer to stay. _______________ they have only 1%.

To summarize, this chart shows the distribution of racial groups. In fact, the percentage of each racial group _______________.

다음 페이지에서 정답을 확인하세요.

Expand Writing STEP 2

확장된 구조의 에세이를 반복 Listening → Reading → 암기해서 Speaking할 수 있을 때까지 훈련합니다.

에세이 확장 익히기

100-01

다음 에세이를 여러 번 들어 보고 읽어 보세요.

Topic

You have a presentation about different racial groups in America. Prepare for your 10 minutes of presentation.

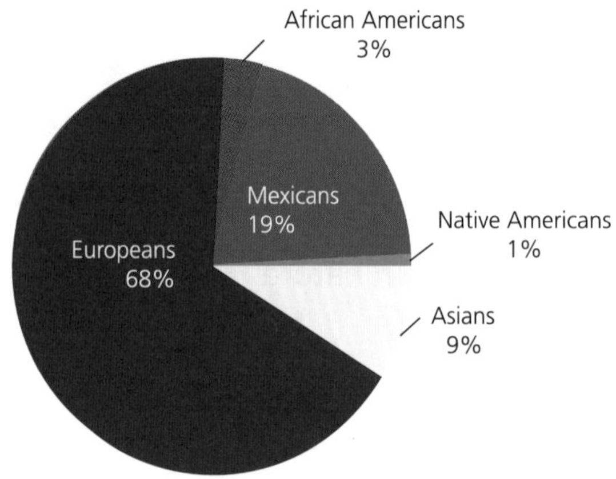

There are many races in America. People from all over the world are living in America. As the chart illustrates, Europeans are the majority. Hispanics are the second majority. Asian is following next. The smallest minority group is Native Americans. They consist of only 1% of the total racial groups. I will divide this chart into a majority and a minority group, and explain what causes this distribution.

To begin with, as we can see on the chart, **Europeans outnumber** other racial groups. It is because they were the first pioneers of America. Before Europeans, Native Americans were living there. Native Americans preserved nature as it was because they thought themselves as a part of nature. However,

Europeans thought nature was the gift from God, and they should use it. They changed nature to the place where people could live safely. They **kept on pursuing** benefits from nature. **For example,** they cultivated lands and raised more crops. They also **set up dams** to get over drought seasons. As the land became home for them, they invited relatives, friends and families to America. After all, big towns were built and the population soared. This is why Europeans are the majority. The second majority is Mexican people. Mexico **shares national borders** with America, so it is easy for them to come to America. In addition, most southern parts of America once belonged to Mexico long time ago. They think that these southern parts of America are their land. Therefore, they keep coming and like to live there. Their population increases every year.

당신은 미국의 다양한 인종집단에 관한 발표를 해야 한다. 10분짜리 발표를 준비해보시오.

미국에는 많은 인종이 있다. 전세계에서 온 사람들이 미국에 살고 있다. 도표가 보여주듯, 유럽인들이 대다수를 차지한다. 히스패닉 혈통이 두 번째로 수가 많다. 아시아인들이 다음을 잇는다. 가장 규모가 적은 소수 집단은 아메리카 인디언이다. 그들은 전체 인종 집단의 겨우 1%를 차지하고 있다. 나는 이 도표를 다수 집단과 소수 집단으로 나눠 이런 분포의 원인을 설명하겠다.

우선, 도표에서 볼 수 있듯이 유럽인들이 다른 인종 집단보다 수가 많다. 이는 그들이 최초의 미국 개척자들이었기 때문이다. 유럽인들이 오기 전에는 아메리카 인디언들이 그곳에 살고 있었다. 아메리카 인디언들은 자연을 보존했는데 자신들이 자연의 일부라고 생각했기 때문이었다. 하지만 유럽인들은 자연이 신이 준 선물이라 생각해서 그것을 이용해야 했다. 그들은 자연을 사람들이 안전하게 살 수 있는 곳으로 바꿔놓았다. 그들은 계속해서 자연이 주는 혜택을 추구했다. 예를 들어, 그들은 땅을 일구고 더 많은 작물을 길렀다. 가뭄철을 극복하기 위해 댐을 짓기도 했다. 그들에게 그 땅이 고향이 됨에 따라 그들은 친척, 친구, 가족을 미국에 초대했다. 결국, 대도시가 건설되고 인구는 급증했다. 이게 유럽인들이 가장 많은 수가 된 이유다. 두 번째 다수 집단은 멕시코 사람들이다. 멕시코는 미국과 국경을 공유해서 미국에 오기가 쉽다. 게다가, 미국의 남쪽 지역 대부분은 오래 전에 멕시코 영토였다. 그들은 이 미국의 남쪽 지역이 자신들의 땅이라고 생각한다. 따라서, 그들은 계속 오고 그곳에서 살고 싶어한다. 멕시코인 인구는 매년 증가하고 있다.

- **illustrate** 보여주다, 설명하다 • **majority** 다수, 가장 많은 수 • **racial** 인종의
- **distribution** 분포 • **minority group** 소수 집단[민족] • **outnumber** 수로 압도하다
- **preserve** 보존하다 • **pursue** 추구하다 • **cultivate** 경작하다 • **crop** 농작물
- **drought** 가뭄 • **relative** 친척 • **population** 인구 • **soar** 치솟다, 급증하다
- **national border** 국경

Next, three **minority groups account for 13%**. Asian people first came to America to find work. Their work ranged from manual laborers to professional doctors. As they had a steady income and **settled down** in America, they called their families. China town, Japanese town, and Korea town are the examples of their settlements in America. Still, more Asian people are visiting America and decide to live there.

African Americans were brought into America forcibly. They were locked and watched, so they could not **get away from** the slavery condition. In other words, they did not have freedom. After years of efforts, they had their freedom back. Some people went back home, but **most of them stayed** in America. The percentage in the chart stands for the descendants of the first African Americans and a small number of immigrants.

Native Americans are living in certain areas. These areas are scattered throughout America. They did not want to leave the land that their ancestors gave to them. They can move to a large city and mix with people, but they prefer to stay in these areas. **This is why** they have only 1% of the population.

다음으로, 세 번째로 다수인 집단은 13%를 이룬다. 아시아인들은 처음에 일을 찾아 미국에 왔다. 그들이 하는 일은 육체노동에서 전문의까지 다양했다. 그들이 미국에서 일정한 수입을 갖고 정착하게 되자 가족을 불렀다. 차이나타운, 일본 타운, 코리아 타운이 그들이 한국에 정착한 사례이다. 아직도 더 많은 아시아인들이 미국을 찾고 있으며 그곳에 살기로 결심한다.

미국 흑인들은 강제로 미국에 왔다. 그들은 감금과 감시를 당해서 노예 상태에서 벗어날 수가 없었다. 다시 말해, 그들은 자유가 없었다. 오랫동안 노력한 끝에 그들은 자유를 되찾았다. 어떤 이들은 고향으로 돌아갔지만 대부분은 미국에 남았다. 도표에 보이는 퍼센트는 최초의 미국 흑인들의 후손들이자 이민자 중 가장 적은 수를 차지한다.

아메리카 인디언들은 특정 지역에서 살고 있다. 이 지역들은 미국 전역에 흩어져 있다. 그들은 조상들이 자신들에게 준 땅을 떠나길 원하지 않았다. 그들은 대도시로 이주하여 사람들과 섞여 지낼 수도 있지만 이 지역들에 사는 것을 선호한다. 이것이 그들이 인구의 1% 밖에 차지하지 않는 이유이다.

To summarize, this chart shows the distribution of racial groups in America. In America, European and Mexican people are the majority. Asians, African Americans and Native Americans are the minority. One thing I want to mention is that races do not mean who is superior or who is inferior. In fact, the percentage of each racial group **keeps changing** as more people are joining.

요약하자면, 이 도표는 미국의 인종 집단 분포를 보여준다. 유럽인과 멕시코인이 다수이다. 아시아인, 미국 흑인, 아메리카 인디언이 소수에 속한다. 내가 한 가지 언급하고 싶은 것은 미국에서 유럽인이 다수라고 해서 인종이 누가 우월하고 누가 열등하다는 뜻은 아니라는 점이다. 사실, 각 인종 집단의 비중은 더 많은 사람들이 유입됨에 따라 계속 바뀌고 있다.

• **manual laborer** 육체노동자 • **settlement** 정착 • **forcibly** 강제로
• **slavery** 노예 신분, 노예 생활 • **descendant** 후손 • **immigrant** 이민자
• **ancestor** 조상 • **superior** 우월한 • **inferior** 열등한

에세이 구조 파악하기

앞에 나온 에세이의 구조를 분석해 보면서 에세이 양식을 체득해 보세요.

Topic **You have a presentation about different racial groups in America. Prepare for your 10 minutes of presentation.**

introduction

에세이의 시작에 쓸 내용

1 주제에 대한 일반적인 생각이나 의견 (*General Statement*)

There are many races in America. People from all over the world are living in America.

2 어떻게 쓸지 방향 결정 (*Attitude*)

As the chart illustrates, Europeans are the majority. Hispanics are the second majority. Asian is following next. The smallest minority group is Native Americans. They consist of only 1% of the total racial group.

3 무엇에 대해서 쓸지 내용 결정 (*Thesis Statement*)

I will divide this chart into a majority and a minority group, and explain what causes this distribution.

Body 1

에세이의 중간에 쓸 내용

1 첫 번째 결정한 것에 대해서 쓰기 (*Topic Sentence*)

To begin with, as we can see on the chart, Europeans outnumber other racial groups. It is because they were the first pioneers of America. Before Europeans, Native Americans were living there. Native Americans preserved nature as it was because they thought themselves as a part of nature. However, Europeans thought nature was the gift from God, and they should use it. They changed nature to the place where people could live safely. They kept on pursuing benefits from nature.

❷ **보기나 예제를 써주기** (*Example*)

For example, they cultivated lands and raised more crops. They also set up dams to get over drought seasons. As the land became home for them, they invited relatives, friends and families to America.

❸ **마무리하기** (*Simple Conclusion*)

After all, big towns were built and the population soared. This is why Europeans are the majority.

The second majority is Mexican people. Mexico shares national borders with America, so it is easy for them to come to America. In addition, most southern parts of America once belonged to Mexico long time ago. They think that these southern parts of America are their land. Therefore, they keep coming and like to live there. Their population increases every year.

Body 2

에세이의 중간에 쓸 내용

❶ **두 번째 결정한 것에 대해서 쓰기** (*Topic Sentence*)

Next, three minority groups account for 13%. Asian people first came to America to find work. Their work ranged from manual laborers to professional doctors. As they had a steady income and settled down in America, they called their families.

❷ **보기나 예제를 써주기** (*Example*)

China town, Japanese town, and Korea town are the examples of their settlements in America. Still, more Asian people are visiting America and decide to live there.

❸ **마무리하기** (*Simple Conclusion*)

African Americans were brought into America forcibly. They were locked and watched, so they could not get away from the slavery condition. In other words, they did not have freedom. After years of efforts, they had their freedom back. Some people went back home, but most of them stayed in America. The percentage in the chart stands for the descendants of the first African Americans and a small number of immigrants.

Native Americans are living in certain areas. These areas are scattered throughout

America. They did not want to leave the land that their ancestors gave to them. They can move to a large city and mix with people, but they prefer to stay in these areas. This is why they have only 1% of the population.

Conclusuion

에세이의 마지막에 쓸 내용

1 에세이가 어떤 주제에 대한 것인지 한두 줄로 요약 (*Brief Summary*)

To summarize, this chart shows the distribution of racial groups in America.

2 Body 1, Body 2를 다른 말로 정리하기 (*Paraphrasing*)

In America, European and Mexican people are the majority. Asians, African Americans and Native Americans are the minority. One thing I want to mention is that races do not mean who is superior or who is inferior.

3 최종 결론 (*Final Decision*)

In fact, the percentage of each racial group keeps changing as more people are joining.

다른 주제로 에세이 연습하기

STEP 2와 STEP 3를 참고하여, 나만의 에세이를 직접 써 보세요.

Topic **You have a presentation about consumption habits of your customers. Prepare for your 10 minutes of presentation.**

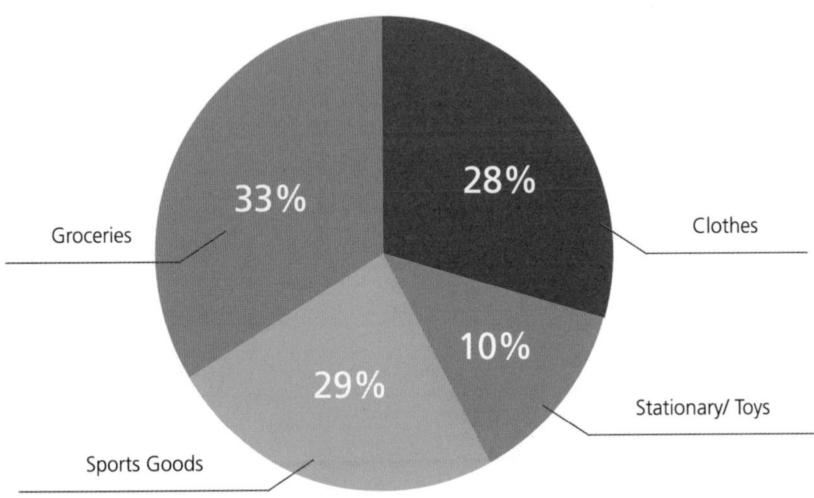

introduction

에세이의 시작에 쓸 내용

❶ 주제에 대한 일반적인 생각이나 의견 (*General Statement*)

❷ 어떻게 쓸지 방향 결정 (*Attitude*)

❸ 무엇에 대해서 쓸지 내용 결정 (*Thesis Statement*)

Body 1

에세이의 중간에 쓸 내용

❶ 첫 번째 결정한 것에 대해서 쓰기 (*Topic Sentence*)

❷ 보기나 예제를 써 주기 (*Example*)

❸ 마무리하기 (*Simple Conclusion*)

Body 2

에세이의 중간에 쓸 내용

❶ **두 번째 결정한 것에 대해서 쓰기** (*Topic Sentence*)

❷ **보기나 예제를 써 주기** (*Example*)

❸ **마무리하기** (*Simple Conclusion*)

Conclusuion

에세이의 마지막에 쓸 내용

❶ **에세이가 어떤 주제에 대한 것인지 한두 줄로 요약** (*Brief Summary*)

❷ **Body 1, Body 2를 다른 말로 정리하기** (*Paraphrasing*)

❸ **최종 결론** (*Final Decision*)